beck**I**sche
reihe

b**sr**

Dieses Buch zieht anlässlich des 60. Gründungstages eine kritische Bilanz der NATO. 1949 als reines Verteidigungsbündnis in der Zeit des Kalten Krieges geschlossen, schildert der Autor die gravierenden Änderungen, die das Bündnis in sechs Jahrzehnten erfahren hat. Die Allianz dient den Mitgliedstaaten nicht mehr nur als Verteidigungsbündnis, sondern versteht sich in zunehmendem Maße als militärisch-politische Organisation, die die Sicherheit ihrer Mitgliedstaaten wahren und zugleich weltweit für friedliche stabile Verhältnisse sorgen soll. Nimmt die NATO immer mehr die Aufgaben einer Weltpolizei wahr, die ihr gar nicht zustehen? Wer entscheidet über die Wahl der Mittel, die von ihr eingesetzt werden? Was bedeuten die Bemühungen der Europäischen Union um eine eigenständige Sicherheitspolitik für die Existenz der NATO? Wie sieht die Zukunft der Allianz in einer Welt aus, die zunehmend von Gefahren bedroht ist, die die bisherigen nationalen Grenzen überschreiten?

Johannes Varwick, geb. 1968, ist Professor für Politikwissenschaft mit dem Schwerpunkt Europäische Integration und internationale Organisationen an der Christian-Albrechts-Universität zu Kiel. Er veröffentlichte zahlreiche Bücher und Aufsätze zu den Themengebieten internationale Organisationen sowie Außen-, Sicherheits- und Europapolitik.

Johannes Varwick

DIE NATO

Vom Verteidigungsbündnis
zur Weltpolizei?

Verlag C. H. Beck

Mit 1 Karte

Originalausgabe

© Verlag C. H. Beck oHG, München 2008
Gesamtherstellung: Druckerei C. H. Beck, Nördlingen
Umschlagentwurf: + malsy, Willich
Printed in Germany
ISBN 978 3 406 56809 1

www.beck.de

Inhalt

Vorwort

Die Nordatlantische Vertragsorganisation (NATO) blickt im Frühjahr 2009 auf ihren 60. Gründungstag zurück und das vorliegende Buch nimmt dies zum Anlass, eine Bestandsaufnahme der Allianz vorzunehmen. Die heutige NATO hat dabei nicht mehr allzu viel mit der NATO gemein, die in der Zeit des Ost-West-Konflikts als reines Verteidigungsbündnis den politischen Status quo in Europa sichern sollte. Sechs Jahrzehnte nach ihrer Gründung haben sich Konzeption und Aufgaben der Allianz grundlegend verändert. Sie hat zahlreiche ehemalige Gegner als Mitglieder aufgenommen und agiert heute mit – teilweise hoch kontrovers diskutierten und völkerrechtlich umstrittenen – Militäreinsätzen in einem breiten Spektrum ohne territoriale Beschränkung weit außerhalb ihres ursprünglichen Bündnisgebiets. Auch die Geschwindigkeit und Ernsthaftigkeit, mit der die Europäer seit dem Ende des Kosovokrieges 1999 versuchen, eine eigenständige Sicherheits- und Verteidigungspolitik aufzubauen – und damit das transatlantische Machtgleichgewicht unter Inkaufnahme von erheblichen Spannungen neu auszutarieren – wäre noch vor wenigen Jahren undenkbar gewesen.

Die gegenwärtige Allianz – deren Analyse ohne die Betrachtung der Entwicklungslinien aus sechs Jahrzehnten nicht möglich ist – dient den derzeit 26 Mitgliedstaaten nicht mehr nur als Verteidigungsbündnis, sondern versteht sich in zunehmendem Maße als militärisch-politische Organisation, die die Sicherheit ihrer Mitgliedstaaten wahren und zugleich weltweit Stabilität projizieren soll. Doch trotz – oder gerade wegen – der neuen Aufgaben befindet sich die NATO in einem Dilemma und die Zukunft der Allianz als wichtiger Bezugsrahmen der Außen- und Sicherheitspolitik ihrer Mitgliedstaaten ist so offen wie nie. Denn zwischen den Mitgliedstaaten variieren die Bedrohungswahrnehmungen und die Wahl der Mittel wird oftmals unterschiedlich beurteilt. Die Entscheidungsprozesse in der Allianz stehen angesichts der sicherheitspolitischen Problemagenda – die die Kohärenz sehr viel stärker gefährdet, als es die über vier Jahrzehnte perzipierte gemeinsame Bedrohung getan hat – vor ungeahnten Herausforderungen, und auch die Konkretisierung der europäischen Sicherheits- und Verteidigungspolitik stellt die Frage nach Sinn und Zweck der NATO neu.

Das vorliegende Buch liefert eine kritische Bestandsaufnahme der NATO, analysiert die Gründung, Entwicklung, Struktur, Strategie und Aufgaben des Bündnisses und fragt nach der Rolle, Funktion und Zukunft der Allianz in einem sich wandelnden internationalen Umfeld. Es richtet sich an sicherheitspolitisch interessierte Leserinnen und Leser aus Politik und Gesellschaft, politischer Bildung, Journalismus und Militär, aber auch an Studierende und Dozenten der Politik-, Sozial- und Rechtswissenschaften bzw. Lehrerinnen und Lehrer.

Das Buch ist in langjähriger politikwissenschaftlicher und politikberatender Auseinandersetzung mit dem Thema entstanden und verdankt daher einer Reihe von Personen viel: Gemeinsam mit Prof. Dr. Wichard Woyke (Institut für Politikwissenschaft der Universität Münster) habe ich 1999 und 2000 zwei Werke über die Allianz verfasst, die dem vorliegenden Buch wichtige Quellen waren. An der Führungsakademie der Bundeswehr (Hamburg) und der Bundesakademie für Sicherheitspolitik (Berlin) hatte und habe ich regelmäßig Gelegenheit, NATO-Themen zu diskutieren und vom sicherheitspolitischen Sachverstand der dort wirkenden Personen zu profitieren. Dies gilt auch und in besonderem Maße für die ‹Studiengruppe Strategische Fragen› des Forschungsinstituts der Deutschen Gesellschaft für Auswärtige Politik (Berlin), der ich seit fast zehn Jahren angehöre und die ein einzigartiges Forum für den sicherheitspolitischen Diskurs darstellt.

Dr. Knut Kirste von der ‹Public Diplomacy Division› der NATO war und ist eine hilfreiche und freundschaftliche Anlaufstelle in Brüssel, Nils Samtleben und Peter Hagenow von der Ständigen Vertretung der Bundesrepublik Deutschland bei der NATO haben mich bei der Materialbeschaffung unterstützt. Hinweise zu einzelnen Kapiteln haben Thomas Lowin (Bundesministerium der Verteidigung) sowie Jennifer Assmann und Joachim Koops (Institut für Sozialwissenschaften Universität Kiel) gegeben. Die Politikwissenschaft an der Christian-Albrechts-Universität zu Kiel bietet mir seit 2003 ein anregendes Arbeitsumfeld. Die dortigen Kollegen, Mitarbeiterinnen und Mitarbeiter und Studierenden fordern immer wieder zu lebhaften Debatten heraus.

Mein besonderer Dank geht an Dr. Frank Richter (Bundesministerium der Verteidigung) und Wolf Schünemann (Institut für Sozialwissenschaften der Universität Koblenz-Landau), die das gesamte Manuskript kritisch gelesen sowie zahlreiche wertvolle Hinweise beigesteuert haben. Dr. Claudia Althaus vom Beck-Verlag war eine engagierte und kompetente Lektorin, der ich zahlreiche gute Hinweise verdanke. Die Verantwortung für etwaige Fehler liegt dessen ungeachtet bei mir.

Kiel/Berlin, im September 2007   *Johannes Varwick*

Kapitel I: Die Gründung der NATO

Die Geschichte der internationalen Beziehungen ist seit jeher dadurch gekennzeichnet, dass Staaten zur Durchsetzung ihrer Interessen Gewalt anwenden. Gleichwohl wurde immer wieder versucht, die durch Kriege verursachten Störungen und Schäden in den betroffenen Staaten wie auch im internationalen System zu vermeiden oder zumindest zu begrenzen. Nichtangriffspakte, Verteidigungsallianzen, Rückversicherungsverträge und austarierte Gleichgewichtskonstellationen zwischen Großmächten erwiesen sich allerdings bis in die Katastrophe des Ersten Weltkriegs hinein als zu fragil, um den Willen von Staaten zur gewaltsamen Interessendurchsetzung dauerhaft zu bändigen. Vor allem das Fehlen international akzeptierter Verbotsnormen und machtvoller Instanzen zur Aufrechterhaltung einer auf Normen aufbauenden Friedensordnung erlaubte den Staaten unter Berufung auf ihre Souveränität immer wieder den Rückgriff auf die ‹ultima ratio regum›, den Krieg (Gareis/Varwick 2006: 81–112).

Nachdem verschiedene Versuche zur Gewährleistung der internationalen Sicherheit gescheitert waren – so z. B. die Idee der kollektiven Sicherheit in Form des Völkerbunds –, bildeten sich nach dem Zweiten Weltkrieg Regionalpakte heraus, die gemäß Artikel 51 der Charta der Vereinten Nationen das Recht zur Selbstverteidigung besitzen. In Artikel 51 der VN-Charta heißt es: «Diese Charta beeinträchtigt im Falle eines bewaffneten Angriffs gegen ein Mitglied der Vereinten Nationen keineswegs das naturgegebene Recht zur individuellen und kollektiven Selbstverteidigung, bis der Sicherheitsrat die zur Wahrung des Weltfriedens und der internationalen Sicherheit erforderlichen Maßnahmen getroffen hat. Maßnahmen, die ein Mitglied in Ausübung dieses Selbstverteidigungsrechts trifft, sind dem Sicherheitsrat sofort anzuzeigen; sie berühren in keiner Weise dessen auf dieser Charta beruhende Befugnis und Pflicht, jederzeit Maßnahmen zu treffen, die er zur Wahrung oder Wiederherstellung des Weltfriedens und der internationalen Sicherheit für erforderlich hält.»

I.1: Kollektive Sicherheit und Regionalpakte als Eckpfeiler internationaler Sicherheit

Unter diesen Regionalpakten wurde die NATO die bedeutsamste Allianz. Die Vertragsparteien wollten mit dem NATO-Vertrag nicht in Konkurrenz zu den Vereinten Nationen treten, sondern eine Regionalorganisation im Sinne der VN-Charta gründen. Die Entstehung der NATO ist ohne die Herausbildung des Kalten Krieges nicht nachvollziehbar. Bevor allerdings auf diese miteinander verknüpften Entwicklungen eingegangen wird, soll zunächst ein wichtiges Prinzip internationaler Sicherheit, die ‹kollektive Sicherheit›, vorgestellt werden. Der Ansatz der kollektiven Sicherheit, wie er mit dem Völkerbund nach dem Ersten Weltkrieg erstmals in die internationale Politik eingeführt wurde, versucht die Defizite der fragilen sicherheitspolitischen Gleichgewichtskonstellationen zu beseitigen.

Dieses anspruchsvolle politiktheoretische Konzept geht davon aus, dass alle Staaten bereit sein könnten, ihren Souveränitätsanspruch, ihre partikularen Interessen und Bedürfnisse hinter ein gemeinsames Interesse an friedlichen und stabilen internationalen Beziehungen zurückzustellen und sich an der Errichtung eines globalen Systems zu beteiligen, das seine Mitglieder von der Androhung und Anwendung von Gewalt abzuhalten in der Lage ist. Im Gegensatz zu einem kollektiven Verteidigungssystem (wie es die NATO klassischerweise war), dessen Mitglieder einander Beistand bei Bedrohung oder Aggression von außen zusichern, wendet sich ein kollektives Sicherheitssystem mit seinen Verpflichtungen und Sanktionsandrohungen an die in ihm selbst organisierten Staaten. Idealerweise müsste ein solches System wie ein Weltstaat mit Gewaltmonopol und exekutiven Befugnissen gegenüber den Einzelstaaten beschaffen sein. Weil jedoch die Errichtung eines derartigen Weltstaates wenig wahrscheinlich ist, bleibt für die Verwirklichung in der Praxis nur die freiwillige Selbsteinbindung der Staaten auf der Grundlage eines völkerrechtlichen Vertrages, der die Parteien zur friedlichen Austragung ihrer Streitigkeiten normativ verpflichtet. Durch ihn wird eine Instanz geschaffen, die über Art und Ausmaß möglicher Pflichtverletzungen einzelner Vertragsparteien sowie die daraus resultierenden Folgen zu entscheiden befugt ist. Schließlich werden in ihm Maßnahmen zur Durchsetzung dieser Entscheidungen festgelegt.

Die Funktionsfähigkeit eines so beschaffenen Systems ist jedoch von einer ganzen Reihe von Voraussetzungen abhängig, die in der praktischen Politik offenkundig so nicht gegeben sind. Zum einen müssen alle Staaten bereit sein, ihre Interessen an einer gewaltsamen Veränderung des politischen und territorialen Status quo zurückzustellen, selbst wenn sie ihr Anliegen für noch so berechtigt halten. Zum anderen müssen sie bereit sein, kollektiv gegen einen Friedensbrecher vorzugehen. Auf jeden Fall bedarf es eines institutionalisierten friedlichen Verfahrens zur Beilegung des Konflikts sowie der Ausstattung einer zentralen Instanz mit hinreichender – auch militärischer – Macht zur Durchsetzung getroffener Entscheidungen. Für den Friedensbruch und die zu seiner Beseitigung zu ergreifenden Maßnahmen müssen nicht nur eindeutige und von allen Staaten akzeptierte Rechtsnormen und Regeln, sondern auch Prozeduren zu deren Fortentwicklung vereinbart werden.

Der entscheidende Faktor für die Funktionsfähigkeit eines Systems kollektiver Sicherheit aber ist Vertrauen. Jeder Staat muss sich darauf verlassen können, dass sich zumindest die überwältigende Mehrheit der Mitglieder des Systems dauerhaft und verlässlich an die gemeinsamen Regeln hält. Zudem muss jeder friedliebende Staat darauf vertrauen können, im Falle einer Aggression Beistand zu erhalten, was wiederum mit großen Ansprüchen an die Mitgliedstaaten wie auch an die Effektivität und die Unparteilichkeit der zentralen Entscheidungs- und Durchsetzungsinstanz des Systems verbunden ist. Es sind vor allem diese komplexen Voraussetzungen, an denen sich ein Großteil der Kritik an dem Prinzip der kollektiven Sicherheit entzündet. Von Seiten der realistischen Schule wird eingewandt, dass dieser Sicherheitsansatz zwar die internationale Anarchie mit egoistischen Staaten als den entscheidenden Akteuren als Ausgangsvoraussetzung akzeptiert, aber eine schlüssige Antwort auf die Frage schuldig bleibt, warum Staaten ihr gegenseitiges Misstrauen und die daraus resultierende Notwendigkeit der eigenständigen Sicherheitsvorsorge überwinden sollten. Schließlich geht auch der Ansatz der kollektiven Sicherheit gerade davon aus, dass es Staaten gibt, die sich aggressiv verhalten, und bestärkt so die realistische Sichtweise der fortbestehenden zwischenstaatlichen Unsicherheit und des permanenten Sicherheitsdilemmas.

Diesem grundsätzlichen Einwand werden weitere Bedenken bezüglich der Effektivität und der Effizienz eines kollektiven Sicherheitssystems hinzugefügt: In einem von Staaten gebildeten System mit von diesen kontrollierten Institutionen sind Entscheidungen stets von den Interessen der handelnden Akteure abhängig. Die notwendige Unterscheidung zwischen Aggressor und Opfer fällt angesichts der meist sehr komplexen Kriegsursachen und der direkten und indirekten Verwicklung einer mehr oder minder großen Zahl weiterer Staaten alles andere als leicht. Klientelismus und fehlende Interessenkongruenz zwischen den in der Entscheidungsinstanz vertretenen Staaten lassen internationale Gremien als Mediatoren oder unparteiische Schiedsrichter tendenziell ungeeignet erscheinen. Zudem tritt selbst in relativ eindeutigen Fällen das Problem auf, dass zwar viele Staaten an der Beendigung einer Aggression interessiert sein mögen, die Vorstellungen über die Verteilung der damit verbundenen Lasten aber auseinanderdriften. Das bei kollektiven Maßnahmen regelmäßig auftretende Phänomen des Trittbrettfahrertums unterminiert gemeinsame Aktionen selbst bei weitgehender Übereinstimmung in den Notwendigkeiten und Zielen. Zumindest aber sorgt die Verweigerung von Unterstützung bereits durch eine relativ kleine Zahl von Mitgliedern des Systems für eine Verlangsamung oder gar Lähmung des kollektiven Sicherheitsmechanismus. Verschärft wird dieses Problem zusätzlich, wenn das System nicht einem, sondern mehreren Regelverstößen gleichzeitig begegnen muss. Denn wenn versucht wird, jeder Aggression mit der gleichen Entschlossenheit zu begegnen, gerät das System rasch an die Grenzen seiner Leistungsfähigkeit.

Hinzu kommt das Problem, dass kollektive Sicherheit tendenziell nur gegenüber kleineren Mächten erfolgversprechend erscheint. Tritt eine Großmacht mit einem entsprechenden militärischen Potenzial als Aggressor auf, werden die Kosten eines Einschreitens schnell höher als der zu erwartende Nutzen. Ihre besondere Stellung kann Großmächte zudem verleiten, ein kollektives Sicherheitssystem für ihre Zwecke zu missbrauchen, indem sie sich seiner Entscheidungsmechanismen bemächtigen und ihre Politik unter dem Vorwand, im kollektiven Interesse zu handeln, verfolgen. Ist es aber nicht möglich, auch Großmächte zwingend in ein kollektives Sicherheitssystem und seine Regeln einzubinden, bleibt – jedenfalls aus der Sicht des Realismus – als Ausweg kaum mehr als der Rückgriff auf die klassischen Verteidigungsallianzen, Gleichgewichtspolitik, Großmächtekonzerte oder Ad-hoc-Koalitionen. Das Konzept der kollektiven Sicherheit erscheint in diesem Lichte somit unrealistisch, ja gar weltfremd und für die politische Praxis ungeeignet. Auf einen Wirkungszusammenhang, der im globalen Maßstab nicht wirke, könne man sich eben nicht verlassen.

Zielen diese Einwände darauf, den kollektiven Sicherheitsansatz mit seinen vielfältigen und komplexen Voraussetzungen in den Bereich der politischen Utopie zu rücken, setzen andere Kritiken an den immanenten Problemen selbst eines funktionierenden kollektiven Sicherheitssystems an. Wenn Gewalt in den internationalen Beziehungen grundsätzlich als Übel gilt, ein kollektives Sicherheitssystem seiner zentralen Machtinstanz aber dennoch die Legitimation zur Anwendung bzw. zur Ermächtigung von Gewalt verleiht, besteht immer auch die Gefahr des Missbrauchs dieser Befugnisse. Naturgemäß können in einem globalen System die diesem zu Grunde liegenden Normen nur sehr abstrakter Natur sein und bedürfen im konkreten Entscheidungsfall der politischen Interpretation. In einer komplexen Welt sind damit Werte- und Interessenkonflikte quasi vorprogrammiert: Was der einen Gruppe von Staaten als legitimes Vorgehen im Sinne des Friedens gilt, ist für andere möglicherweise der Versuch der Oktroyierung fremder Vorstellungen. Die vielfältigen und ernstzunehmenden Einwände gegen den kollektiven Sicherheitsansatz lassen sich in der Frage zuspitzen, ob dieser nicht etwas schlechterdings Unmögliches versucht, nämlich ein alle partikularen Bedürfnisse absorbierendes Interesse hervorzubringen, das von einer zentralen Instanz mit dauerhaftem Legitimationsanspruch verfolgt werden soll. Ist kollektive Sicherheit also ein ‹Mythos›, der nie funktioniert hat und auch nicht funktionieren kann? Müssen sich Staaten und Mächte nicht vielmehr darauf konzentrieren, ihre nationalen Interessen zu formulieren und zu realisieren? Und sollten sie nicht besser durch klugen Umgang mit ihrer Macht und den Einsatz bewährter Instrumente dafür sorgen, dass sich globale Stabilität quasi als Summe der so gegeneinander austarierten Interessen einstellt?

Das Konzept der kollektiven Sicherheit ist theoriegeschichtlich ein großer Fortschritt, es hat sich dennoch global in der politischen Realität als unzureichend erwiesen. Ernst-Otto Czempiel (1994: 184) bringt es auf die Formel: «Entweder wird es nicht gebraucht oder es funktioniert nicht». Denn der Mechanismus kann nur funktionieren, wenn alle Teilnehmer die kollektive Sicherheit als höchstes Gut achten, sie also mit einer Stimme sprechen. Gewalt wird nur für den Fall bereitgehalten, dass ein Teilnehmer seinerseits regelwidrig Gewalt einsetzt. Ist dies nicht der Fall, funktioniert das System, oder besser gesagt: Es braucht nicht zu funktionieren. Allerdings wird es dann auch nicht benötigt. Im Konfliktfall jedoch, für den Grund, für den es eigentlich konstruiert ist – den Bruch des Friedens durch einen oder mehrere Teilnehmer –, ist hingegen der systemimmanente und notwendige Grundkonsens aufgekündigt, und es kann nicht mehr funktionieren. Der Wert des Prinzips kollektiver Sicherheit liegt demnach nicht so sehr in seiner praktischen Anwendbarkeit im globalen Rahmen, sondern in seiner möglichen langfristigen Strahlungskraft: «Nimmt man sie nicht als Prinzip, sondern als Zielwert internationaler Beziehungen, verliert kollektive Sicherheit ihren utopischen Anstrich. Wer kollektive Sicherheit verwirklichen will, muss zunächst die Rahmenbedingungen dafür verbessern. Zu diesen gehört unter anderem die Verbreitung des Bewusstseins vom gemeinsamen Interesse an der Vermeidung von Kriegen sowie, noch wichtiger, die institutionell abgesicherte Möglichkeit zur Veränderung bestehender Verhältnisse im internationalen System ohne Gewalt» (von Bredow 1994: 73). Das klassische Motto des römischen Militärtheoretikers Vegetius ‹si vis pacem para bellum› (wenn Du den Frieden willst, dann rüste für den Krieg) soll also umgewandelt werden in den Grundsatz ‹si vis pacem para libertatem et iustitiam› (wenn Du den Frieden willst, dann sorge für Freiheit und Gerechtigkeit). Es ergibt sich allerdings eine weitere Problematik von Systemen kollektiver Sicherheit: Wenn ein konstitutiver Grundsatz die Anerkennung der bestehenden Grenzen ist, wie kann dann in einen innerstaatlichen Konflikt eingegriffen werden? Systeme kollektiver Sicherheit sind also auf eine ‹Staatenwelt› ausgerichtet, die zunehmend brüchig wird.

Die Vereinten Nationen als Trägerin kollektiver Sicherheit haben mit der Übertragung kollektiver Selbstverteidigungsfunktionen auf Regionalbündnisse selbst versucht, diese Konstruktionsmängel des Prinzips kollektiver Sicherheit abzumildern. Völkerrechtler sind sich allerdings nicht einig, was eine regionale Abmachung im Sinne der Charta ist. Während einerseits eine enge Auffassung vertreten wird, die insbesondere Militärbündnisse wie die NATO nicht zu dieser Gruppe zählt, hat sich in der Praxis eine Definition entwickelt, die sich lediglich auf einen regionalen Zusammenhang und eine Mitgliedschaft bezieht, die geringer als die der VN ist. Galten zunächst Einrichtungen wie die Arabische Liga, die Organisation Amerikanischer

Staaten (OAS), die Organisation für Afrikanische Einheit (OAU) oder die Organisation für Sicherheit und Zusammenarbeit in Europa (OSZE) als solche Abkommen, so wird heute auch die NATO zu dieser Kategorie gezählt. Die Vereinten Nationen haben in zahlreichen Fällen Regionalorganisationen mit der Durchführung von Friedensmissionen beauftragt bzw. sie dazu ermächtigt. Als prominente Beispiele gelten die Durchsetzung des Friedensabkommens von Dayton ab Dezember 1995 in Bosnien-Herzegowina (IFOR/SFOR) sowie die Einsetzung der Friedenstruppe im Kosovo (KFOR) seit Juni 1999, die jeweils unter Führung der NATO standen. Einige Völkerrechtler sind gar der Auffassung, dass die Schaffung der NATO «auf den Vertrauensverlust in die Funktionsfähigkeit des Friedenssicherungsmechanismus der Vereinten Nationen zurückzuführen» sei (Nolte 1994: 99; Gegenposition: Deiseroth 2000). Gemäß der Charta der Vereinten Nationen haben diese Regionalpakte eine Doppelfunktion. Sie sollen erstens eine friedliche Regelung der Beziehungen geographisch benachbarter Staaten erleichtern und eventuell innerhalb eines Paktes aufkommende Konflikte intern lösen und zweitens als Vollzugsorgane des Sicherheitsrates auf dessen Anweisung und unter dessen Kontrolle handeln.

Die stärkere Einbeziehung von regionalen Abmachungen bietet sowohl Risiken als auch Chancen. Befürworter betonen die Entlastung der Vereinten Nationen sowie eine bessere internationale Arbeitsteilung und regen sogar an, stärker über regionale Autorisierungsmechanismen für Zwangsmaßnahmen nachzudenken, während Kritiker darin eine Aushöhlung der Zuständigkeit der VN in ihrem Kernbereich sehen, die eher zu Unübersichtlichkeit und Chaos führt. Regionalpakte können aber durchaus als kollektive Selbstverteidigungsbündnisse angesehen werden, in denen das Prinzip kollektiver Sicherheit tatsächlich funktioniert. Die Interessen aller Mitgliedstaaten, einem Aggressor gegenüberzutreten, sind gegeben, und auch über den Begriff der Aggression ist relativ leicht Übereinstimmung zu erzielen, da die politischen Systeme meistens auf den gleichen Wertvorstellungen beruhen. Auch das Bundesverfassungsgericht (1994) erklärt in seinem Urteil zur Rechtmäßigkeit von Auslandseinsätzen der Bundeswehr vom 12. Juli 1994, dass ein System kollektiver Sicherheit dadurch gekennzeichnet ist, dass es durch ein friedenssicherndes Regelwerk und den Aufbau einer eigenen Organisation für jedes Mitglied einen Status völkerrechtlicher Gebundenheit begründet, die wechselseitig zur Wahrung des Friedens verpflichtet und Sicherheit gewährt. Ob das System dabei ausschließlich oder vornehmlich unter den Mitgliedstaaten Frieden garantiert oder bei Angriffen von außen zum kollektiven Beistand verpflichten soll, ist unerheblich: «Auch Bündnisse kollektiver Selbstverteidigung können Systeme gegenseitiger kollektiver Sicherheit [...] sein, wenn und soweit sie strikt auf die Friedenswahrung verpflichtet sind». In diesem Kontext ist die Gründung der NATO 1949 und vor allem ihre Entwicklung seit den 1990er Jahren zu sehen.

I.2: Die Gründung von Brüsseler Pakt und NATO

Spätestens im Frühjahr 1947 wurde mit der Abkühlung des Verhältnisses zwischen den westlichen Siegermächten und der Sowjetunion deutlich sichtbar, dass der Kalte Krieg begonnen hatte. Angesichts des sowjetischen Drucks auf die Türkei und Griechenland im Jahr 1947 sowie des Bürgerkriegs in Griechenland verkündete der amerikanische Präsident Harry S. Truman die nach ihm benannte Doktrin. Sie besagte, dass die USA Griechenland und der Türkei sowie allen ‹freien Völkern› Unterstützung zusicherten. Jede Nation müsse, so Präsident Truman, in Zukunft zwischen westlicher Demokratie und Kommunismus wählen. Der amerikanische Präsident erklärte am 12. März 1947 vor dem US-Kongress: «Zum gegenwärtigen Zeitpunkt der Weltgeschichte muss fast jede Nation zwischen alternativen Lebensformen wählen. Nur zu oft ist diese Wahl nicht frei. Die eine Lebensform gründet sich auf den Willen einer Mehrheit und ist gekennzeichnet durch freie Institutionen, repräsentative Regierungsformen, freie Wahlen, Garantien der persönlichen Freiheit, Rede- und Religionsfreiheit und Freiheit von politischer Unterdrückung. Die andere Lebensform gründet sich auf den Willen einer Minderheit, den diese der Mehrheit gewaltsam aufzwingt. Sie stützt sich auf Terror und Unterdrückung, auf die Zensur von Presse und Rundfunk, auf manipulierte Wahlen und auf den Entzug der persönlichen Freiheiten. Ich glaube, es muss die Politik der Vereinigten Staaten sein, freien Völkern beizustehen, die sich der angestrebten Unterwerfung durch bewaffnete Minderheiten oder durch äußeren Druck widersetzen. Ich glaube, wir müssen allen freien Völkern helfen, damit sie ihre Geschicke auf ihre Weise bestimmen können. Unter einem solchen

Beistand verstehe ich vor allem wirtschaftliche und finanzielle Hilfe, die die Grundlage für wirtschaftliche Stabilität und geordnete politische Verhältnisse bildet.»

Dieser Rede Trumans folgte im Juni 1947 die Ankündigung des Marshallplans, mit dem Europa finanziell geholfen werden sollte, um die westeuropäischen Staaten letztlich weniger anfällig gegen kommunistische Gefährdungen zu machen. So erhielten im Rahmen des Marshallplans zwischen 1948 und 1952 16 westeuropäische Staaten – die sich 1948 in der Organisation für wirtschaftliche Zusammenarbeit und Entwicklung (OEEC/OECD) zusammengeschlossen hatten – und die 1949 gegründete Bundesrepublik Deutschland amerikanische Wirtschaftshilfe in Höhe von mehr als 13 Mrd. US-Dollar. Die USA betrieben nun in Europa eine intensive Stabilisierungspolitik, da sie von nun an zumindest Westeuropa als ihre strategische Sicherheitszone betrachteten. Insgesamt verstanden sich die USA in zunehmendem Maße als hegemoniale Macht in Westeuropa und etablierten seit den späten 1940er Jahren ein ‹empire by invitation› (Lundestad 1998). Das ‹acquis du siècle›, die Errungenschaft des Jahrhunderts für Europa, so Lothar Rühl (1999: 7), sei das beständige Engagement der amerikanischen Demokratie und Macht für die Freiheit und Sicherheit Europas.

Doch die Antwort der Sowjetunion ließ nicht lange auf sich warten. Der Leningrader Parteisekretär und enge Mitarbeiter Stalins, Andrei Shdanow, formulierte die ‹Zwei-Lager-Theorie›, die gewissermaßen eine kommunistische Entsprechung der Truman-Doktrin darstellte. Gemäß Shdanow standen sich seit Kriegsende zwei unversöhnliche Lager gegenüber: das ‹imperialistische und antidemokratische Lager› unter Vorherrschaft der USA und das ‹antiimperialistische und demokratische Lager› unter Führung der Sowjetunion. Vor dem Hintergrund der Verschlechterung der Beziehungen zwischen den USA und der UdSSR kam es zur Herausbildung der Blöcke. Shdanow weiter: «So sind zwei Lager entstanden: das imperialistische, antidemokratische Lager, dessen Hauptziel darin besteht, die Weltvormachtstellung des amerikanischen Imperialismus zu erreichen und die Demokratie zu zerstören, und das antiimperialistische, demokratische Lager, dessen Hauptziel es ist, den Imperialismus zu überwinden, die Demokratie zu konsolidieren und die Überreste des Faschismus zu beseitigen. Der Kampf zwischen den beiden entgegengesetzten Lagern – dem imperialistischen und dem antiimperialistischen – vollzieht sich unter den Bedingungen einer weiteren Verschärfung der allgemeinen Krise des Kapitalismus, des Niedergangs der Kräfte des Kapitalismus und der Festigung der Kräfte des Sozialismus und der Demokratie.» Mit der Bildung des ‹Kommunistischen Informationsbüros› (Kominform), dem Zusammenschluss der mittel- und osteuropäischen kommunistischen Parteien und mit der Anerkennung der Vorherrschaft der KPdSU im September 1947 begann die Sowjetunion, den osteuropäischen Staaten ihr Gesellschaftsmodell aufzuzwingen. Den Satellitenstaaten wurden darüber hinaus bilaterale Beistands- und Freundschaftsverträge aufgezwungen. Schließlich wurde im Januar 1949 der Rat für Gegenseitige Wirtschaftshilfe (RGW) gegründet (Gründungsmitglieder: UdSSR, Bulgarien, Polen, Rumänien, Ungarn, Tschechoslowakei, später DDR, Mongolei, Kuba, Vietnam), der in Osteuropa eine auf die Sowjetunion ausgerichtete Großraumwirtschaft vorsah.

Die sowjetischen Aktionen in Osteuropa in den Jahren zwischen 1947 und 1949 – insbesondere die Unterstützung der Kommunisten in Griechenland, die Unterstützung des Staatsstreichs in der Tschechoslowakei sowie die massive Unterstützung für die SED in der sowjetischen Besatzungszone Deutschlands einschließlich des Beginns der Berlinblockade im Juni 1948 – bedeuteten für die Repräsentanten der westlichen Demokratien eine subjektive Bedrohung ihrer Sicherheit. Sie wurden zudem als Bedrohung und als expansionistisch perzipiert, denen man angemessen begegnen musste. So rückten die westlichen Länder enger zusammen und schlossen, aufbauend auf dem von Briten und Franzosen 1947 geschlossenen Vertrag von Dünkirchen, am 17. März 1948 den Brüsseler Pakt. Er wurde von den Benelux-Staaten, Frankreich und Großbritannien auf 50 Jahre unkündbar abgeschlossen. Der Brüsseler Pakt, aus dem später die Westeuropäische Union (WEU) hervorging, formuliert seine Ziele wie folgt: «[…] die Prinzipien der Demokratie, der persönlichen und politischen Freiheit, der verfassungsmäßigen Traditionen und der Herrschaft des Gesetzes, die ihr gemeinsames Erbe sind, zu befestigen und zu erhalten; die wirtschaftlichen, sozialen, kulturellen Bindungen, die sie bereits vereinigen, mit diesen Zielen vor Augen zu stärken; loyal zusammenzuarbeiten und ihre Bemühungen, in Westeuropa eine feste Basis für die wirtschaftliche Erholung Europas zu schaffen, aufeinander abzustimmen; in Übereinstimmung mit der Charta der Vereinten Nationen sich gegenseitig Beistand zu leisten, um den in-

ternationalen Frieden und die Sicherheit zu erhalten und jeder An-
griffspolitik Widerstand zu leisten; alle Schritte zu unternehmen, die
sich für den Fall einer neuen deutschen Aggressionspolitik als notwendig erweisen; in der Verfolgung dieser Ziele auch noch diejenigen
Staaten hinzuzuziehen, die von den gleichen Ideen erfüllt und von
der gleichen Entschlossenheit beseelt sind».

Der Brüsseler Pakt diente auch als Zeichen der Europäer zur
Selbstbehauptung und Entschlossenheit, ein gemeinsames Verteidigungssystem zu errichten, um sich der perzipierten Bedrohung der
Sowjetunion, aber auch einer eventuellen erneuten Aggression seitens
Deutschlands entgegenzustellen. Gleichzeitig konnte mit der Schaffung dieses Pakts die amerikanische Regierung ihr Ansinnen, ein militärisches Bündnis mit Europa einzugehen, besser innenpolitisch ver-
mitteln. Denn innerhalb der USA war es alles andere als unumstritten,
formale Verpflichtungen innerhalb eines Bündnissystems einzugehen. Seit dem Staatsstreich in der Tschechoslowakei im Februar 1948
nahm die Gründung der NATO gleichwohl konkrete Formen an.
Bereits seit März 1948 begannen die Verhandlungen über den Nord-
atlantikpakt zwischen den Botschaftern Großbritanniens, Kanadas
und Vertretern des US-Außenministeriums, um in diesem kleinen
Gremium schon den Rahmen für die spätere Diskussion mit den
übrigen Teilnehmern abzustecken (Kaplan 2007: 75–137). Erstmals
öffentlich vorgetragen wurde die Vorstellung einer formalisierten
atlantischen Verteidigungsgemeinschaft am 29. April 1948, als der
kanadische Außenminister, Louis Saint Laurent, im heimischen Un-
terhaus den Vorschlag eines einzigen, auf gegenseitiger Hilfeleistung
beruhenden Verteidigungssystems einbrachte, das neben den beiden
nordamerikanischen Staaten auch die Vertragspartner des Brüsseler
Pakts umfassen sollte. Dänemark, Island, Italien, Norwegen und Portugal wurden eingeladen, sich diesen Verhandlungen über ein Militärbündnis anzuschließen. Als die sogenannte ‹Vandenberg-Resolution› am 11. Juni 1948 erfolgreich den US-Senat passierte, war für
den NATO-Vertrag das letzte Hindernis ausgeräumt. Zum ersten
Mal seit der französisch-amerikanischen Allianz im Jahr 1800 hatten die USA ihre traditionelle Politik des «nonentanglement in
European political and military affairs» (Kaplan 2004: 1) aufgegeben. Am 4. April 1949 unterzeichneten in Washington die Vertreter
von zehn europäischen und zwei nordamerikanischen Staaten den
Nordatlantikvertrag. Nach nur vier Monaten hatten alle Parlamente

Übersicht I: Mitgliedschaftsentwicklung der NATO

1949 (12)	1952 (14)	1955 (15)	1982 (16)	1999 (19)	2004 (26)	Voraussichtlich 2009 (29)
Belgien	Griechenland	Deutschland	Spanien	Polen	Bulgarien	Albanien
Dänemark	Türkei			Tschechien	Estland	Kroatien
Frankreich				Ungarn	Lettland	Mazedonien
Großbritannien					Litauen	
Island					Rumänien	
Italien					Slowenien	
Kanada					Slowakei	
Luxemburg						
Niederlande						
Norwegen						
Portugal						
USA						

Quelle: eigene Darstellung

den Vertrag ratifiziert, so dass er am 24. August 1949 in Kraft treten konnte.

Die treibenden Kräfte hinter der Gründung der NATO waren sicherlich die USA und Großbritannien, die nicht nur über eine gemeinsame Sprache verbunden waren, sondern auch wesentliche Leitprinzipien der Nachkriegsordnung gemeinsam prägten. Kanada hatte eine lange Tradition sicherheitspolitischer Kooperation mit beiden Staaten, Dänemark, Island und Norwegen kooperierten eng untereinander und waren Teil der Anti-Hitler-Koalition. Belgien, Frankreich, Luxemburg und die Niederlande waren bereits Gründungsstaaten des Brüsseler-Pakts von 1948 und ebenso wie Italien zentraler Teil der amerikanischen Wiederaufbaubemühungen im Zuge des Marshallplans. Alle genannten Staaten waren zudem demokratisch und erfüllten so die Anforderungen aus der Präambel des NATO-Vertrags. Eines der zwölf Gründungsmitglieder war gleichwohl unter diesem Gesichtspunkt problematisch. Portugal war in der Gründungsphase der NATO ein autoritärer Staat und ließ sich unter der Regierung Salazar kaum in die Werteordnung des Bündnisses integrieren. Die strategische Bedeutung als Brückenpfeiler über den Atlantik ließ diese Bedenken ebenso wie die antikommunistische Haltung Portugals in den Hintergrund rücken.

I.3: Politische Analyse des NATO-Vertrags

Der NATO-Vertrag besteht aus einer Präambel und 14 Artikeln, wobei in der Präambel sowohl die Zielsetzung des Vertrags als auch die Methode, um dieses Ziel zu erreichen, niedergelegt werden. Dabei berufen sich die NATO-Staaten auf die Charta der Vereinten Nationen und bekräftigen ihre Entschlossenheit zur Verteidigung ihrer ‹Lebensform›. Dies soll neben dem militärischen Bereich zusätzlich auf politischem, wirtschaftlichem, sozialem und kulturellem Gebiet erfolgen. Der Vertrag unterscheidet damit zwischen einem engeren Begriff der Verteidigung der Mitgliedstaaten und einem weiteren Begriff ihrer Sicherheit. In der Präambel heißt es: «Die Parteien dieses Vertrags bekräftigen erneut ihren Glauben an die Ziele und Grundsätze der Satzung der Vereinten Nationen und ihren Wunsch, mit allen Völkern und allen Regierungen in Frieden zu leben. Sie sind entschlossen, die Freiheit, das gemeinsame Erbe und die Zivilisation ihrer Völker, die auf den Grundsätzen der Demokratie, der Freiheit der Person und der Herrschaft des Rechts beruhen, zu gewährleisten. Sie sind bestrebt, die innere Festigkeit und das Wohlergehen im nordatlantischen Gebiet zu fördern. Sie sind entschlossen, ihre Bemühungen für die gemeinsame Verteidigung und für die Erhaltung des Friedens und der Sicherheit zu vereinigen. Sie vereinbaren daher diesen Atlantikvertrag».

Artikel 1 definiert die Grundprinzipien, die von den Mitgliedstaaten in ihren internationalen Beziehungen zu beachten sind. «Die Parteien verpflichten sich, in Übereinstimmung mit der Satzung der Vereinten Nationen jeden internationalen Streitfall, an dem sie beteiligt sind, auf friedlichem Wege so zu regeln, dass der internationale Friede, die Sicherheit und die Gerechtigkeit nicht gefährdet werden, und sich in ihren internationalen Beziehungen jeder Gewaltandrohung oder Gewaltanwendung zu enthalten, die mit den Zielen der Vereinten Nationen nicht vereinbar ist». Dieser Artikel ist fast identisch mit Teilen der Charta der Vereinten Nationen. Artikel 2 erläutert – ebenfalls in fast wörtlicher Anlehnung an die Charta der Vereinten Nationen – die angestrebten Ziele und internationalen Verpflichtungen der Mitgliedstaaten. «Die Parteien werden zur weiteren Entwicklung friedlicher und freundschaftlicher internationaler Beziehungen beitragen, indem sie ihre freien Einrichtungen festigen, ein besseres Verständnis für die Grundsätze herbeiführen, auf denen diese Einrichtungen beruhen, und indem sie die Voraussetzungen für die innere Festigkeit und das Wohlergehen fördern. Sie werden bestrebt sein, Gegensätze in ihrer internationalen Wirtschaftspolitik zu beseitigen und die wirtschaftliche Zusammenarbeit zwischen einzelnen oder allen Parteien zu fördern». Die von den Signatarstaaten eingegangenen Verpflichtungen sind sowohl nach außen (Schaffung eines besseren Verständnisses für die Grundsätze der westlichen Zivilisation) als auch nach innen (Stärkung ihrer demokratischen Institutionen und Beseitigung von Meinungsverschiedenheiten und Konflikten auf wirtschaftlichem und sozialem Gebiet) gerichtet.

Art. 2 bildet darüber hinaus die Grundlage für die Zusammenarbeit der Bündnispartner auf nichtmilitärischem Gebiet. Diese Zusammenarbeit wurde für notwendig erachtet und sollte bewusst auch auf den wirtschaftlichen Bereich ausgedehnt werden. Vor dem Hintergrund der sich verschärfenden Ost-West-Auseinandersetzung wurde damit deutlich, dass mit der NATO in Abgrenzung zu den kommunistischen Staaten letztendlich eine bestimmte ‹Lebensform› verteidigt werden sollte. Artikel 3 verpflichtet die Mitgliedstaaten, ihre eigene und die kollektive Verteidigung zu stärken. «Um die Ziele des Vertrags besser zu verwirklichen, werden die Parteien einzeln und gemeinsam durch ständige und wirksame Selbsthilfe und gegenseitige Unterstützung die eigene und die gemeinsame Widerstandskraft gegen bewaffnete Angriffe erhalten und fortentwickeln». Der Artikel begründet die alliierte Zusammenarbeit und bildet die Grundlage für gemeinschaftliche Produktionsprogramme für militärisches Gerät, für ein Infrastrukturprogramm und die Militärhilfe der USA. Artikel 4 regelt die politische Konsultation der Partner für den Fall einer Bedrohung. «Die Parteien werden einander konsultieren, wenn nach Auffassung einer von ihnen die Unversehrtheit des Gebiets, die politische Unabhängigkeit oder die Sicherheit einer der Parteien bedroht sind». Die Konsultation kann von jedem Mitglied – also auch einem sich nicht bedroht fühlenden – gefordert werden (Konsultationsgebot).

Artikel 5 gilt klassischerweise als das Kernstück des Nordatlantikvertrags. Er lautet im Wortlaut: «Die Parteien vereinbaren, dass ein bewaffneter Angriff gegen eine oder mehrere von ihnen in Europa oder Nordamerika als ein Angriff gegen sie alle angesehen werden wird; sie vereinbaren daher, dass im Falle eines solchen bewaffneten Angriffs jede von ihnen in Ausübung des in Artikel 51 der Satzung der Vereinten Nationen anerkannten Rechts der individuellen oder kollektiven Selbstverteidigung der Partei oder den Parteien, die angegriffen werden, Beistand leistet, indem jede von ihnen unverzüglich für sich und im Zusammenwirken mit den anderen Parteien die Maßnahmen, einschließlich der Anwendung von Waffengewalt, trifft, die sie für erforderlich erachtet, um die Sicherheit des nordatlantischen Gebiets wiederherzustellen und zu erhalten. Von jedem bewaffneten Angriff und allen daraufhin getroffenen Gegenmaßnahmen ist unverzüglich dem Sicherheitsrat Mitteilung zu machen. Die Maßnahmen sind einzustellen, sobald der Sicherheitsrat diejenigen Schritte unternommen hat, die notwendig sind, um den internationalen Frieden und die internationale Sicherheit wiederherzustellen». In Artikel 5 ist demnach das Prinzip der kollektiven Verteidigung niedergelegt. Ein bewaffneter Angriff auf einen oder mehrere Partner wird als Angriff auf die gesamte Allianz angesehen. Allerdings enthält dieser Artikel keine automatische militärische Beistandspflicht, da es jedem Mitgliedstaat überlassen bleibt, unverzüglich und im Zusammenwirken mit den anderen Partnern lediglich die Maßnahmen zu treffen, einschließlich der Anwendung militärischer Gewalt, die er für erforderlich hält. Damit ist die Möglichkeit unterschiedlicher Unterstützung in einem Konfliktfall durch die NATO-Partner gegeben. Somit geht die Beistandsverpflichtung hinter die Regelung des Brüsseler Pakts (WEU) zurück, in dem in Artikel V eine automatische militärische Beistandspflicht festgelegt ist. Lange Zeit wurde in Deutschland von der überwiegenden Mehrheit der Bevölkerung von einem automatischen militärischen Beistand der NATO ausgegangen. Dies war nur insofern der Fall, als die Regierungen der USA den Deutschen in der Zeit des Ost-West-Konflikts immer eine Sicherheitsgarantie gegeben hatten. Es gab und gibt allerdings keinen aus dem NATO-Vertrag ableitbaren rechtlichen Anspruch auf militärischen Beistand. Insbesondere die USA weigerten sich in den Verhandlungen zum

Washingtoner Vertrag, eine stärkere Beistandsklausel zu akzeptieren, unter anderem auch aufgrund der Sorge vor einer Schwächung des Kongresses, der über die Frage von Krieg und Frieden zu entscheiden hatte. Insgesamt sollte Artikel 5 also «als ein primär politisches Symbol in erster Linie der Abschreckung dienen und den Mitgliedern darüber hinaus so viel wie möglich politischen Spielraum lassen» (Theiler 2003: 116). Weiterhin besagt Artikel 5, dass über alle aufgrund seiner Bestimmungen getroffenen Maßnahmen dem Sicherheitsrat der Vereinten Nationen unverzüglich Mitteilung zu machen ist.

Artikel 5 ist bisher erst einmal in Anspruch genommen worden. Nach den terroristischen Anschlägen des 11. Septembers 2001 auf Washington und New York kam bereits am nächsten Tag der Nordatlantikrat zusammen und beschloss, allerdings unter Vorbehalt und anfänglichem amerikanischen Zögern, die Ausrufung des Bündnisfalles, dies allerdings unter der Bedingung, dass die Angriffe von außen gekommen waren. Nachdem die USA diesen Nachweis geführt hatten, wurde am 2. Oktober die Ausrufung bekräftigt und der Vorbehalt aufgehoben. Trotz erstmaliger Inanspruchnahme des Kernstücks des NATO-Vertrags griffen die USA in den nachfolgenden militärischen Operationen (u. a. Afghanistan) nicht auf die konsensualen Strukturen der NATO zurück. Sie wandten sich in der Allianz gegen den Terror vielmehr bilateral an eine Vielzahl von Staaten, mit denen sie auf Basis der VN-Sicherheitsratsbeschlüsse oder Absichtserklärungen im Rahmen der NATO mehr oder weniger intensiv zusammenarbeiteten. Zudem hatten nicht die USA, sondern der NATO-Generalsekretär Robertson die Initiative zur Ausrufung des Bündnisfalls unternommen, der sich davon versprach, die Allianz nicht ins Abseits geraten zu lassen. Heftigen Streit gab es im Frühjahr 2003 in der Frage des Schutzes der Türkei im Falle eines eventuellen irakischen Gegenangriffes nach einem Angriff der USA. Im Falle der Einbeziehung des Bündnispartners (und irakischen Nachbarstaates) Türkei in Kriegshandlungen im Zusammenhang mit dem Irak hatte die NATO zwar klar gestellt, dass dies den Bündnisfall auslösen werde; dies bedeutet nach Art. 5 Washingtoner Vertrag aber eben nicht, dass militärischer Beistand verpflichtend ist, sondern nur, dass diejenigen Maßnahmen getroffen werden, die «für erforderlich erachtet» werden, «um die Sicherheit des nordatlantischen Gebiets wiederherzustellen oder zu erhalten». Deutschland, Frankreich und

Belgien blockierten im Nordatlantikrat Planungen zum Schutz der Türkei, weil sie darin ein Signal sahen, dass der Krieg gegen den Irak unausweichlich sei. Das Veto der drei sorgte in den USA für erheblichen Unmut und nährte Sorgen über die Zuverlässigkeit der Bündnispartner und Zweifel am Wert des Bündnisses in Krisensituationen. Nach Angaben des damaligen amerikanischen NATO-Botschafters, Nicolas Burns, habe dies dem Bündnis ‹eine Erfahrung nahe am Tode beschert› (Varwick 2003). Erst nachdem die Türkei offiziell und auf der Basis von Artikel 4 des NATO-Vertrags Konsultationen über ihren Schutz verlangt hatte und die Entscheidung nach einer Woche ergebnisloser Diskussionen im Nordatlantikrat in den Verteidigungsplanungsausschuss verlagert worden war (dem Frankreich auf Grund seines Austritts aus der militärischen Struktur der NATO seit 1966 nicht mehr angehört), konnte am 16. 2. 2003 ein Kompromiss gefunden werden. Der Türkei wurden für den Angriffsfall u. a. AWACS-Unterstützung, Flugabwehrraketen sowie militärische Sondereinheiten für den Schutz gegen chemische und biologische Kampfmittel im Rahmen der Allianz in Aussicht gestellt. Die ‹Operation Display Deterrence› begann am 26. 2. und endete offiziell am 3. 5. 2003.

Artikel 6 bestimmt das Vertragsgebiet, für das insbesondere der Artikel 5 Anwendung findet. «Im Sinne des Artikels 5 gilt als bewaffneter Angriff auf eine oder mehrere Parteien jeder bewaffnete Angriff auf das Gebiet einer der Parteien in Europa oder Nordamerika […], auf das Gebiet der Türkei oder auf die der Gebietshoheit einer der Parteien unterliegenden Inseln im Nordatlantischen Gebiet nördlich des Wendekreises des Krebses; auf die Streitkräfte, Schiffe oder Flugzeuge einer der Parteien, wenn sie sich in oder über diesen Gebieten oder irgendeinem anderen europäischen Gebiet, in dem eine der Parteien bei Inkrafttreten des Vertrags eine Besatzung unterhält, oder wenn sie sich im Mittelmeer oder im Nordatlantischen Gebiet nördlich des Wendekreises des Krebses befinden». Die Festlegung einer geographischen Zone (‹area›) schließt allerdings nicht aus, dass der NATO-Rat auch die die NATO betreffenden Sicherheitsprobleme außerhalb dieser Zone (‹out of area›) erläutert. Denn einerseits hängt dies ausschließlich von dem politischen Willen der beteiligten Staaten ab, dies zu tun. Andernseits kann auch unter Berücksichtigung von Artikel 4 der allgemeine völkerrechtliche Auslegungsgrundsatz der sogenannten ‹implied powers› angewendet werden (Nolte 1994: 102–104). Danach besitzt eine Organisation über die in ihrem Gründungsvertrag ausdrücklich festgelegten Kompetenzen hinaus auch diejenigen Befugnisse, die angemessen für ihre Aufgabenerfüllung sind. Gleichwohl bleibt politisch und juristisch umstritten, ob militärische Einsätze, die nicht unmittelbar Verteidigungszwecken dienen, von den weiteren Sicherheitsfunktionen des Bündnisses gedeckt sind (siehe Kapitel VI.3 und VIII.1).

Artikel 7 und 8 stellen die Vereinbarkeit mit der Charta der Vereinten Nationen sowie mit anderen internationalen Verpflichtungen fest. In Artikel 7 heißt es zunächst: «Dieser Vertrag berührt weder die Rechte und Pflichten, welche sich für die Parteien, die Mitglieder der Vereinten Nationen sind, aus deren Satzung ergeben, oder die in erster Linie bestehende Verantwortlichkeit des Sicherheitsrates für die Erhaltung des internationalen Friedens und der internationalen Sicherheit, noch kann er in solcher Weise ausgelegt werden». Die Parteien erklären außerdem, dass die NATO-Staaten in Zukunft keine internationalen Verpflichtungen eingehen werden, die im Gegensatz zum Nordatlantikvertrag stehen. Artikel 8 formuliert das wie folgt: «Jede Partei erklärt, dass keine der internationalen Verpflichtungen, die gegenwärtig zwischen ihr und einer anderen Partei oder einem dritten Staat bestehen, den Bestimmungen dieses Vertrags widerspricht, und verpflichtet sich, keine diesem Vertrag widersprechende internationale Verpflichtung einzugehen». Artikel 9 bildet die Rechtsgrundlage für den Nordatlantikrat, die von ihm einzusetzenden Ausschüsse und Arbeitsgruppen, für den Generalsekretär, für die obersten und nachgeordneten Kommandobereiche und für die verschiedenen militärischen und zivilen Behörden. «Die Parteien errichten hiermit einen Rat, in dem jede von ihnen vertreten ist, um Fragen zu prüfen, welche die Durchführung dieses Vertrags betreffen. Der Aufbau dieses Rats ist so zu gestalten, dass er jederzeit schnell zusammentreten kann. Der Rat errichtet, soweit erforderlich, nachgeordnete Stellen; insbesondere setzt er unverzüglich einen Verteidigungsausschuss ein, der Maßnahmen zur Durchführung der Artikel 3 und 5 zu empfehlen hat». Artikel 10 bildet die Rechtsgrundlage für die Aufnahme weiterer europäischer Staaten, die einstimmig erfolgen muss. «Die Parteien können durch einstimmigen Beschluss jeden anderen europäischen Staat, der in der Lage ist, die Grundsätze dieses Vertrags zu fördern und zur Sicherheit im nordatlantischen Gebiet beizutragen, zum Beitritt einladen. Jeder so eingeladene Staat kann durch Hinterlegung seiner Beitrittsurkunde bei der Regierung der

Vereinigten Staaten von Amerika Mitglied dieses Vertrags werden. Die Regierung der Vereinigten Staaten von Amerika unterrichtet jede der Parteien von der Hinterlegung einer solchen Beitrittsurkunde». So wurden 1951 Griechenland und die Türkei, 1954 die Bundesrepublik Deutschland und 1981 Spanien eingeladen, der NATO beizutreten, was jeweils im darauf folgenden Jahr realisiert wurde. Zum März 1999 traten Polen, Ungarn und die Tschechische Republik bei, im Jahr 2004 folgten Bulgarien, Estland, Lettland, Litauen, Rumänien, Slowenien und die Slowakei.

Die Artikel 11 bis 13 befassen sich mit der Ratifizierung, den Möglichkeiten einer Änderung und Kündigung des Vertrags, der seit dem 24. August 1969, dem zwanzigsten Jahrestag seines Inkrafttretens, von jedem Mitgliedstaat mit einer einjährigen Frist gekündigt werden kann. Von dieser Option hat bis heute noch kein Mitgliedstaat Gebrauch gemacht. «Der Vertrag ist von den Parteien in Übereinstimmung mit ihren verfassungsmäßigen Verfahren zu ratifizieren und in seinen Bestimmungen durchzuführen. Die Ratifikationsurkunden werden sobald wie möglich bei der Regierung der Vereinigten Staaten von Amerika hinterlegt, die alle anderen Unterzeichnerstaaten von jeder Hinterlegung unterrichtet. Der Vertrag tritt zwischen den Staaten, die ihn ratifiziert haben, in Kraft, sobald die Ratifikationsurkunden der Mehrzahl der Unterzeichnerstaaten, einschließlich derjenigen Belgiens, Kanadas, Frankreichs, Luxemburgs, der Niederlande, des Vereinigten Königreichs und der Vereinigten Staaten, hinterlegt worden sind; für andere Staaten tritt er am Tage der Hinterlegung ihrer Ratifikationsurkunden in Kraft» (Artikel 11). Die Gültigkeitsdauer des Washingtoner Vertrags ist damit – im Gegensatz zu anderen Militärbündnissen wie etwa der WEU, die im Brüsseler Vertrag auf 50 Jahre geschlossen wurde – unbegrenzt. «Nach zehnjähriger Geltungsdauer des Vertrags oder zu jedem späteren Zeitpunkt werden die Parteien auf Verlangen einer von ihnen miteinander beraten, um den Vertrag unter Berücksichtigung der Umstände zu überprüfen, die dann den Frieden und die Sicherheit des nordatlantischen Gebiets berühren, zu denen auch die Entwicklung allgemeiner und regionaler Vereinbarungen gehört, die im Rahmen der Satzung der Vereinten Nationen zur Aufrechterhaltung des internationalen Friedens und der internationalen Sicherheit dienen» (Artikel 12). «Nach zwanzigjähriger Geltungsdauer des Vertrags kann jede Partei aus dem Vertrag ausscheiden, und zwar ein

Jahr, nachdem sie der Regierung der Vereinigten Staaten von Amerika die Kündigung mitgeteilt hat; diese unterrichtet die Regierungen der anderen Parteien von der Hinterlegung der Kündigungsmitteilung» (Artikel 13). Artikel 14 regelt technische Fragen: «Der Vertrag, dessen englischer und französischer Wortlaut in gleicher Weise maßgebend ist, wird in den Archiven der Vereinigten Staaten von Amerika hinterlegt. Diese Regierung übermittelt den Regierungen der anderen Unterzeichnerstaaten ordnungsgemäß beglaubigte Abschriften».

Zusammenfassend ergibt die Analyse des Washingtoner Vertrags als wichtigste Aufgabe den Schutz sämtlicher NATO-Partner gegen eine mögliche Aggression. Ein bewaffneter Angriff gegen einen oder mehrere von ihnen in Europa oder Nordamerika wird als Angriff auf alle Mitglieder bewertet. Ein in der Geschichte der Bündnissysteme neues Phänomen ist die Tatsache, dass der NATO-Vertrag neben der militärischen auch die politische, soziale, ökonomische und kulturelle Zusammenarbeit vorsieht und sich somit die Verteidigung einer ‹Lebensform› zum Ziel setzt. Alle zwölf Gründungsmitglieder sowie die bis heute vierzehn hinzugekommenen Staaten erkannten das Prinzip der ‹westlichen Demokratie› an, wenngleich sie in einigen Mitgliedsländern wie Griechenland, Portugal und der Türkei lange nicht praktiziert wurde. In allen Mitgliedstaaten sollten allerdings trotz unterschiedlicher politischer Ordnungsformen grundsätzliche Gemeinsamkeiten existieren wie die Anerkennung des kapitalistischen Wirtschaftssystems mit der Garantie des Privateigentums an Produktionsmitteln; die Anerkennung der Herrschaft des Rechts und die Anerkennung des Prinzips der Charta der Vereinten Nationen.

Darüber hinaus verfolgt die NATO aber auch weitere Ziele. Sie will Streitschlichtungsinstrument zwischen den Mitgliedstaaten, Koordinator der Außen- und Sicherheitspolitik sowie Beratungsgremium für politische Angelegenheiten sein. Mit seinen veränderten Funktionen hat sich auch die Form des Bündnisses verändert. Es hat sich von einem kollektiven Verteidigungsbündnis zu einer «Institution des Sicherheitsmanagements» (Haftendorn 1999: 281) gewandelt.

Kapitel II: Die Entwicklung der NATO im Überblick

Die bisherige Geschichte der NATO ist durch häufige Krisen gekennzeichnet, die das Bündnis in seinem Bestand mehrfach gefährdeten. Insofern hat es selbst zu Zeiten des Ost-West-Konflikts das oftmals konstatierte «goldene Zeitalter der transatlantischen Beziehungen» (Medcalf 2005: 180) nie gegeben. Dennoch ist es dem Bündnis immer wieder gelungen, seine inneren Krisen erfolgreich zu überwinden, nicht zuletzt dadurch, dass es seine Fähigkeit zur Anpassung an die veränderten Strukturen des internationalen Systems beibehielt. In äußeren Krisen musste es seine Funktions- und Leistungsfähigkeit mehr als vier Jahrzehnte nicht konkret unter Beweis stellen; der erste Kampfeinsatz der NATO erfolgte im August 1995 (als im Zuge der bereits im April 1993 begonnenen ‹Operation Deny Flight› mit rd. 500 Einsätzen serbische Stellungen bombardiert wurden) außerhalb des Bündnisgebiets in Bosnien-Herzegowina. Die NATO selbst hat eine erstaunliche Wandlungsfähigkeit unter Beweis gestellt. Sie hat sich in den vergangenen zehn Jahren von einem Bündnis der kollektiven Verteidigung gegen einen klar definierbaren Gegner zu einer multifunktionalen Sicherheitsagentur entwickelt und sich im Vergleich zur ursprünglichen Funktion bis zur Unkenntlichkeit verändert.

In der Geschichte der NATO hat die Allianz mehrfach ihren Charakter verändert, ohne allerdings ihre vorherige Bestimmung ganz aufzugeben. «Das Bündnis hat die Anpassung an neue Herausforderungen gewissermaßen zu seiner Spezialität gemacht, der Erkenntnis folgend, dass Beweglichkeit eine Voraussetzung für Stabilität und Bestandskraft ist. Trotzdem waren diese Veränderungen meist durch Frustration, Spannungen und langwierige Konsultationen gekennzeichnet, so dass die NATO oft wie eine Arena für strategische Streitigkeiten erschien und nicht wie eine auf Konsens ausgerichtete Institution» (Riecke 2007 a: 10). Neben der eigentlichen Gründungsphase (siehe Kapitel I), lassen sich drei große Phasen der NATO-Geschichte ausmachen, die im Längsschnittprofil Orientierung bieten können.

- Während die ‹NATO I› (1949–1989) als Verteidigungsbündnis gegen äußere Feinde konzipiert war,
- sah sich die ‹NATO II› (1990–1999) auch und insbesondere als Stabilitätsexporteur nach Mittel-, Ost- und Südosteuropa.
- Die ‹NATO III› – beginnend mit dem Militäreinsatz ‹Allied Force› im März 1999 im Kosovo – dient heute den inzwischen 26 Mitgliedern nicht mehr nur als Verteidigungsbündnis, sondern versteht sich in zunehmendem Maße als militärisch-politische Organisation, die aktiv umfassende Sicherheit gewährleisten soll. Dazu zählen neben der Verteidigung des Bündnisgebiets und der Stabilitätsprojektion insbesondere das militärische Krisenmanagement außerhalb des Bündnisgebiets. Die Stichworte hierfür lauten ‹Allied Force›, Kosovo (KFOR), Afghanistan (ISAF) oder ‹NATO Response Force› (NRF).

II.1: ‹NATO I›: 1949 bis 1989

Die erste große Phase der NATO fällt zusammen mit dem Ost-West-Konflikt 1949–1989. «Militärische Aufgabe der NATO war die Verteidigung des Bündnisterritoriums gegen eine Invasion – eine Aufgabe, die unter den spezifischen Bedingungen des Ost-West-Konflikts ausschließlich durch Abschreckung, d. h. die bloße Androhung von Gewalt, wahrgenommen werden konnte» (Rühle 2006: 4). Die Gründung der NATO ist zunächst nur vor dem Hintergrund der Entwicklung dieses weltpolitischen Ordnungskonfliktes zu verstehen (siehe Kapitel I.2). Entscheidender Auslöser für eine engere militärische Kooperation des bereits seit 1949 politisch tätigen Bündnisses – die erste Sitzung des NATO-Rats fand im September 1949 statt – war der Beginn des Koreakriegs im Juni 1950. Der Angriff des kommunistischen Nordkorea auf das gerade von den Amerikanern geräumte Südkorea ließ bei verschiedenen Regierungen der NATO-Staaten den Eindruck entstehen, dass nun auch ein sowjetischer Angriff auf Westeuropa nicht länger ausgeschlossen werden konnte. War im ersten Jahr nach Vertragsabschluß zunächst nicht daran gedacht, ein enges institutionelles Geflecht oder gar eine integrierte militärische Organisation aufzubauen, änderte die zunehmende weltpolitische Zuspitzung die ursprünglichen Planungen. Der NATO-Rat vereinbarte im September 1950 zur Vermeidung einer Aggression in Europa ähnlich derjenigen in Korea die Einführung integrierter Streitkräfte und der sogenannten Vorwärtsstrategie, d. h. jedem Angriff sollte so weit östlich wie möglich entgegengetreten werden. Das bedeutete aber auch, dass die gerade gegründete Bundesrepublik Deutschland in die von der NATO zu entwickelnde Verteidigungsstrategie mit einbezogen werden musste (siehe Kapitel V.1).

Im Dezember 1950 wurden vom NATO-Rat eine integrierte europäische Verteidigungsstreitmacht, die Errichtung eines obersten Hauptquartiers sowie die Ernennung von General Dwight D. Eisenhower zum Obersten Alliierten Befehlshaber in Europa (SACEUR) bestimmt. 1952 wurden Griechenland und die Türkei Mitglieder des Atlantischen Bündnisses. Angesichts der sich verschlechternden Beziehungen zwischen Ost und West überraschte es nicht, dass die NATO 1952 beschloss, bis 1954 90 Divisionen aufzustellen. Ende 1954 sollten der NATO 6000 Flugzeuge zur Verfügung stehen, die z. T. einem NATO-Stab bereits im Frieden einsatzmäßig unterstellt (assigned) oder aber im Alarmfall zur Unterstellung vorgesehen ('earmarked') waren. Obwohl diese Beschlüsse militärisches Wunschdenken darstellten, ließen die Vereinbarungen von Lissabon den politischen Willen der Allianz deutlich werden, sich mit allen Kräften gegen eine Bedrohung zu verteidigen. Es zeigte sich nun, dass der erstmals gewagte Versuch einer Allianz, bereits in Friedenszeiten integrierte Stäbe zu unterhalten, funktionierte.

In die Aufbau- und Ausbauphase der NATO 1949–1955 fällt auch der Beitritt der Bundesrepublik Deutschland mit Wirkung zum 5. Mai 1955. Nachdem am 30. August 1954 die Europäische Verteidigungsgemeinschaft gescheitert war, musste das Problem des deutschen Verteidigungsbeitrags gelöst werden, der von den USA nachdrücklich gefordert wurde, aber insbesondere in Frankreich aufgrund der Sorge vor einem neuen deutschen Militarismus auf alles andere als Begeisterung stieß. Im Oktober 1954 wurde in den Pariser Verträgen der deutsche NATO-Beitritt besiegelt. Gleichzeitig sahen die Pariser Verträge die Herstellung der Souveränität der Bundesrepublik Deutschland, d. h. die Beendigung des Besatzungsstatus durch die USA, Frankreich und Großbritannien, vor. Die Bundesrepublik und Italien traten dem Brüsseler Pakt bei, der um diese beiden Staaten erweitert wurde und von nun an die Westeuropäische Union bildete, die wiederum in enger Kooperation mit der NATO stehen sollte.

Mit dem Beitritt der Bundesrepublik Deutschland wurde die erste Etappe der Entwicklung der NATO abgeschlossen. Zum einen hatten sich nun 15 Staaten in dem Bündnis zusammengefunden, zum anderen wurde der Verteidigungsraum der NATO wesentlich ausgedehnt. Das bedeutete, dass durch den griechischen und türkischen Beitritt der ursprüngliche Verteidigungsraum auf die Ägäis und bis zum Mittleren Osten ausgedehnt wurde. Mit dem deutschen Beitritt wurde der Verteidigungsraum direkt an die Grenze der Interessensphäre des ideologischen Gegners gelegt. Als Reaktion auf den deutschen NATO-Beitritt wurde unter Führung der Sowjetunion am 14. Mai 1955 der Warschauer Pakt gegründet. Damit waren die Interessensphären abgesteckt. Die NATO wurde nicht nur ein Instrument zur Sicherheit ‹für› Deutschland, sondern gleichzeitig gab sie den Mitgliedstaaten auch Sicherheit ‹vor› Deutschland. «Ihre von ihrem ersten Generalsekretär, Lord Ismay, mit britischem Humor umrissene dreifache Aufgabe to keep the Russians out, the Americans in and Germany down, hat sie also erfolgreich erfüllt, wobei unten für Deutschland weniger als auferlegte Unterworfenenposition, sondern durchaus als selbstgewählte (Ein-)Bindung zu verstehen ist» (List 1999: 54). In jedem Fall spielte – zumindest bei den europäischen Alliierten – bei der Aufbau- und Ausbauphase der Allianz neben dem Aspekt der Risikovorsorge gegenüber Russland auch der Aspekt der ‹Sicherheit vor Deutschland› eine entscheidende Rolle.

Nachdem mit dem Beitritt der Bundesrepublik Deutschland das intern die Bündnispartner am meisten belastende Problem gelöst worden war, konnten sich die NATO-Staaten auf die Fortentwicklung ihrer Allianz konzentrieren. Der NATO-Rat beschloss aufgrund der wachsenden gegenseitigen Abhängigkeit der Industriestaaten eine engere Koordinierung der Streitkräfte, damit jedes NATO-Mitglied den wirksamsten Beitrag zur Erfüllung der Forderungen des Bündnisses leisten könne. Die Mitgliedsregierungen sollten den Nordatlantikrat von jeder Entwicklung in Kenntnis setzen, die für das Bündnis von besonderer Bedeutung sei, damit über die zu treffenden Maßnahmen wirksame politische Konsultationen geführt werden konnten. Diese Bemühungen müssen vor allem vor dem Hintergrund der Doppelkrise Suez/Ungarn vom Herbst 1956 gesehen werden. Nach der Verstaatlichung des Suez-Kanals durch Ägypten hatten im Oktober 1956 die NATO-Staaten Frankreich und Großbritannien in ihrer Rolle als Kolonialmächte in Ägypten interveniert, ohne die anderen NATO-Staaten zu konsultieren oder zu unterrichten, als gleichzeitig die Sowjetunion den ungarischen Aufstand militärisch niederschlug. Die USA lehnten die letztlich mit einem Rückzug der europäischen Truppen endende Militäraktion der Franzosen und Briten vehement ab und waren auch nicht bereit, den Drohgebärden der Sowjetunion gegen beide Staaten etwas entgegenzusetzen. Damit geriet die NATO in eine schwierige Situation, zumal bei den Regierungen Großbritanniens und Frankreichs das Gefühl eines Zusammengehens von USA und UdSSR in der Nahostkrise entstand.

Die Konsolidierung der NATO erfolgte als Reaktion auf zahlreiche Krisen, die in dieser Zeit entstanden. Als der sowjetische KPdSU-Chef, Nikita Chruschtschow, am 10. November 1958 den Westmächten das Berlin-Ultimatum stellte, in dem er eine Lösung des Westberlin-Problems verlangte, andernfalls aber einen separaten Friedensvertrag mit der DDR abschließen und die sowjetischen Rechte über Berlin auf die DDR übergehen lassen würde, war diese Berlinkrise sowohl Anlass für eine engere Kooperation der Allianzpartner wie auch der Beginn für die Einsicht in die Notwendigkeit der Stabilisierung des Status quo in Europa. Hatte sich in der zweiten Berlinkrise (1958–1961), die mit dem Bau der Mauer am 13. August 1961 durch die DDR endete, bereits die Standfestigkeit der NATO-Partner erwiesen, so wurde sie während der Kubakrise im Herbst 1962 noch vergrößert. Chruschtschow versuchte mit der Installation von Mittelstreckenraketen auf Kuba in die amerikanische ‹Interessensphäre› einzudringen und wurde durch die harte und massive Reaktion der USA unter Präsident John F. Kennedy zum Rückzug bewogen. Zweimal innerhalb eines Jahres (Berliner Mauer 1961/Kuba 1962) standen sich die beiden Blockführungsmächte in direkter Konfrontation gegenüber und mussten erkennen, dass eine militärische Auseinandersetzung zwischen ihnen sinnlos wurde, da sie im Atomzeitalter die physische Vernichtung ihrer Gesellschaften nach sich ziehen müsste und keiner einen Vorteil erringen konnte.

Ein internes Problem des Bündnisses war seit den späten 1950er Jahren die Rolle Frankreichs. Frankreich richtete seit Amtsantritt von Präsident Charles de Gaulle im Januar 1959 seine Verteidigungspolitik zunehmend national aus, zog einzelne Truppenteile sukzessive aus dem militärischen Bündnis zurück und strebte auch eine rein nationale nukleare Handlungsfähigkeit an, die mittels einer einsatzfähigen französischen ‹force de frappe› Mitte der 1960er Jahre auch realisiert wurde. Zuvor hatte Frankreich vergeblich versucht, seinen Einfluss im Bündnis zu erhöhen und etwa Pläne eines amerikanisch-britisch-französischen Direktoriums in der Allianz durchzusetzen. Frankreich wurde zunehmend klar, dass es in der NATO keine Führungsrolle spielen konnte, und es zog daraus seine Schlussfolgerungen. Nach Differenzen über die Rolle der Europäer im Bündnis und Auseinandersetzungen über die NATO-Strategie kündigte die französische Regierung im März 1966 an, ihr Personal zum 1. Juli aus den integrierten militärischen Stäben der NATO zurückzuziehen, die Unterstellung der französischen Streitkräfte unter internationales Kommando zu beenden und die internationalen Hauptquartiere, verbündeten Einheiten und Einrichtungen oder Stützpunkte, die nicht der Kontrolle der französischen Behörden unterlagen, aufzufordern, das Land zu verlassen. Bis zum April 1967 hatten alle Institutionen der NATO Frankreich zu verlassen, u. a. den damaligen Sitz des NATO-Generalsekretariats in Paris. So paradox es klingen mag, der Auszug Frankreichs trug zur weiteren Konsolidierung der NATO bei. Nach dem Rückzug Frankreichs aus der Allianz bestand Klarheit über die französische Rolle im Bündnis, und eine notwendige Strukturreform konnte eingeleitet werden. Gleichwohl blieb Frankreich Mitglied der Allianz, de Gaulle versicherte, Frankreich werde auch künftig zu seinen Beistandsverpflichtungen aus Artikel 5 des Washingtoner Vertrags stehen und auch den französischen Luftraum für NATO-Flugzeuge offen halten.

Die Kubakrise bildete sowohl einen Höhepunkt des Kalten Krieges wie auch einen Wendepunkt in den Beziehungen der Blockführungsmächte. Die von den USA und der UdSSR betriebene partielle Zusammenarbeit – u. a. 1963 Einrichtung einer unmittelbaren Nachrichtenverbindung (‹heißer Draht›), Atomteststoppabkommen und 1968 Atomwaffensperrvertrag – musste sich auch auf die jeweiligen Bündnispartner auswirken. Für die NATO bedeutete dies vor allem eine Änderung ihres bisherigen Selbstverständnisses, die in dem im Dezember 1967 verabschiedeten «Bericht über die künftigen Aufgaben der Allianz» (Harmel-Bericht) deutlich wurde. Als der NATO-Rat im Dezember 1966 den Vorschlag des belgischen Außenministers Pierre Harmel aufgriff und eine Studie in Auftrag gab, die auf hoher politischer Ebene grundlegende Veränderungen der vergangenen 20 Jahre untersuchen und daraus Schlussfolgerungen für die künftige Arbeit der Allianz ziehen sollte, gab es innerhalb der NATO eine lange Liste an Meinungsverschiedenheiten und eine «verbreitete Krisenstimmung» (Haftendorn 1992: 173). Die NATO erhielt eine neue politische Dimension, wenn es heißt: «Die Atlantische Allianz hat zwei Hauptfunktionen. Die erste besteht darin, eine ausreichende militärische Stärke und politische Solidarität aufrechtzuerhalten, um gegenüber Aggressionen und anderen Formen von Druckanwendung abschreckend zu wirken, und das Gebiet der Mitgliedstaaten zu verteidigen, falls es zu einer Aggression kommt [...]. In diesem Klima kann die Allianz ihre zweite Funktion erfüllen: die weitere Suche nach Fortschritten in Richtung auf dauerhaftere Beziehungen, mit deren Hilfe die grundlegenden politischen Fragen gelöst werden können. Militärische Sicherheit und eine Politik der Entspannung stellen keinen Widerspruch, sondern eine gegenseitige Ergänzung dar. Die kollektive Verteidigung ist ein stabilisierender Faktor in der Weltpolitik. Sie bildet die notwendige Voraussetzung für eine wirksame, auf größere Entspannung gerichtete Politik. Der Weg zu Frieden und Stabilität in Europa beruht vor allem auf dem konstruktiven Einsatz der Allianz im Interesse der Entspannung. Die Beteiligung der UdSSR und der Vereinigten Staaten wird zur wirksamen Lösung der politischen Probleme Europas erforderlich sein».

Im Ergebnis wurde also der Führungsmacht der NATO, den USA, die politische Legitimation zum Eintritt in die Gespräche über die Begrenzung strategischer Waffen und zugleich der Bundesrepublik Deutschland die politische Rückversicherung im Westen für ihre neue Ostpolitik gegeben. Das neue Selbstverständnis der NATO kam von nun an in der Kurzformel ‹Sicherheit gleich Verteidigung und Entspannung› zum Ausdruck. Mit der Berufung auf diese Formel, so das Ergebnis einer detailreichen Studie zu den einjährigen Arbeiten an dem Bericht, «konnten sowohl ost- als auch entspannungspolitische Initiativen für vereinbar mit einer weiterhin auf Abschreckung und Verteidigung gestützten Sicherheitspolitik erklärt werden, als auch in einer Zeit der Ost-West-Entspannung militärische Anstrengungen begründet und gerechtfertigt werden» (Haftendorn 1992: 220).

In den Jahren 1973 bis 1985 wurde die NATO besonders durch den Wandel der US-Außenpolitik, durch den seitens der USA in Vietnam geführten Krieg wie auch durch interne Auseinandersetzungen zwischen der amerikanischen Führungsmacht sowie den europäischen Regionalmächten belastet (Woyke 1977: 51–99). Die USA betrieben zwischen 1969 und 1975 mit der Sowjetunion eine Entspannungspolitik, die in der strategischen Rüstungskontrolle gipfelte und im SALT-I-Vertrag einen ersten Höhepunkt erreichte. Als US-Außenminister Henry Kissinger 1973 den Europäern nur noch regionale Aufgaben, den USA aber weltpolitische Bedeutung zuwies, kam die Befürchtung einer atomaren Zusammenarbeit zwischen den Blockführungsmächten auf. Besonders konfliktreich wurden aber die Auseinandersetzungen im Gefolge des NATO-Doppelbeschlusses, als einzelne europäische Regierungen und Politiker sowie große Teile der Bevölkerung den Doppelbeschluss nicht unterstützten. Die Sowjetunion rüstete im Verlauf der 1970er Jahre ihre Streitkräfte mit nuklearen Mittelstreckenraketen (SS-20) aus, wodurch die strategische Stabilität zwischen NATO und Warschauer Pakt hinsichtlich der bestehenden Interkontinentalraketen hätte unterlaufen werden können. Es wurde befürchtet, dass die USA auf einen mit SS-20 geführten sowjetischen Angriff unter Umständen nicht mit Interkontinentalraketen reagieren würden. Schließlich wäre das amerikanische Territorium von einem Angriff mit Mittelstreckenraketen nicht betroffen gewesen und die europäischen Bündnispartner fürchteten, dass sie im Stich gelassen werden könnten bzw. Westeuropa sicherheitspolitisch von den USA abgekoppelt werden könnte.

Die Bundesrepublik Deutschland wäre davon als ‹Frontstaat› in besonderer Weise betroffen gewesen. Der deutsche Bundeskanzler Helmut Schmidt warnte bereits in einer Rede im Oktober 1977 davor, dass die europäischen Sicherheitsinteressen vernachlässigt werden könnten, und machte sich zum Fürsprecher einer besseren Gewichtung zwischen amerikanischen und westeuropäischen Interessen. Wenn es zu keiner Einigung mit der Sowjetunion über die Begrenzung der Mittelstreckenraketen im Rahmen der Verhandlungen über eine allgemeine Kontrolle von Atomwaffen komme, dann müsse die Allianz bereit sein, eigene Mittel bereitzustellen. Der im Dezember 1979 vom NATO-Rat verabschiedete Doppelbeschluss sah als Antwort auf die sowjetische Mittelstreckenraketenaufrüstung zum einen ein Verhandlungsangebot an die UdSSR, zum anderen – falls es bis Ende 1983 zu keinem befriedigenden Verhandlungsergebnis käme – die Aufstellung von 108 Pershing-II-Raketen und 464 Marschflugkörpern in Westeuropa vor. Trotz heftiger Proteste in einzelnen westeuropäischen Ländern – vor allem der Bundesrepublik Deutschland, den Niederlanden, Belgien und Dänemark – wurde der Stationierungsplan gegen den Widerstand der weite Teile der Gesellschaft umfassenden Friedensbewegung eingehalten, als die amerikanisch-sowjetischen Verhandlungen über die Mittelstreckenraketen 1983 scheiterten. Dass im Herbst 1982 Bundeskanzler Schmidt auch über den Widerstand in seiner eigenen Partei gegen den NATO-Doppelbeschluss stürzte und sein Nachfolger, Helmut Kohl, die Umsetzung der Stationierungsentscheidung gegen anhaltenden innenpolitischen Widerstand umsetzen musste, hat an den Planungen der NATO nichts geändert.

Der Wechsel in den USA von der Carter- zur Reagan-Administration im Jahr 1980 leitete dann zunächst eine Phase der Abkühlung im Verhältnis der NATO zu den Staaten des Warschauer Paktes ein, die sich – nicht zuletzt angesichts der sowjetischen Invasion in Afghanistan im Dezember 1979 und der Verhängung des Kriegsrechts in Polen im Dezember 1981 – in beiderseitiger Aufrüstung und einer Verschlechterung des politischen Klimas manifestierte. Ronald Reagan hielt die bisher praktizierte Entspannungspolitik für einen Fehlschlag und wollte mit einer Politik der Stärke die Sowjetunion in die Knie zwingen. Erst mit dem im März 1985 von Michail Gorbatschow begonnenen Wandel der sowjetischen Außenpolitik wurde eine neue Entspannungspolitik eingeleitet. Für die NATO stellte die neue sowjetische Außenpolitik eine ungewohnte Herausforderung dar, da zwischen den NATO-Partnern zunächst keine Einigkeit über die Reaktion auf diese neue Politik zu erzielen war. So wurde das NATO-Kommuniqué vom Mai 1989 ein Kompromisspapier, das eine Modernisierung der nuklearen Kurzstreckenraketen von der weiteren Entwicklung in der Sowjetunion und Osteuropa sowie dem Verlauf der Verhandlung über vertrauens- und sicherheitsbildende Maßnahmen abhängig machte.

Trotz der verstärkten Spannungen wurde Spanien 1982 16. Mitglied der Atlantischen Allianz. In diese Periode fielen auch der griechisch-türkische Doppelkonflikt um die Ägäis sowie Zypern und die isländisch-britischen Auseinandersetzungen um den Fischfang im Nordatlantik. Wohl kein Jahr in der Phase der ‹NATO I› ging vorbei, in der keine kleineren oder größeren Spannungen zwischen den Mitgliedstaaten zu verzeichnen waren (Kaplan 2004: 29–108). Wenngleich diese Konflikte objektiv die NATO schwächten, hat die Atlantische Allianz doch alle inneren Krisen überwinden können – jedenfalls hat kein Staat von der in Artikel 13 des NATO-Vertrags festgelegten Möglichkeit einer Kündigung der Mitgliedschaft Gebrauch gemacht. Von 1949 bis 1989 hatte sich vielmehr innerhalb der NATO ein System an Verhaltensregeln, Verhaltensnormen und gegenseitigen Erwartungshaltungen entwickelt, das allen beteiligten Staaten einen stabilen Rahmen für ihre Außen- und Sicherheitspolitik bot und so «erfolgreich die Befriedigung unterschiedlicher nationaler Interessen ermöglichte» (Theiler 2003: 179).

II.2: ‹NATO II›: 1990–1999

Die zweite Phase der NATO in den Jahren 1990 bis 1999 steht unter vollkommen neuen internationalen Bedingungen. Ab 1989 wird dieser Zeitraum von den Umwälzungen und Revolutionen sowie dem Zusammenbruch des ‹real existierenden Sozialismus› gekennzeichnet. Dadurch war der Zusammenbruch des Warschauer Pakts vorprogrammiert und die NATO mit einer vollkommen neuen internationalen Konstellation konfrontiert. Der tiefgreifende Wandel in Mittel- und Osteuropa und der Zusammenbruch der Sowjetunion, die bedeutsamen Fortschritte bei den Verhandlungen über die konventionelle Rüstungskontrolle, die fortschreitende Demokratisierung in Mitteleuropa sowie die deutsche Wiedervereinigung mit der daraus folgenden Mitgliedschaft des vereinten Deutschlands in der NATO haben Anfang der 1990er Jahre die sicherheitspolitischen Rahmendaten vollkommen verändert. Anhänger der neorealistischen Theorie der internationalen Politik prognostizierten nach dem Epochenwechsel 1989/90, dass die NATO ein ‹disappearing thing› und es nur eine Frage der Zeit sei, wie lange sie noch als bedeutsame Sicherheitsinstitution erhalten bliebe. Angesichts dieser Erwartung hat die Allianz eine erstaunliche Anpassungsfähigkeit gezeigt: Sie hat neue Aufgaben gesucht und auch gefunden. Politisch äußerte sich dies im Aufbau partnerschaftlicher Beziehungen mit den ehemaligen Gegnern in Mittel- und Osteuropa. Militärisch manifestierte sich die neue Rolle der NATO insbesondere in ihren Peacekeeping-Operationen auf dem westlichen Balkan.

In ihrer Londoner Erklärung vom 6. Juni 1990 schlug die NATO den Warschauer-Pakt-Staaten einen gegenseitigen Gewaltverzicht vor und lud sie ein, ständige diplomatische Verbindungen mit der

NATO aufzunehmen. In Ziff. 5 des Kommuniqués heißt es: «Die Mitgliedstaaten des Nordatlantischen Bündnisses schlagen daher den Mitgliedstaaten der Warschauer Vertragsorganisation eine gemeinsame Erklärung vor, in der wir feierlich bekunden, dass wir uns nicht länger als Gegner betrachten, und in der wir unsere Absicht bekräftigen, uns der Androhung oder Anwendung von Gewalt zu enthalten, die gegen die territoriale Integrität oder politische Unabhängigkeit irgendeines Staates gerichtet oder auf irgendeine andere Weise mit den Zielen und Prinzipien der Charta der Vereinten Nationen und mit der KSZE-Schlussakte unvereinbar ist». Gleichzeitig kündigte die NATO in London eine umfassende Reform ihrer Struktur und Strategie an. In der Londoner Erklärung mit dem Titel ‹Die Allianz im Wandel› heißt es aber auch: «Niemand kann jedoch die Zukunft mit Gewissheit voraussagen; wir müssen solidarisch bleiben, um den langen Frieden, dessen wir uns in den vergangenen vier Jahrzehnten erfreuten, auch künftig zu bewahren. […] Wir bekräftigen, dass die Sicherheit und Stabilität nicht allein in der militärischen Dimension liegen; wir beabsichtigen, die politische Komponente unserer Allianz, wie sie in Artikel 2 unseres Vertrags niedergelegt ist, zu stärken».

Gut fünf Monate später kann der Ost-West-Konflikt als beendet angesehen werden. In der KSZE-Charta von Paris vom 21. November 1990 mit dem Titel «Ein neues Zeitalter der Demokratie, des Friedens und der Einheit» (unterschrieben von den Repräsentanten von mehr als 50 Staaten) kommt das neue Selbstverständnis aller beteiligter Staaten zum Ausdruck: «Das Zeitalter der Konfrontation und der Teilung Europas ist zu Ende gegangen. […] Nun ist die Zeit gekommen, in der sich die jahrzehntelang gehegten Hoffnungen und Erwartungen unserer Völker erfüllen: Unerschütterliches Bekenntnis zu einer auf Menschenrechten und Grundfreiheiten beruhenden Demokratie, Wohlstand durch wirtschaftliche Freiheit und soziale Gerechtigkeit und gleiche Sicherheit für alle unsere Länder». NATO und Warschauer Pakt gaben am Rande dieser Konferenz zudem die angekündigte gemeinsame Erklärung ab, in der sie feierlich erklärten, «dass sie in dem anbrechenden neuen Zeitalter europäischer Beziehungen nicht mehr Gegner sind, sondern neue Partnerschaften aufbauen und einander die Hand zur Freundschaft reichen wollen» und den gegenseitigen Gewaltverzicht bestärken. In dem am gleichen Tag unterzeichneten ‹Vertrag über die Reduzierung der konventionellen Streitkräfte› (KSE) und dem zwei Tage zuvor unterzeichneten «Wiener Dokument über vertrauens- und sicherheitsbildende Maßnahmen» werden drastische Abrüstungs- und vertrauensbildende Maßnahmen beschlossen. Mit diesen Abrüstungsverträgen – die auch weitreichende Inspektionsregelungen umfassen – wurde die Möglichkeit großangelegter Überraschungsangriffe in Europa überaus unwahrscheinlich.

Ab 1991 beginnt ein weiteres Umdenken der NATO in Bezug auf die Gewährleistung von Sicherheit in Europa. Wichtigster Bezugspunkt war das Gipfeltreffen in Rom vom November 1991, auf dem ein neues strategisches Konzept beschlossen wurde (siehe Kapitel V.2). Es stellte sich die Frage nach der Funktion des Bündnisses in einem vollkommen veränderten internationalen System. Die Bündnispartner gerieten unter erheblichen Anpassungsdruck. Sie waren einmütig der Auffassung, dass eine direkte Bedrohung – wie sie vier Jahrzehnte perzipiert wurde – nun nicht mehr vorhanden, dass die NATO aber nach wie vor notwendig sei.

Die NATO hat in dieser Phase insbesondere in vier Bereichen neue Akzente gesetzt: der Ausweitung und Erweiterung nach Mittel- und Osteuropa, der ‹Europäisierung› der Atlantischen Allianz, der Bereitschaft, als Mandatnehmer der Vereinten Nationen bzw. der OSZE aufzutreten und schließlich der Bereitschaft, notfalls auch ohne VN-Mandat zu intervenieren.

Eine wichtige Neuerung, die in diese Phase fällt, ist die Europäisierung der NATO, die sich zunächst in einer Aufwertung der Rolle der Westeuropäischen Union und später in der Schaffung einer Sicherheits- und Verteidigungspolitik innerhalb der EU manifestiert (siehe Kapitel VII). Neben der NATO-Osterweiterung stellt die Bereitschaft der Allianz, den Vereinten Nationen bzw. der OSZE Einheiten für Peacekeeping-Maßnahmen zur Verfügung zu stellen, die gravierendste Veränderung in ihrem Aufgabenfeld dar. Seit 1992 hat sich die NATO im Bosnienkrieg engagiert, ab Februar 1994 beteiligte sich die Allianz mit Luftwaffenkampfeinsätzen zur Durchsetzung von VN-Sanktionen. Ende August 1995 bombardierten Kampfflugzeuge in der ‹Operation Deliberate Force›, der bis dahin größten NATO-Militäraktion, serbische Stellungen in Bosnien-Herzegowina. Im Dezember 1995 ermächtigte der Sicherheitsrat der Vereinten Nationen die NATO, mit einer Truppe das Abkommen von Dayton umzusetzen. Schließlich engagierte sich die NATO ab Oktober 1998 auch ohne Mandat der UNO im Kosovokonflikt, zunächst mit der Bereitschaft, ein politisches Abkommen militärisch abzusichern. Ab März 1999 ging die Allianz dann mit Luftangriffen auf jugoslawische Stellungen, Einheiten und Anlagen vor, um ein Einlenken Jugoslawiens zu erzwingen bzw. eine ‹humanitäre Katastrophe› im Kosovo zu verhindern (siehe Kapitel VIII.2).

II.3: ‹NATO III›: 1999 bis heute

Die Phase der ‹NATO III›, die im Sommer 1999 beginnt und bis heute andauert, steht einerseits im Zeichen der Rollenfindung nach dem Kriegseinsatz im Kosovo. Mehr als 800 Kampfflugzeuge aus 13 NATO-Staaten waren an den 38 000 Einsätzen beteiligt, die sowohl Ziele im Kosovo als auch in der gesamten Bundesrepublik Jugoslawien angriffen. Die ursprüngliche Begründung für die Luftangriffe, die Erzwingung der Unterschrift unter den Vertrag von Rambouillet, weitete sich im Laufe des Einsatzes zu dem Argument aus, man wolle im Kosovo eine ‹humanitäre Katastrophe› verhindern und den jugoslawischen Präsidenten Milošević von weiteren Angriffen im Kosovo abhalten sowie das jugoslawische Militärpotential nachhaltig beschädigen. In der Geschichte der NATO war dies der erste – heftig umstrittene – militärische Einsatz gegen einen souveränen Staat ohne klare völkerrechtliche Grundlage. Das Handeln der NATO war in dieser Phase andererseits stark durch die Terroranschläge vom 11. September 2001 geprägt, die verdeutlicht haben, dass «die größten Bedrohungen transatlantischer Sicherheit nicht mehr – wie im Kalten Krieg und seiner unmittelbaren Folgezeit – aus Europa kommen würden, sondern jenseits des Kontinents. Das traditionelle Selbstverständnis der NATO als eines rein eurozentrischen Bündnisses war damit obsolet» (Rühle 2006: 4). Der NATO-Generalsekretär, Jaap de Hoop Scheffer (2004a: 13), fasst die veränderte Situation wie folgt zusammen: «Die Projektion von Stabilität ist inzwischen zur Grundvoraussetzung transatlantischer Sicherheit geworden. Natürlich bleibt die kollektive Verteidigung unseres Bündnisterritoriums eine Kernaufgabe der NATO. Aber wir können unsere Sicherheit heutzutage nicht mehr gewährleisten, wenn wir uns nicht der Risiken und Bedrohungen widmen, die sich fern unserer Heimatländer abzeichnen».

In den vergangenen 15 Jahren wurde die Debatte um die Aufgaben der NATO und die adäquaten strategischen Mittel zur Erfüllung dieser Aufgaben durch zahlreiche Ereignisse immer wieder neu angestoßen. Zu diesen zählten neben dem Ende des Ost-West-Konflikts die Konflikte und Kriege auf dem Balkan, die terroristischen Anschläge auf die USA am 11. September 2001 und die anschließende militärische Intervention der USA in Afghanistan und die militärische Intervention der USA im Irak. Hinzu kommt die Beanspruchung der Allianzmitglieder im Rahmen ihrer diversen weltweiten militärischen Operationen.

Für die Nordatlantische Allianz ergeben sich aus ihrer neuen Rolle mehrere militärische und politische Funktionen, die weit über das hinausgehen, was sie in der Zeit des Ost-West-Konflikts an Aufgaben zu erfüllen hatte. Trotz der neuen Aufgaben und der ungebrochenen Attraktivität für alte wie neue Mitglieder befindet sich die NATO in einem vielschichtigen Dilemma: Die neuen militärischen Aufgaben im Bereich der Friedenssicherung könnten schnell zu einer Überforderung führen, die neuen politischen Aufgaben werden die Kohärenz nicht in dem Maße gewährleisten, wie es die über vier Jahrzehnte wahrgenommene gemeinsame Bedrohung getan hat, Ad-hoc-Koalitionen (sogenannte ‹coalitions of the willing› bzw. ‹coalitions of the able›) könnten an Attraktivität gewinnen und den Zusammenhalt im Bündnis untergraben, und schließlich wird die Erweiterung der NATO die innere Struktur verändern und den Entscheidungsprozess erschweren. Auch die Konkretisierung der Europäischen Sicherheits- und Verteidigungspolitik stellt die Frage nach Bedarf, Funktion und Rolle der NATO neu.

Für die NATO stellt sich im Zuge dieser Entwicklungen die Existenzfrage. Die Allianz hat nur dann eine Zukunft, wenn es ihr gelingt, ohne geografische Beschränkungen dort politisch und militärisch zu wirken, wo Bedrohungen der Sicherheit entstehen: beim Terrorismus, bei der Verbreitung von Massenvernichtungswaffen (in Verbindung mit Trägertechnologie), Verhinderung oder Beendigung von ethnischen Säuberungen und Völkermord (Kaiser 2003: 7). Andererseits wird argumentiert, dass bisher noch jeder Abgesang auf die Allianz vorschnell gewesen sei und wie in den vergangenen ‹finalen Krisen›, die dem Bündnis in seiner mehr als 50-jährigen Geschichte attestiert wurden, die Lagebeurteilungen der Kritiker nur bedingt der Realität entsprächen (Altenburg 2002: 52).

Kapitel III: Struktur, Aufbau und Funktionsweise der NATO

Die NATO ist eine internationale Organisation, deren Mitglieder zwar eng zusammenarbeiten, aber keine direkten Souveränitätsrechte an das Bündnis abgegeben haben. Die NATO ist also keine supranationale Organisation – wie etwa in manchen Politikfeldern die Europäische Union –, sondern muss sich in allen Fragen um einvernehmliche Lösungen bemühen: Ihr Medium ist das der freiwilligen Kooperation zwischen souveränen Staaten. Anders als bei einer rein bilateralen (zweiseitigen, zwischenstaatlichen) Form der Zusammenarbeit, erfolgt diese nach festgelegten Prinzipien, die das Verhalten der beteiligten Staaten mitbestimmen. Im weiteren Sinne bedeutet die multilaterale Organisationsform auch, dass es gemeinsamer Organe bedarf, in denen der multilaterale Interessenausgleich stattfindet.

Die NATO ist «der Zusammenschluss demokratisch-rechtsstaatlich organisierter Völker. Die Geschichte lehrt, dass Demokratien noch niemals gegeneinander Krieg geführt haben. Sie lehrt aber auch, dass diese bemerkenswerte Grundtatsache, die sich aus den innenpolitischen Mechanismen der Entscheidungsfindung und der Entscheidungskontrolle im Rechtsstaat ergibt, nicht naturwüchsig zustande kommt. Sie muss organisiert werden. Daher ist die NATO nicht nur ein defensives Bündnis zum Schutz nach außen gewesen. Sie war zugleich stets ein Bündnis zur Organisation eines demokratischen Interessenausgleichs zwischen ihren Mitgliedstaaten» (Kühnhardt 1996: 18). In der NATO sind 26 Mitgliedstaaten von ganz unterschiedlicher geographischer Größe, Einwohnerzahl, politischem Status, politischem Selbstverständnis und nicht zuletzt unterschiedlicher wirtschaftlicher und militärischer Leistungsfähigkeit vertreten.

III.1: Die politische Struktur der NATO

Betrachtet man ganz unterschiedliche Allianzen über einen längeren historischen Zeitraum, so fällt auf, dass die Struktur, wie sie die NATO aufweist, für eine militärische Allianz eher ungewöhnlich ist. Im Nordatlantikvertrag (siehe Kapitel I.3) heißt es lediglich, dass die

Übersicht 2: Grunddaten der NATO-Mitglieder

	Einwohner in Millionen (2006)	BIP in Milliarden US-$ (2006)	BIP pro Kopf in US-$ (2006)	Verteidigungsausgaben in Mrd. US $ (2006)	Verteidigungsausgaben in % des BIP (2006)	Anteil Personalausgaben am Verteidigungshaushalt in % (2006)	Anteil Militärische Beschaffungen am Verteidigungshaushalt in % (2006)	Aktive Soldaten (2006)	Wehrform (2007)
Belgien	10,4	342,8	33,000	4,427	1,1	75,4	5,4	41 234	freiwillig
Bulgarien	7,3	78,68	10,700	0,712	2,4	52,0	14,2	40 900	freiwillig
Dänemark	5,5	201	37,000	3,950	1,4	48,7	15,5	17 237	Wehrpflicht
Deutschland	82,5	2630	31,900	37,775	1,3	58,5	15,0	250 100	Wehrpflicht
Estland	1,3	26,9	20,300	0,237	1,6	26,0	14,5	4493	Wehrpflicht
Frankreich	63,7	1891	31,100	54,002	2,4	56,3	23,6	348 196	freiwillig
Griechenland	10,7	256,3	24,000	7,287	3,0	73,8	14,9	147 100	Wehrpflicht
Großbritannien	60,8	1930	31,800	55,138	2,3	42,1	22,4	185 613	freiwillig
Island	0,3	11,4	38,000	k. A.	k. A.	k. A.	k. A.	–	–
Italien	58,1	1756	30,200	30,635	1,7	85,1	7,9	313 070	freiwillig
Kanada	33,4	1178	35,600	15,227	1,2	44,8	13,0	59 571	freiwillig
Lettland	2,3	36,4	16,000	0,278	1,2	43,5	13,8	3574	Wehrpflicht
Litauen	3,6	54,9	15,300	0,356	1,5	55,2	17,6	5440	Wehrpflicht
Luxemburg	0,5	33,9	71,400	0,254	0,6	76,5	8,7	823	freiwillig
Niederlande	16,6	529,1	32,100	9,904	1,5	51,8	18,2	51 138	freiwillig
Norwegen	4,6	213,6	46,300	5,201	1,5	41,8	23,9	31 416	Wehrpflicht
Polen	38,5	552,4	14,300	6,235	1,9	57,4	18,0	140 782	Wehrpflicht
Portugal	10,6	210,1	19,800	3,080	1,6	73,0	12,6	41 211	freiwillig
Rumänien	22,3	202,2	9,100	2,291	2,0	56,6	22,3	71 000	freiwillig
Slowakei	5,4	99,2	18,200	0,963	1,7	48,9	15,3	14 200	freiwillig
Slowenien	2,0	47,0	23,400	0,623	1,7	58,8	11,5	7354	freiwillig
Spanien	40,4	1109	27,400	14,416	1,2	53,2	23,5	118 917	freiwillig
Tschechien	10,2	224	21,900	2,511	1,8	45,9	11,0	25 000	freiwillig
Türkei	71,2	635,6	9,000	10,936	3,0	48,4	34,4	785 650	Wehrpflicht
Ungarn	9,9	175,2	17,600	1,299	1,2	52,1	9,4	28 945	freiwillig
USA	301,1	13130	44,000	511,053	3,8	31,5	26,1	1 365 700	freiwillig

Quelle: Spalten 1–3: Central Intelligence Agency (2007); Spalten 4–8: NATO Defence Policy and Planning Divison (2006); alle Angaben nach NATO-Kriterien, die sich zum Teil aufgrund anderer Berechnungsgrundlagen von anderen Quellen unterscheiden, aber den Vorteil haben, dass die Daten der Mitgliedstaaten gut untereinander vergleichbar sind; Spalte 9: eigene Recherchen.

Parteien eine ständige Organisation des Nordatlantikvertrags einrichten werden. Festgelegt ist in Artikel 9, dass ein Rat zu gründen sei, der so zu gestalten ist, dass er jederzeit schnell zusammentreten kann. Zudem errichtet er bei Bedarf nachgeordnete Stellen, insbesondere einen Verteidigungsausschuss. Das institutionelle Design der NATO ist also im Detail nicht vertraglich festgelegt, sondern ergibt sich aus den – durchaus wechselnden – Funktionen des Bündnisses und ist damit anpassungsfähig und flexibel.

Die NATO gliedert sich in eine politische und eine militärische Organisation. Jeder Signatarstaat ist zwar Mitglied der politischen Organisation, muss jedoch nicht zwangsläufig der militärischen Organisation angehören. Der militärische Oberbefehlshaber ist auf strategischer Ebene traditionell ein US-amerikanischer General, während der Generalsekretär ein Europäer ist. Mitglied der politischen Organisation der Atlantischen Allianz sind alle 26 Mitgliedstaaten, während Frankreich, Spanien und Island der militärischen Organisation nicht vollständig angeschlossen sind. Frankreich verließ 1966 unter Staatspräsident Charles de Gaulle wie bereits dargestellt die militärische Organisation des Bündnisses. Seit dieser Zeit richtete Frankreich seine Verteidigung national aus, wobei es sich seit Mitte der 1990er Jahre der NATO wieder angenähert hat. Island verfügt über keine Streitkräfte, trägt aber durch die Bereitstellung des Stützpunktes Keflavik zur militärischen Infrastruktur des Bündnisses bei. Spanien gehört nach dem 1984 abgehaltenen Volksentscheid nicht vollständig der integrierten Militärstruktur an, wirkt aber an der kollektiven Verteidigungsplanung mit und ist sowohl in der Nuklearen Planungsgruppe als auch im Militärausschuss vertreten.

Wichtiges Grundprinzip der NATO ist der Primat der Politik: Die militärische Organisation untersteht also der politischen Führung. Sowohl für den politischen als auch für den militärischen Bereich ist die institutionelle Struktur durchgängig in drei Ebenen unterteilt. Als oberstes Leitungsgremium besteht ein Hauptorgan, diesem unterstehen jeweils Unterorgane, die die ständige Arbeit zwischen den Tagungen des Hauptorgans koordinieren, und darunter befinden sich diverse administrative Organe, die die politischen und militärischen Beschlüsse vorbereiten und ausführen. Die obersten Organe mit Leitungskompetenz fällen ihre Entscheidungen durchgängig nach dem Konsensprinzip, und Änderungen einmal gefällter Beschlüsse sind wiederum nur einstimmig möglich. Die untergeordneten Organe

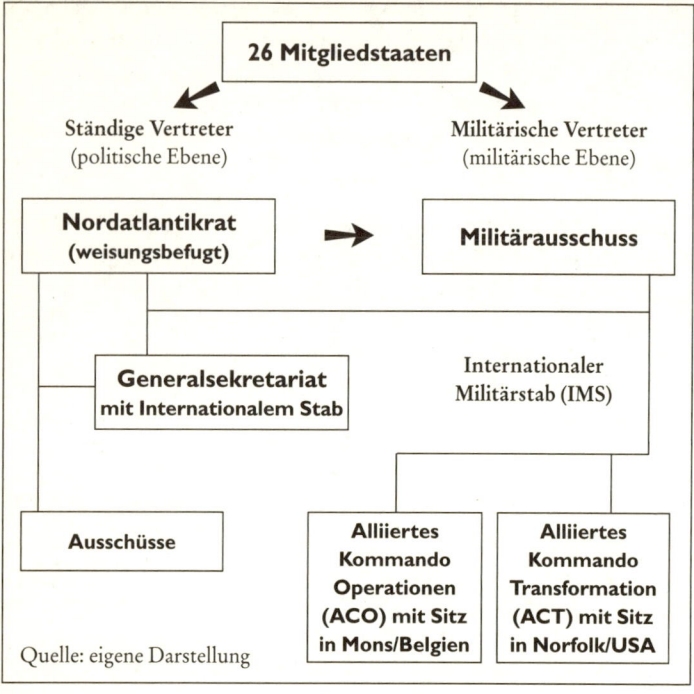

Quelle: eigene Darstellung

sind an alle Entscheidungen gebunden. Auf der einen Seite soll kein Mitgliedstaat darauf angewiesen sein, sich bei sicherheitspolitischen Herausforderungen allein auf seine eigenen nationalen Anstrengungen zu verlassen, auf der anderen Seite trägt jedes Mitglied nach wie vor die souveräne Verantwortung für seine eigene Verteidigung. Alle Mitglieder nehmen in vollem Umfang an der politischen Komponente der Kooperation teil und bekennen sich insbesondere zu den Verpflichtungen aus Artikel 5 des NATO-Vertrags. Wenn zudem 26 Staaten in einem Politikfeld wie der Sicherheitspolitik eine gemeinsame Politik formulieren und umsetzen wollen, das nationale Souveränität derart unmittelbar berührt, setzt dies voraus, dass alle Mitgliedstaaten – zumindest in Grundzügen – über Politik und Strategie ihrer Partner informiert sind und über diese beraten können. Eine solche Zielsetzung setzt regelmäßige, intensive politische Beratungen in allen Phasen der Entscheidungsfindung voraus.

Oberstes Entscheidungsorgan ist der NATO-Rat. Seine Hauptaufgabe besteht darin, die Mitgliedstaaten bei der Durchführung des
Vertrags zu unterstützen. Der Rat, der sowohl auf der Ebene der
Regierungschefs, der Außen- und Verteidigungsminister als auch der
Ständigen Vertreter (also der nationalen NATO-Botschafter) tagen
kann, fasst seine Beschlüsse im Konsensverfahren. Die Konsensregel
ist dabei nicht mit dem Prinzip der Einstimmigkeit zu verwechseln,
denn formelle Abstimmungen über einzelne Maßnahmen finden so
gut wie nicht statt. Im NATO-Jargon wird dieses Entscheidungsverfahren als ‹silent procedure› bezeichnet. Vielmehr teilen in aller
Regel Mitgliedstaaten dem Generalsekretär Bedenken schriftlich mit.
Geschieht dies nicht, wird ein Schweigen in den Gremien als Zustimmung gewertet. «Was sich hinter dem Begriff Konsensregel verbirgt,
ist die langwierige, sich oft über Wochen und Monate erstreckende
Prozedur, während der die Mitgliedstaaten die Gelegenheit haben,
ihre Positionen in die Abstimmungsprozesse des Militärausschusses
als höchstem militärischem Gremium und/oder des Nordatlantikrats
so einzubringen und miteinander auszuhandeln, bis schließlich alle
Partner zustimmen können» (Kaim 2006: 18). Dieses Beschlussver-
fahren bedeutet, dass gerade die kleineren Staaten ein erhebliches
Mitbestimmungspotential im Entscheidungsprozess der NATO über
die grundlegende Politik der Allianz besitzen, denn jeder Staat behält
seine volle Souveränität und trifft seine Entscheidung in eigener Verantwortung. Andererseits ermöglicht das ‹Schweigeverfahren› einem
nationalen Vertreter, der noch keine konkrete Weisung aus seiner
Hauptstadt erhalten hat, eine gewisse Flexibilität.

Dennoch ist das Entscheidungsverfahren in die Kritik geraten.
Insbesondere aus den USA gibt es Stimmen, die einen flexibleren
Entscheidungsprozess fordern. Dies reicht von der Möglichkeit, zu
Formen der differenzierten Integration zu gelangen, über die Stim-
mengewichtung anhand der militärischen Beiträge bis hin zur Einführung von qualifizierten Mehrheitsentscheidungen. Diesen Plänen
ist jedoch kaum eine Chance einzuräumen (siehe Kapitel IX). Um die
Entscheidungsprozesse in der NATO dennoch pragmatisch zu verbessern, wurde im Sommer 2005 eine Expertengruppe unter Vorsitz
des dänischen Diplomaten Jesper Vahr damit beauftragt, Vorschläge
zur Straffung in der politischen Organisation zu unterbreiten. Der
daraufhin im Oktober 2005 vorgelegte Bericht enthielt zahlreiche
Vorschläge hinsichtlich der Vereinfachung der Arbeitsabläufe. Insbe-

sondere wurde angeregt, den NATO-Rat von Alltagsarbeit zu entlasten und ihm mehr Zeit für die Diskussion strategischer Leitlinien zu verschaffen. Zudem sollten die politischen und militärischen Stäbe zusammengelegt werden. Die Mitgliedstaaten konnten aber keinen Konsens über die Vorschläge erzielen und die Strukturreform ist vertagt worden.

Auf der Ebene der Außen- und Verteidigungsminister tritt der NATO-Rat im Frühjahr und im Herbst zu regelmäßigen Sitzungen zusammen. Auf der Ebene der Ständigen Vertreter tagt der NATO-Rat wöchentlich. Jede Ratstagung entspricht mehr als 300 bilateralen Kontakten und kann somit zu einer leichteren Harmonisierung der nationalen Politiken führen. Der Rat veröffentlicht Erklärungen und Kommuniqués, in denen die Bündnispolitik für die interessierte Öffentlichkeit erläutert wird. Fragen der Verteidigung werden im Verteidigungsplanungsausschuss beraten, dem die ständigen Vertreter der Mitgliedstaaten mit Ausnahme Frankreichs angehören. Dieser Ausschuss berät die Militärbehörden der NATO und hat in seinem Verantwortungsbereich dieselben Aufgaben wie der Rat. Seit 1967 werden Fragen und Probleme, die die nukleare Komponente betreffen, in der Nuklearen Planungsgruppe (NPG) behandelt. Ihr gehören alle Mitgliedstaaten, ebenfalls mit Ausnahme Frankreichs, an. Die NPG tagt zweimal jährlich auf Ministerebene und führt mit einigen Untergremien die Detailarbeiten durch, die als Grundlage für die Nuklearpolitik des Bündnisses gelten. Seit 1979 können alle interessierten NATO-Staaten an ihren Sitzungen teilnehmen. Seit 1993 tagen der Verteidigungsplanungsausschuss und die NPG auch gemeinsam. Im Juni 1993 nahm erstmals auch der Vertreter Frankreichs teil.

Das Exekutivorgan der NATO ist das Generalsekretariat mit dem Generalsekretär an der Spitze. Dieser wird von den Mitgliedstaaten im Konsens ernannt. Er ist gleichzeitig Vorsitzender des Nordatlantikrats, des Verteidigungsplanungsausschusses, der Nuklearen Planungsgruppe und anderer hochrangiger Ausschüsse. Auch vertritt der Generalsekretär die NATO nach außen. Er ist zuständig für die Förderung und die Lenkung des Konsultations- und Entscheidungsfindungsprozesses im Bündnis. Sein Büro besteht aus dem Exekutivsekretariat, das u. a. verantwortlich für die reibungslose Arbeit des Rates und aller nachgeordneten Ausschüsse ist, dem Presse- und Informationsbüro sowie dem NATO-Sicherheitsbüro. Zudem ist ein Exekutivsekretär des Rates dafür verantwortlich, dass die Arbeit der einzelnen Abteilungen des internationalen Stabes in Übereinstimmung mit den erteilten nationalen Weisungen erfolgt. Seit 2004 ist der Niederländer Jaap de Hoop Scheffer der elfte Generalsekretär in der Geschichte der NATO. Das Generalsekretariat ist international zusammengesetzt und weist innerhalb der zivilen NATO-Organe den höchsten Integrationsstand auf, da die Beamten internationale Beamte und dem Generalsekretär unterstellt sind. Mehr und mehr ist der NATO-Generalsekretär – nicht zuletzt durch die Amtsinhaber Manfred Wörner und Javier Solana – zu einem international außerordentlich bedeutsamen politischen Akteur geworden.

Übersicht 4: Generalsekretäre der NATO

1952–1957	Lord Ismay	Großbritannien
1957–1961	Paul-Henri Spaak	Belgien
1961–1964	Dirk Stikker	Niederlande
1964–1971	Manlio Brosio	Italien
1971–1984	Joseph Luns	Niederlande
1984–1988	Lord Carrington	Großbritannien
1988–1994	Manfred Wörner	Deutschland
1994–1995	Willy Claes	Belgien
1995–1999	Javier Solana	Spanien
1999–2004	Lord Robertson	Großbritannien
seit 2004	Jaap de Hoop Scheffer	Niederlande

Quelle: eigene Darstellung

Der Amtssitz des NATO-Generalsekretariats in der belgischen Hauptstadt Brüssel (von 1952 bis 1966 war der Sitz in Paris) ist zugleich das politische Hauptquartier der Organisation und der ständige Sitz des Rates. In Brüssel sind u. a. die nationalen Delegationen, der Generalsekretär und der internationale Stab, wichtige Ausschüsse sowie zahlreiche NATO-Behörden untergebracht. Fast 4000 Mitarbeiter sind im NATO-Hauptquartier beschäftigt, von ihnen etwa 2200 Mitarbeiter der nationalen Delegationen und militärischer Vertretungen der Mitgliedstaaten bei der NATO. Dem internationalen Stab gehören etwa 1200 zivile Mitarbeiter an, der Internationale Militärstab (IMS) hat mehr als 400 Mitarbeiter. Der IMS untersteht einem Offizier im Generals-/Admiralsrang, der vom Militärausschuss ausgewählt wird und als Direktor fungiert. Unter seiner Leitung hat der IMS dem Militärausschuss vorzutragen, Pläne auszuarbeiten, Beurteilungen zu erstellen und grundsätzliche Empfehlungen auszuspre chen. Der IMS wird hauptsächlich durch Militärs besetzt, es sind aber auch Zivilpersonen vertreten. Der IMS verfügt über fünf Fachabteilungen (Planung und Grundsatzfragen, Operationsführung, Nachrichtenwesen, Kooperation und Regionale Sicherheit sowie Logistik, Rüstung und Ressourcen), die jeweils von einem stellvertretenden Direktor geleitet werden. Jeder Mitgliedstaat entsendet einen Botschafter oder Ständigen Vertreter in den Rat und verfügt über eine nationale Delegation, die sich aus Beratern und Vertretern der Regierungen zusammensetzt. Alle Delegationen sind in einem gemeinsamen Gebäude untergebracht, womit formelle und informelle Kontakte auf sehr einfache Weise möglich sind. Unterstützt wird die Arbeit des Rates und seiner Ausschüsse von einem internationalen Stab, der sich aus Angehörigen der Mitgliedstaaten zusammensetzt, die meist für mehrere Jahre nach Brüssel entsandt werden. Sie sind dem Generalsekretär verantwortlich und der NATO zur Loyalität verpflichtet. Der Stab besteht aus fünf Beigeordneten Generalsekretären (für politische Angelegenheiten, Verteidigungsplanung und -politik, Verteidigungsunterstützung, Infrastruktur, Logistik und zivile Verteidigungsplanung, Wissenschafts- und Umweltangelegenheiten), von denen jeder eine politische Abteilung leitet. Diesen Abteilungen sind jeweils mehrere Abteilungen unterstellt, an deren Spitze Direktoren stehen, die wiederum Vorsitzende eines oder mehrerer Ratsausschüsse sind.

Neben den offiziellen Organen haben sich im Verlauf der NATO-Geschichte zahlreiche informelle Einrichtungen herausgebildet, wie etwa die Nordatlantische Versammlung. Sie wurde 1955 gegründet und trug bis 1966 die Bezeichnung NATO-Parlamentarierkonferenz. Sie verfolgt das Ziel, die Zusammenarbeit und das Verständnis zwischen den Mitgliedstaaten zu stärken, den Regierungen bei ihren Entscheidungen im NATO-Rat die parlamentarischen Sichtweisen zu verdeutlichen und in den nationalen Parlamenten die atlantische Solidarität zu stärken. Die Nordatlantische Versammlung ist eine von der NATO vollkommen unabhängige Einrichtung, bildet aber eine Brücke zwischen NATO und nationalen Parlamenten. Sie wird von ca. 200 Mitgliedern gebildet, die von den nationalen Parlamenten nach Parteiproporz entsandt werden. Die Nordatlantische Versammlung hält zweimal im Jahr Plenarversammlungen ab. 1968 entstand die EUROGROUP, die aus den europäischen Verteidigungsministern der NATO bestand und zweimal jährlich zusammentraf. Ihre wichtigste Aufgabe lag in der Koordinierung des westeuropäischen Verteidigungsbeitrages innerhalb der Atlantischen Allianz. 1993 wurde die EUROGROUP aufgelöst, weil die Europäer zunehmend im Rahmen der Gemeinsamen Außen- und Sicherheitspolitik der EU bzw. im Rahmen der WEU (und hier im Transatlantischen Forum) diese Fragen beraten. 1976 wurde die Unabhängige Europäische Programmgruppe (IEPG) gegründet. In ihr waren alle europäischen NATO-Staaten mit Ausnahme Islands vertreten. Sie zielte auf eine engere Kooperation bei der Beschaffung von Rüstungsgütern. Im Oktober 1977 wurde die ‹High Level Group› (HLG) von der NPG eingerichtet. Ihr gehörten Vertreter aus zwölf NATO-Staaten an. Darüber hinaus gibt es eine unübersichtliche Vielzahl an Ausschüssen und Gremien (siehe Kapitel VI.3).

Durch die seit dem Ende des Ost-West-Konflikts entstandene Vielfalt an informellen Gremien werden natürlich auch die Abstimmungsprozesse innerhalb der NATO komplexer. Was sich früher auf ein Gremium konzentrierte, nämlich auf den Nordatlantikrat, spielt sich nun in vier Gremien ab: im Nordatlantikrat, im Euro-Atlantischen Partnerschaftsrat, in der NATO-Ukraine-Kommission und im NATO-Russland-Rat, wobei alle diese Gremien durch den gleichen Unterbau aus militärischen und politisch-militärischen Ausschüssen und Arbeitsgruppen unterstützt werden. Wenngleich dem Nordatlantikrat formal die alleinige Entscheidungsbefugnis in allen NATO-Fragen erhalten bleibt, ist es – wie der damalige stellvertretende Vorsitzende des Militärausschusses, Nicholas Kehoe (1998: 10), ausführt – eine schwierige Aufgabe, die Arbeit der genannten Gremien zu «einem schlüssigen, kohärenten Produkt zusammenzufassen». Gleichwohl muss darauf hingewiesen werden, dass die im Zuge der Kooperation mit den Staaten Mittel- und Osteuropas gebildeten Gremien keine Vertragsorgane oder nachgeordnete Stellen im Sinne des Washingtoner Vertrags darstellen. Die Teilnehmer des Euroatlantischen Partnerschaftsrats und des Programms Partnerschaft für den Frieden (PfP) wirken aber zunehmend an Entscheidungen des Bündnisses mit (siehe Kapitel VI).

Die Arbeit der Organe – nicht aber die NATO-Einsätze – wird durch die Mitgliedstaaten nach einem festgelegten Schlüssel finanziert, wobei der Rat die Verantwortung für den Haushalt trägt. Es sind drei Haushalte zu unterscheiden: der Zivilhaushalt für das Personal und die Verwaltung, der Militärhaushalt, der aus insgesamt 50 Einzelhaushalten (etwa Finanzierung von Betriebsausgaben, Übungen, PfP-Maßnahmen, einzelne Operationen, AWACS, Pensionen) besteht, und der Haushalt für das NATO-Sicherheits- und -Investitionsprogramm (NSIP). Dieser dient der gemeinsamen Finanzierung von Investitionen wie Fernmeldesystemen, Flugplätzen, Hauptquartieren etc. Zwar werden die gemeinsamen Infrastrukturprogramme nicht direkt aus dem NATO-Haushalt finanziert, die logistischen Einrichtungen, deren Aufwendungen unter den Mitgliedern verrechnet und insofern kollektiv finanziert werden, können jedoch im Rahmen des gemeinsamen Infrastrukturprogramms alle NATO-Staaten nutzen. Gemeinsam finanzierte Kosten der NATO werden grundsätzlich nur aus den NATO-Haushalten bestritten, da auch nur diese Haushalte von den NATO-Mitgliedern vorbereitet und im Konsens beschlossen werden. Nicht im Haushalt enthalten sind die Ausgaben der Mitglieder für ihre Streitkräfte und Verteidigungsanstrengungen sowie für die nur von nationalen Streitkräften genutzte Infrastruktur bzw. Teile von NATO-Anlagen, die die Kriterien der gemeinsamen Finanzierung nicht erfüllen. Wichtigstes Finanzierungsprinzip bei den meisten NATO-Operationen ist, dass jeder Staat für seine finanziellen Anteile selber aufkommt (‹costs lie where they fall›). Insbesondere die USA drängen regelmäßig darauf, die Bereiche der gemeinsamen Finanzierung auszuweiten (‹common funding›), da andernfalls die Mitgliedstaaten zögerlich seien, an Missionen teilzunehmen, die ausschließlich zu Lasten der nationalen Etats gingen.

Der Haushalt (im Jahr 2007 rd. 1,8 Mrd. Euro) wird von den Mitgliedstaaten nach einem festgelegten Schlüssel finanziert. Deutschland finanziert rd. 15 Prozent des Zivilhaushalts und jeweils rd. 17 Prozent des Militärhaushalts und des Sicherheits- und Investitionsprogramms.

Übersicht 5: Die Entwicklung des NATO-Haushalts (in Mio. Euro)

	Zivilhaushalt	Militärhaushalt	NSIP	gesamt
1989	203,0	884,0	3305	4392
1995	324,0	755,0	1327	2407
2004	171,6	853,3	640,5	1665
2005	175,9	919,8	640,5	1736
2006	181,1	956,7	640,5	1778
2007	186,1	1047	640,5	1873

Quelle: eigene Recherchen nach Angaben der Ständigen Vertretung der Bundesrepublik Deutschland bei der NATO (September 2007)

Übersicht 6: Beitragsschlüssel der NATO-Mitglieder 2007 (in %)

	Zivilhaushalt	Militärhaushalt	NSIP
Belgien	2,4	2,8	2,8
Bulgarien	0,3	0,3	0,3
Dänemark	1,3	2,0	2,0
Deutschland	15,5	17,3	17,3
Estland	0,1	0,1	0,1
Frankreich	13,7	12,8	12,8
Griechenland	0,5	0,5	1,0
Großbritannien	15,0	12,1	12,1
Island	0,05	0,04	0
Italien	6,5	7,3	7,6
Kanada	5,6	4,5	4,5
Lettland	0,1	0,1	0,1
Litauen	0,2	0,2	0,2
Luxemburg	0,1	0,1	0,1
Niederlande	3,0	3,4	3,4
Norwegen	1,2	1,7	1,7
Polen	2,4	2,4	2,4
Portugal	0,7	0,5	0,5
Rumänien	1,0	1.0	1,0
Slowakei	0,4	0,4	0,4
Slowenien	0,2	0,2	0,2
Spanien	4,0	3,9	3,9
Tschechien	0,8	0,8	0,8
Türkei	1,8	1,5	1,5
Ungarn	0,6	0,6	0,6
USA	21,8	22,5	21,7

Quelle: eigene Recherchen nach Angaben der Ständigen Vertretung der Bundesrepublik Deutschland bei der NATO (September 2007)

III.2: Die militärische Organisation der NATO

Wie im zivilen Bereich, so wurden auch in der militärischen Struktur mehrfach Veränderungen vorgenommen. Seit 1966 bildet der Militärausschuss ‹Military Committee› die höchste militärische Instanz des Bündnisses. Er besteht aus den Stabschefs aller Bündnispartner. Island kann einen zivilen Beamten in den Militärausschuss entsenden. Frankreich ließ sich drei Jahrzehnte durch den Leiter seiner Militärmission beim Militärausschuss vertreten und hat erstmals im April

1996 wieder ohne Einschränkung an einer Sitzung teilgenommen. Der auf der Ebene der Stabschefs mindestens zweimal pro Jahr tagende Militärausschuss hat die Aufgabe, Maßnahmen zu erarbeiten und zu empfehlen, die für die gemeinsame Verteidigung des NATO-Gebiets für erforderlich gehalten werden. Der Militärausschuss ist Hauptquelle für die militärische Beratung des Generalsekretärs und des Nordatlantikrats, des Verteidigungsplanungsausschusses und der Nuklearen Planungsgruppe. Der Vorsitz wechselt unter den Mitgliedstaaten jährlich in der Reihenfolge des englischen Alphabets. Der Vorsitzende, der für eine dreijährige Amtszeit von den Stabschefs gewählt wird, leitet die Amtsgeschäfte und ist oberster militärischer Sprecher des Bündnisses. Zwischen den Tagungen des Militärausschusses werden dessen Funktionen vom Ständigen Militärausschuss – hier handelt es sich um die militärischen Vertreter der Mitgliedsländer – wahrgenommen. Zur Durchführung der Politik und der Beschlüsse des Militärausschusses wurde der integrierte Internationale Militärstab (IMS) geschaffen, ein aus rd. 400 Personen bestehendes Gremium. Neben der allgemeinen Unterstützung des Militärausschusses arbeitet der IMS Pläne aus, führt Untersuchungen durch und erteilt Empfehlungen, die militärische Fragen betreffen, die der NATO oder dem Militärausschuss von Bündnisinstitutionen, Befehlshabern oder Behörden vorgelegt werden.

Die nationalen Rüstungspläne werden in verschiedenen Ausschüssen auf die militärischen Notwendigkeiten der Allianzplanung abgestimmt. Ausgangspunkt für diese Planungen ist das vereinbarte Strategische Konzept, das die Zielsetzung des Bündnisses und die Mittel zu ihrer Umsetzung vorgibt. Alle zwei Jahre werden detaillierte Leitlinien von den Verteidigungsministerien vorgegeben, auf dessen Grundlage die konkreten Planungsziele für die Streitkräfte der Mitgliedstaaten formuliert werden. Diese sogenannten ‹Streitkräfteziele› gelten in der Regel für einen Zeitraum von sechs Jahren, werden aber jährlich aktualisiert. Die jährliche Überprüfung führt zur Erstellung eines gemeinsamen NATO-Streitkräfteplans. Auf dem Washingtoner Gipfel 1999 beschloss die NATO auf amerikanischen Druck die ‹Defence Capabilities Initiative› (DCI), die im Jahr 2002 durch das ‹Prague Capabilities Commitment› (PCC) ergänzt wurde. Mit beiden sollen die Verteidigungsanstrengungen intensiviert werden. Sie zielen auf die Verbesserung der Fähigkeiten im gesamten Spektrum der NATO-Aufgaben, insbesondere in den Bereichen Verlegefähigkeit, Mobilität, Durchhaltefähigkeit, Logistik, Führung und Informationssysteme. Insbesondere beim PCC haben einzelne Bündnismitglieder spezifische politische Verpflichtungen übernommen, um ihre Fähigkeiten in den folgenden Bereichen zu verbessern: in der Abwehr gegen chemische, biologische, radiologische und nukleare Waffen; in der Aufklärung, Überwachung und Zielerfassung; in der Luft-Boden-Überwachung; in Führungs- und Kommunikationssystemen; in der Wirksamkeit im Einsatz, einschließlich präzisionsgelenkter Munition und der Systeme zur Ausschaltung gegnerischer Luftverteidigungssysteme; im strategischen Luft- und Seetransport; in der Luftbetankung und in Bezug auf verlegefähige Einsatzunterstützungs- und Logistikeinheiten.

Die Erhaltung einer als angemessen erachteten militärischen Fähigkeit und die klare Bereitschaft zu kollektivem Handeln sind die primären militärischen Sicherheitsziele des Bündnisses. Wichtige Merkmale der militärischen Gliederung sind das Prinzip der integrierten Militärstruktur sowie Kooperations- und Koordinierungsvereinbarungen unter den Mitgliedstaaten. Diese Merkmale zeigen sich in der gemeinsamen Streitkräfteplanung, der gemeinsamen operativen Planung, der Aufstellung von multinationalen Einheiten und Verbänden, der Stationierung von nationalen Streitkräften außerhalb des eigenen nationalen Hoheitsgebietes in anderen Mitgliedstaaten, umfassenden Konsultationsverfahren, gemeinsamen Normen für Ausrüstung und Ausbildung sowie enger Zusammenarbeit in der Infrastruktur, Rüstung und Logistik. Im Verteidigungsfall ist das gemeinsame Vorgehen demnach detailliert festgelegt. Mit Ausnahme Islands und Frankreichs stellen alle Mitgliedstaaten Streitkräfte für die integrierte militärische Kommandostruktur zur Verfügung. Es gibt also selbst bei der Vollmitgliedschaft eine erhebliche Breite an Statusformen, die sich insbesondere am unterschiedlichen Grad der militärischen Integration zeigt.

Zu unterscheiden sind: die Existenz und die Stärke eines nuklearen militärischen Beitrags (USA, Großbritannien, Frankreich); das Maß der Assignierung (Zuordnung) von Streitkräften aller Truppengattungen (USA, Deutschland, England, Italien); die Stationierung von integrierten Stäben, Hauptquartieren und NATO-Truppen auf eigenem Staatsgebiet (hauptsächlich Deutschland, Belgien, Spanien, Italien, Griechenland); die Beteiligung an integrierten Verbänden und integrierter Luftraumüberwachung (hauptsächlich USA, Deutschland,

Großbritannien) und die Beteiligung mit Führungspersonal in Stäben, an gemeinsamen Manövern sowie der Finanzierung des NATO-Haushalts (alle Staaten in unterschiedlichem Ausmaß).

Der weit überwiegende Teil der der NATO zur Verfügung stehenden Streitkräfte besteht aus konventionellen Streitkräften der Mitgliedstaaten, die Teil der integrierten Militärstruktur sind. Dabei sind zwei Gruppen zu unterscheiden. Die erste Gruppe wird im Bedarfsfall dem operativen Kommando oder der operativen Kontrolle eines Obersten NATO-Befehlshabers zugeordnet, die zweite Gruppe wird aufgrund besonderer Vereinbarungen zu einem späteren Zeitpunkt der NATO unterstellt. Wenn die Mitgliedstaaten der NATO Streitkräfte zuordnen (assignieren), bedeutet dies die Übertragung des operativen Kommandos oder der operativen Kontrolle, was jedoch nicht heißt, dass die volle Befehlsgewalt übertragen wird. Die Detailaspekte bei Operation und Führung dieser Streitkräfte verbleiben unter nationaler Kontrolle. In Friedenszeiten verbleibt die Befehlsgewalt grundsätzlich – mit einigen Ausnahmen – bei den Mitgliedstaaten. Bei diesen Ausnahmen handelt es sich um die integrierten Stäbe in den verschiedenen militärischen Hauptquartieren, Teile der integrierten Luftverteidigungsstruktur, einige Fernmeldeeinheiten und multinationale Sondereinheiten sowie die Ständigen Flottenverbände. Rechtliche Grundlagen für die Stationierung von NATO-Truppen außerhalb des eigenen Landes ergeben sich aus dem NATO-Truppenstatut, das mehrfach angepasst und im Falle Deutschlands zuletzt im März 1993 geändert wurde. Um auch Nicht-NATO-Mitgliedern vorübergehenden Aufenthalt – etwa im Falle von Übungen im Rahmen der Partnerschaft für den Frieden – zu gestatten, wurden zudem nach 1994 sogenannte Streitkräfteaufenthaltsgesetze beschlossen.

Deutschland ist nach Einwohnerzahl und Wirtschaftskraft nach den USA der zweitgrößte NATO-Staat; hinsichtlich der Zahl der Streitkräfte liegt Deutschland hinter den USA und der Türkei an dritter Stelle. Die Verteidigungsausgaben liegen allerdings nicht nur in den USA, sondern auch in Frankreich und Großbritannien in der Summe deutlich höher. Gemessen an dem Prozentsatz am Bruttoinlandsprodukt liegt Deutschland im unteren Drittel. Während die Mehrzahl der Mitgliedstaaten eine Berufsarmee bzw. deren Einführung beschlossen hat, hält Deutschland bisher an einer Wehrpflichtarmee fest. Ausgehend von den für alle NATO-Mitgliedstaaten einheitlichen Kriterien – die von anderen Systematiken abweichen und deshalb lediglich NATO-intern vergleichbar sind – betrugen die Verteidigungsausgaben Deutschlands im Jahr 2006 rd. 37 775 Mrd. US- (an vierter Stelle hinter den USA mit 511 053 Mrd. US-, Großbritannien mit 55 138 Mrd. US- und Frankreich mit 54 002 Mrd. US-). Deutschlands Verteidigungsausgaben lagen damit bei einem Anteil von 1,3 Prozent des Bruttoinlandsprodukts (GB 2,3; F 2,4; USA 3,8) weit hinter vergleichbaren Mitgliedern an 21. Stelle der NATO-Staaten. Besonders auffällig ist dabei die Struktur der Verteidigungsausgaben. Deutschland verwendet lediglich 15 Prozent für militärische Beschaffungen (GB: 22,4, F: 23,6, USA: 26,1) und unterscheidet sich auch damit deutlich von seinen wichtigsten Partnern.

Die USA sind politisch, militärisch und strategisch die dominante Macht innerhalb der NATO. Die Verteidigungsausgaben der USA sind mit über 500 Milliarden US-Dollar im Jahr 2006 fast doppelt so hoch wie die der restlichen 25 Bündnispartner zusammen (rd. 266 Milliarden US Dollar), und die daraus resultierende technische Überlegenheit der USA führt in Teilbereichen dazu, dass die Interoperabilität (das heißt die Fähigkeit, in militärtechnischen Fragen zusammenarbeiten zu können und gemeinsame Einsätze durchzuführen) mit den europäischen Partnern nicht mehr gegeben ist. Die USA sind zudem der wohl einzige Staat des Bündnisses, der die militärischen Ziele im Extremfall auch allein erreichen kann, und haben dementsprechend hinter den Kulissen ein politisches Übergewicht (siehe Übersicht 2).

Über die Reform der politischen Struktur hinaus hat die NATO seit den 1990er Jahren ihre militärischen Strukturen radikal verändert. Zur Hochzeit des Ost-West-Konflikts bildete ein Netzwerk von 60 fest eingerichteten Hauptquartieren und diesen zugeordneten Streitkräften mit über fünf Millionen Soldaten die Grundlage der Verteidigung gegen den Warschauer Pakt. Referenzpunkt für die Veränderungen war neben denen im strategischen Konzept (siehe Kapitel V) das Prager Gipfeltreffen im November 2002. Um das volle Spektrum ihrer Aufgaben zu erfüllen, muss die NATO demnach in der Lage sein, Streitkräfte einzusetzen, die schnell dorthin verlegt werden können, wo sie benötigt werden. Als operatives Kernstück dieser Entscheidung wurde in Prag die Gründung der ‹NATO Response Force› (NRF), die weltweit Kampfeinsätze durchführen können soll, beschlossen (s. u.).

In Grundzügen wurde auch über eine neue Kommandostruktur entschieden. So werden die bisherige Gliederung nach strategischen Kommandobereichen ‹Europa› und ‹Atlantik› aufgehoben, die regionalen und subregionalen Befehlshaber abgeschafft und zwei getrennte strategische Kommandos für ‹Operation› und ‹Transformation› geschaffen. Die Arbeitsmethoden sollen ebenfalls gestrafft werden. Zwar wird an dem Konsensprinzip in allen Fragen festgehalten, die Zahl der Ausschüsse wird aber radikal verringert und die Arbeit des Nordatlantikrats auf wichtige Grundsatzfragen konzentriert. Über den verstärkten Gebrauch informeller Verfahren konnte allerdings ebenso wenig Einigkeit erzielt werden wie über die offizielle Einführung eines Mechanismus, der mehr Flexibilität für die an der Durchführung einer militärischen Operation beteiligten Staaten erlauben würde. Alles in allem sollen die militärischen Fähigkeiten besser auf die Durchführung weltweiter Kampfeinsätze ausgerichtet werden und damit letztlich der Entwicklung der US-Streitkräfte nachfolgen. Die USA haben sehr aktiv auf diese Entscheidung eingewirkt und waren die treibende Kraft bei der Transformation der NATO. Die Amerikaner haben «in Prag der NATO ihren Stempel aufgedrückt. Für die Allianz wurde ein amerikanischer Rahmen gezimmert, der sowohl umfassende politische Rückendeckung für Amerika als auch eine materielle Unterstützung in einzelnen Nischenbereichen zulässt» (Bücherl 2003).

Nach mehreren Veränderungen wurde im Februar 2005 die heute gültige Kommandostruktur vom NATO-Rat gebilligt, die dann Mitte 2006 wirksam wurde. Mit der neuen Struktur verfügt die Allianz über zwei funktional ausgerichtete strategische Hauptquartiere: das ‹Allied Command Operations› (ACO) mit Sitz in Mons bei Brüssel und das ‹Allied Command Transformation› (ACT) mit Sitz in Norfolk/Virginia. Der ‹Supreme Allied Commander Europe› (SACEUR) ist für die Planung und Durchführung aller Operationen zuständig, während der ‹Supreme Allied Commander Transformation› (SACT) die Anpassung und Weiterentwicklung von Konzepten und Fähigkeiten steuert. Die Kommandostruktur basiert damit auf einem funktionalen anstatt auf einem geographischen Verständnis von Sicherheit (siehe die Ausführungen zum veränderten Sicherheitsbegriff in Kapitel IV.1). Das ACO mit Sitz des Hauptquartiers in SHAPE bei Mons/Belgien ist das einzige strategische Kommando auf höchster Ebene und für die Führung aller NATO-Einsätze verantwortlich. Insgesamt umfasst der Personalkörper beim ACO 2007 rd. 9800 Stellen (Richter 2007: 82). Die Kommandoebenen unterhalb des ACO bestehen aus drei sogenannten ‹Joint Force Commands› mit Sitz in Brunssum (Niederlande), Neapel (Italien) und Lissabon (Portugal). Unterhalb dieser Ebene befinden sich je drei ‹Joint Force Component Commands›, die die operative Führung in den Bereichen Heer, Luftwaffe und Marine unterstützen. Der Oberbefehlshaber ACT (SACT) ist in Personalunion Befehlshaber des gemeinsamen Streitkräftekommandos der USA (‹US Joint Force Command›), und schon damit wird den USA ein hoher Einfluss auf die Transformation der NATO eingeräumt.

Übersicht 7: Die militärische Struktur der NATO

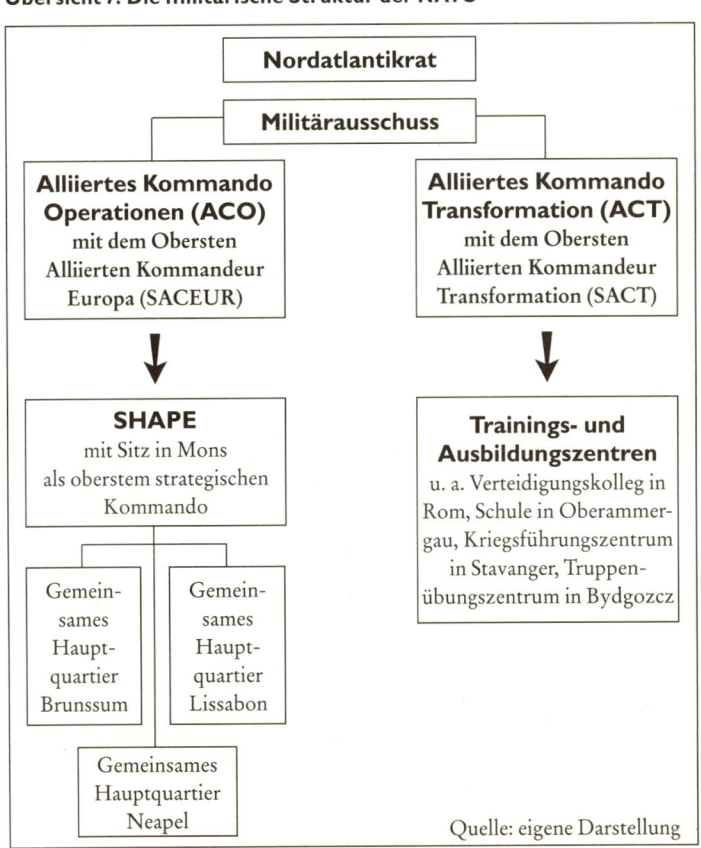

Nordatlantikrat

Militärausschuss

Alliiertes Kommando Operationen (ACO)
mit dem Obersten Alliierten Kommandeur Europa (SACEUR)

Alliiertes Kommando Transformation (ACT)
mit dem Obersten Alliierten Kommandeur Transformation (SACT)

SHAPE
mit Sitz in Mons als oberstem strategischen Kommando

Trainings- und Ausbildungszentren
u. a. Verteidigungskolleg in Rom, Schule in Oberammergau, Kriegsführungszentrum in Stavanger, Truppenübungszentrum in Bydgozcz

Gemeinsames Hauptquartier Brunssum

Gemeinsames Hauptquartier Lissabon

Gemeinsames Hauptquartier Neapel

Quelle: eigene Darstellung

Bei den NATO-Streitkräften bilden die sogenannten Hauptverteidigungskräfte den Kern der neuen Streitkräftestruktur in Bezug
auf die Bündnisverteidigung (Artikel 5-Aufgaben). Sie bestehen aus
aktiven und mobilmachungsfähigen Land-, Luft- und Seestreitkräften, die multinational oder national organisiert sind. Sie befinden sich in unterschiedlichen Bereitschaftsstufen, einige werden in
hoher Bereitschaft gehalten und können zur Krisenbewältigung eingesetzt werden, andere dienen als Verstärkungskräfte für interregionale Großeinsätze. Die sogenannten Ergänzungskräfte bestehen
aus Einheiten unterschiedlicher Einsatzbereitschaftsstufen und Verfügbarkeit, die im gesamten NATO-Gebiet zum Zwecke der Abschreckung, Krisenbeherrschung oder Verteidigung eingesetzt werden können. Bei den sogenannten Krisenreaktionskräften handelt
es sich um ständig präsente multinationale Truppen, die sich aus
allen drei Teilstreitkräften (Land, Luft, See) zusammensetzen. Diese
Streitkräftekategorie bildet den Kern der neuen Streitkräftestruktur in Bezug auf die neuen Aufgaben des Bündnisses im Bereich
der Krisenbeherrschung (nicht Artikel 5-Aufgaben). Die einzelnen
Komponenten werden aus den von den Nationen zugeordneten
Einheiten ausgewählt und disloziert und befinden sich in einer hohen Einsatzbereitschaft. Im Krisenfall können sie somit innerhalb
weniger Tage in jede Region des Bündnisgebietes verlegt werden.
Im Verteidigungsfall ist das Vorgehen detailliert festgelegt. Aus
diesen Kontingenten können zudem Streitkräfte für Einsätze im
Rahmen der Vereinten Nationen oder der OSZE zur Verfügung ge-
stellt werden. Eine weitere wichtige Veränderung ist die wachsende
Bedeutung integrierter Streitkräftestrukturen und multinationaler
Verbände, darunter das im Juni 1996 auf der Berliner Ratstagung
beschlossene Konzept der Alliierten Streitkräftekommandos (CJTF).
Damit sollen sowohl den Europäern eigenständige Operationen
ermöglicht als auch Nicht-NATO-Staaten eine Beteiligung an Einsätzen des Bündnisses erlaubt werden (siehe Kapitel VII). Im
Falle Deutschlands ist der überwiegende Teil der Streitkräfte in
die NATO und in multinationale Strukturen und Truppenteile eingebunden.

Die Allianz geht in ihren militärischen Planungen davon aus,
neben der Fähigkeit, jederzeit die Wirksamkeit von Artikel 5 des
NATO-Vertrags (kollektive Verteidigung) garantieren zu können,
weltweit drei größere Operationen (‹major joint operations›) gleich-

zeitig über einen Zeitraum von mindestens zwei Jahren durchführen zu können.

Aufgabe der dem Militärausschuss unterstehenden obersten Befehlshaber in den Kommandobereichen ist es, die Sicherheit des Bündnisgebiets zu gewährleisten und Operationen zu führen. Dazu zählt die Ausarbeitung der Verteidigungspläne, die Feststellung des Streitkräftebedarfs und die Vorbereitung und Durchführung von Stabsrahmen- und Truppenübungen. In Folge des strategischen Konzeptes der NATO vom November 1991 – in dem Streitkräftestrukturen angekündigt werden, die das Bündnis in die Lage versetzen sollen, auf das veränderte internationale Umfeld zu reagieren und neben der Bündnisverteidigung insbesondere Aktionen im Bereich des Krisenmanagements durchzuführen – haben sich die Streitkräftestrukturen, wie dargestellt, in mehreren Schritten wesentlich verändert. Neben der drastischen Reduzierung der Streitkräfte besteht die wichtigste Veränderung zum einen im Konzept der Alliierten Streitkräftekommandos ('Combined Joint Task Forces', CJTF), bei dem trennbare, jedoch nicht getrennte militärische Fähigkeiten geschaffen werden sollen, die sowohl durch die NATO als auch durch die WEU/EU genutzt werden können. Zum anderen wird zwischen drei der NATO zur Verfügung stehenden Gruppen von Streitkräften, die durch nationale Einheiten gebildet werden, unterschieden: den Hauptverteidigungskräften ('Main Defence Forces'), den Ergänzungskräften ('Augmentation Forces') und den sofortigen und schnellen Krisenreaktionskräften ('Intermediate and Rapid Reaction Forces').

– Die Hauptverteidigungskräfte bilden den Kern der neuen Streitkräftestruktur in Bezug auf die Bündnisverteidigung (Artikel-5-Aufgaben). Sie bestehen aus aktiven und mobilmachungsfähigen Land-, Luft- und Seestreitkräften, die multinational oder national organisiert sind. Sie befinden sich in unterschiedlichen Bereitschaftsstufen, einige werden in hoher Bereitschaft gehalten und können zur Krisenbewältigung eingesetzt werden, andere dienen als Verstärkungskräfte für interregionale Großeinsätze.
– Die Ergänzungskräfte bestehen aus Einheiten unterschiedlicher Einsatzbereitschaftsstufen und Verfügbarkeit, sie können im gesamten NATO-Gebiet zum Zwecke der Abschreckung, Krisenbeherrschung oder Verteidigung eingesetzt werden.

– Bei den Krisenreaktionskräften handelt es sich um ständig präsente multinationale Truppen, die sich aus allen drei Teilstreitkräften (Land, Luft, See) zusammensetzen. Diese Streitkräftekategorie bildet den Kern der neuen Streitkräftstruktur in Bezug auf die neuen Aufgaben des Bündnisses im Bereich der Krisenbeherrschung (nicht Artikel 5-Aufgaben). Die einzelnen Komponenten, die sich in einer hohen Einsatzbereitschaft befinden, werden aus den von den Nationen assignierten Einheiten ausgewählt und disloziert (territorial verteilt). Im Krisenfall können sie somit innerhalb weniger Tage in jede Region des Bündnisgebietes verlegt werden.

Eine weitere wichtige Veränderung ist die zunehmende Multinationalität der Streitkräftestrukturen. Gemeint ist die Zusammenarbeit der Streitkräfte mehrerer Nationen bei einer bestimmten Aufgabe. Dabei geht sie über die strategische bzw. operative Führungsebene hinaus und spielt sich heute auch auf der Ausführungsebene ab. Neben der politischen Botschaft ist ein wichtiger Grund für diese engere Zusammenarbeit auch in den Einschnitten in die Verteidigungshaushalte der Mitgliedstaaten zu sehen. In der Militärpolitik werden drei Arten von Multinationalität unterschieden (Gareis 2006: 363).

– Die in der NATO gebräuchlichste Form multinationaler Zusammenarbeit ist erstens das Modell der ständigen bzw. temporären Unterstellung im Einsatzfall (horizontale Kooperation). Dabei handelt es sich um eher lockere Verbindungen von nebeneinander angeordneten Streitkräftekontingenten unterschiedlicher Nationen unter dem Dach einer gemeinsamen Kommandostruktur. Das multinationale Zusammenwirken spielt sich vorwiegend auf der Ebene der strategischen Führung ab. Eine Sonderform der horizontalen Kooperation ist das sogenannte ‹Leadnation-Konzept›. Darunter ist ein von einem nationalen Stab geführter gemischter Großverband zu verstehen, der national zusammengesetzt ist und nationale Führungs- und Einsatzgrundsätze anwendet. Das Stabspersonal von anderen Nationen ist relativ klein, kann aber bei Bedarf aufgestockt werden. Die zugeordneten Verbände handeln nach nationalen Grundsätzen auf der Basis von Vereinbarungen über Interoperabilität (d. h. die Fähigkeit von Streitkräften aus verschiedenen Nationen, in Einsätzen zusammenzuarbeiten).

– Zweitens ist unter dem ‹Framework-Konzept› ein gemischter Verband zu verstehen, in dem eine Nation den Rahmen stellt und für die Führung des Stabes verantwortlich ist. Die Framework-Nation stellt den überwiegenden Teil der Posten im Stab. Das dem ‹Allied Command Operations› der NATO unterstellte ‹Allied Command Rapid Reaction Corps› (ARRC) mit Sitz in Mönchengladbach ist dafür das prominenteste Beispiel. Großbritannien stellt dabei rd. 70 Prozent der Dienstposten, die verbleibenden 30 Prozent werden auf insgesamt 16 weitere NATO-Staaten verteilt.

– Unter dem ‹Integrationskonzept› ist drittens ein Großverband zu verstehen, der einen multinational zusammengesetzten Stab hat, in dem die Dienstposten anteilig, dem Beitrag der Nationen entsprechend, besetzt werden. Die Spitzenpositionen werden nach dem Rotationsprinzip aufgeteilt. Der Kommandierende General hat weitgehende Verfügungsgewalt über die ihm unterstellten Truppen. Beispiele für integrierte Verbände sind das Deutsch-Niederländische Korps, die Deutsch-Französische Brigade, das Eurokorps und das Multinationale Korps Nordost.

Die im November 2002 beschlossene Gründung der ‹NATO Response Force› (NRF) ist eine spezielle Form der Multinationalität im Bündnis. In dem Prager Gipfelkommuniqué heißt es, dass sich die NRF aus hochmodernen, flexiblen, dislozierbaren, zur Interoperabilität tauglichen und durchhaltefähigen Truppenteilen zusammensetzen wird, die Land-, See- und Luftkontingente umfassen, um sie nach Entscheidung durch den Rat schnell dorthin zu verlegen, wo sie benötigt werden. Sie soll in einer Frist von fünf bis dreißig Tagen an jedem Ort der Welt zur Durchführung von Kampfaufträgen einsetzbar sein. Dazu werden ständig rd. 25 000 Soldaten aller Teilstreitkräfte vorgehalten, die allerdings nicht als stehende Formation konzipiert sind, sondern in wechselnden halbjährigen Zyklen von den Mitgliedstaaten in höchster Bereitschaftsstufe gehalten werden. Das Rotationsprinzip der NRF wird auf mehrere Jahre im Vorlauf geplant, um den teilnehmenden Staaten die Möglichkeit zu geben, ihre nationalen Verbände auf diese Funktion vorzubereiten. Von der NATO werden diese Kräfte überprüft und zertifiziert. Auch wenn im November 2006 die vorläufige Einsatzbereitschaft der NRF erklärt wurde, gibt es innerhalb der Allianz erhebliche Unzufriedenheit mit dem Stand der Umsetzungen und der Konzeption der NRF. So wird darüber nachgedacht, das Rotationsprinzip zu modifizieren und die Truppe in eine stehende Formation umzuwandeln und damit die Einsatzbereitschaft zu erhöhen.

Die NRF – in welcher Form sie auch in Zukunft aussehen mag – ist eindeutig darauf angelegt, ohne regionale Begrenzung Kampfeinsätze durchführen zu können. So kann die NRF einerseits unter dem Blickwinkel der Verbesserung der militärischen Fähigkeiten, andererseits aber auch als Instrument einer strategischen Neuordnung betrachtet werden. Nach anfänglichem Zögern einiger europäischer Bündnispartner (darunter Deutschland), die in der NRF einen Störversuch zum beschlossenen Aufbau der europäischen Krisenreaktionstruppe im Rahmen der EU sahen, haben sich alle Bündnispartner auf dieses Konzept verständigt. Die USA werden die NRF daran messen, ob die Mitgliedstaaten bereit sind, zusätzliche und technologisch mit den US-Streitkräften kompatible Komponenten bereitzustellen. Die NRF spielt für die NATO eine entscheidende Rolle bei ihrer militärischen Transformation. «Sie wird als Lackmustest für die Erneuerungsfähigkeit der Allianz betrachtet. Darüber hinaus bietet sie den europäischen Verbündeten eine Chance, an der Transformation der US-Streitkräfte zu partizipieren, am Know-how des technologisch am weitesten entwickelten Partners teilzuhaben» (Richter 2007: 87). Ob die NRF zum Einsatz kommt, wird allerdings grundsätzlich einstimmig im NATO-Rat entschieden. Ist ein solcher Beschluss erfolgt, wählt der SACEUR aus dem angezeigten Kräftekatalog die benötigten Elemente aus. Ist dies geschehen, zeigen die betreffenden Mitgliedstaaten mit einer offiziellen Bestätigung an, ob sie ihre der NRF gemeldeten Kräfte für den in Frage stehenden Einsatz freigeben oder aus nationalen Gründen herauslösen (‹opting out›-Entscheidung). Der NATO-Rat billigt schließlich, wenn alle Kräftebeiträge vorliegen, den Operationsplan und erteilt die Ausführungsweisung, auf deren Grundlage der SACEUR den Aktivierungsbefehl erlässt.

Unabhängig von der Art der einzusetzenden Kräfte unterscheidet die NATO zwei Arten der Operationsplanung: Die Eventualfallplanung (‹Advance Planning›) als Vorbereitung auf ein mögliches zukünftiges Ereignis oder eine krisenhafte Entwicklung und die Krisenreaktionsplanung (‹Crisis Response Planning›) als Reaktion auf eine aktuelle oder sich abzeichnende Krise. Für beide gilt das sogenannte NATO-Krisenreaktionssystem (‹NATO Crisis Response System›), mit dem die Allianz auf die gesamte Bandbreite möglicher Krisen reagieren können soll. Dabei kommt ein vierstufiges Verfahren zur Anwendung, das von einem Frühwarnsystem über sämtliche Bedrohungen und Risiken, der Bewertung einer Krise, der Entwicklung von Reaktionsoptionen auf eine Krise bis hin zu konkreten Planungen für den jeweiligen Krisenfall reicht.

Von der politischen Entscheidung für eine Operation bis zur militärischen Gestaltung des Auftrages sind zahlreiche Gremien beteiligt. Der generelle Ablauf einer Entscheidung für eine NATO-Operation stellt sich wie folgt dar: Die Regierungschefs bzw. die Verteidigungsminister der Mitgliedsländer treffen die politischen Entscheidungen über Missionen einstimmig. Nach einer politischen Entscheidung stellen die Mitgliedstaaten in souveräner nationaler Entscheidung Truppen mit der entsprechenden Ausstattung für die Zeit des Einsatzes in das entsprechende Land ab. Vom NATO-Rat geht, um einen Einsatz zu initiieren, eine umfassende, die wichtigsten politischen Rahmenvorgaben umfassende Weisung (‹NATO Initiating Directive›) an den Oberbefehlshaber der NATO-Streitkräfte in Europa (SACEUR). Von diesem wird dann ein Konzept für die Operation (‹Concept of Operations›) entwickelt, anschließend müssen erst der Militärausschuss und dann der NATO-Rat dieses Konzept billigen. Nach Billigung durch diese Gremien erhält der SACEUR mit ergänzenden Auflagen den Auftrag, einen Operationsplan (‹OPLAN›) zu entwerfen, der unter anderem die aus seiner Sicht erforderlichen militärischen Kräfte beinhaltet, die Räume, Verhaltensregeln für die Durchführung des Einsatzes (‹Rules of Engagement›) und vieles mehr. Er hält alle Bedingungen fest, die der militärische Befehlshaber für die anstehende Operation braucht. Dieser Plan geht ebenfalls zur Billigung über den Militärausschuss an den Rat. Geben beide ihre Zustimmung, erteilt der NATO-Rat an den SACEUR einen Aktivierungsbefehl (‹Activation Order›). Der SACEUR beginnt jetzt mit der Einleitung der Operation und beruft die sogenannte ‹Force-Generation-Conference› ein. In dieser Konferenz stellt er auf der Grundlage des von ihm für notwendig erachteten und vom Rat gebilligten detaillierten Kräfteumfangs (‹Combined Joint Statement of Requirement›) Mittel und Kräfte für den bevorstehenden Einsatz aus Kräftezusagen der Mitgliedstaaten zusammen.

In der Praxis – etwa im Falle des ISAF-Einsatzes in Afghanistan – zeigt sich, dass diese Prozesse oftmals zu Auseinandersetzungen zwischen den Mitgliedstaaten führen und die militärischen Kräfte nur zögerlich zur Verfügung gestellt werden. Unmittelbar vor Eintritt in die Operation erfolgt die Übergabe der Führungsverantwortung an den NATO-Befehlshaber (‹Transfer of Authority›). Ist all dies geschehen, kann eine NATO-Mission anlaufen. Viele Bereiche verbleiben aber auch während des Einsatzes in nationaler Verantwortung, so etwa die Logistik, die Sanität oder der Transport, aber grundsätzlich hat im Einsatzraum der NATO-Befehlshaber das Sagen. Einschränkungen in der Verfügung über die Truppe, sogenannte ‹Caveats›, sind möglich, sollen aber in der Theorie die Ausnahme sein. In der Praxis jedoch besteht eine «Diskrepanz zwischen der politischen Entscheidung zu einer Operation und den jeweils dafür national bereitgestellten militärischen Fähigkeiten. Alle NATO-Operationen sind nicht so befüllt, wie für erforderlich erachtet. [...] Dazu treten nationale Einsatzvorbehalte für Kontingente oder Teilkontingente, die den Einsatzwert dieser Truppenteile mindern» (Schuwirth 2005: 17).

Insgesamt kann trotz Multinationalität und Gründung der NRF nicht von einer einheitlichen NATO-Armee gesprochen werden. In der gemeinsamen Verteidigungsplanung wird strikt auf die nationale Souveränität der Mitgliedstaaten geachtet, zumal jedes Land – mit den Ausnahmen Luxemburg, Niederlande und Island – bisher noch über die gesamte Breite von Heer-, Marine- und Luftstreitkräften verfügt. Dennoch bedarf ein Einsatz der NATO der Einstimmigkeit, und nationale Alleingänge werden mit zunehmender Zusammenarbeit auch praktisch unwahrscheinlicher (siehe Kapitel IX).

Kapitel IV: Sicherheit und Allianzen im Wandel

Sicherheitspolitik hat klassischerweise die Aufgabe, die politische und territoriale Integrität aufrechtzuerhalten. Auf einen Staat (oder mehrere in einer Organisation verbundene Staaten) bezogen, bedeutet dies, dass er u. a. mit Hilfe der Aufstellung, Ausstattung und Unterhaltung militärischer Streitkräfte, dem Abschluss von Verträgen oder Bündnissen und Entspannungs- und Abrüstungsmaßnahmen den Schutz seines Territoriums und der politischen und sozialen Interessen seiner Bürger vor Bedrohung von außen gewährleisten muss. So verstanden impliziert Sicherheitspolitik auch den Schutz lebenswichtiger wirtschaftlicher oder politischer Interessen, deren Verletzung fundamentale Werte und das Überleben einer Nation bedroht, wobei es zum Schutz der Sicherheit mehrere Instrumente gibt, von denen Streitkräfte nur eines sind. Nach Klaus von Schubert (1980: 16) umfasst Sicherheitspolitik «die Gesamtheit der politischen Ziele, Strategien und Instrumente, die der Kriegsverhinderung bei Wahrung der Fähigkeit zur politischen Selbstbestimmung dienen».

IV.1: Sicherheit im Wandel: Begriffe und Konzepte

Es gehört inzwischen zum politikwissenschaftlichen Allgemeingut, dass sich der Sicherheitsbegriff gewandelt hat. Der Wandel vollzieht sich in dreifacher Hinsicht:

– Erstens haben ökonomische Verflechtung und militärtechnische Entwicklungen dazu geführt, dass die klassische Definition von Sicherheit in Bezug auf die Unversehrtheit des nationalstaatlichen Territoriums, den Erhalt der uneingeschränkten Souveränität und die Garantie nationaler Selbstbestimmung durch einen räumlich und inhaltlich weiter gefassten Sicherheitsbegriff abgelöst wird. Dabei lassen sich zwei Diskussionsstränge unterscheiden. Zum einen geht es nicht mehr nur um die Sicherheit von Staaten, sondern auch um die Schutzverantwortung für einzelne Personen (‹responsibility to protect›) unter dem Begriff ‹menschliche Sicherheit›, zum anderen ist der Ort, von dem militärische Gefahren ausgehen, schwerer zu bestimmen. Letztlich bedeutet dies, dass der Sicherheitsbegriff zunehmend entterritorialisiert wird, d. h. er wird funktional und nicht geographisch verstanden: Nicht der geographische Raum sondern die Gefahr bestimmt die Aufgaben und die dafür erforderlichen Fähigkeiten.

– Zweitens wird Sicherheit nicht mehr in erster Linie als militärisches Problem wahrgenommen, sondern es wird im Rahmen eines mehrdimensionalen Sicherheitsbegriffs von einem sicherheitspolitischen Gesamtkonzept ausgegangen, bei dem Außen-, Wirtschafts-, Finanz-, Umwelt-, Entwicklungs- und Sicherheitspolitik wechselseitig optimiert werden.

– Drittens wird damit schließlich die klassische Definition als Schutz vor äußerer Bedrohung relativiert. Das negative Sicherheitsverständnis wird durch ein positives komplettiert, bei dem über die Formulierung gemeinsamer Sicherheitsinteressen Mechanismen geschaffen werden, die unfriedliche Bedingungen von vornherein reduzieren und damit zu friedlicheren internationalen Beziehungen führen sollen. Ein Einzelaspekt dabei ist auch das Verschwimmen von innerer und äußerer Sicherheit und das Aufweichen der Grenze zwischen Kriminalität und Krieg, wie es bei dem transnationalen Terrorismus zu beobachten ist.

Das staatliche Ziel, Sicherheit zu erzeugen, lässt sich in vier Aufgabenbereiche unterteilen (Zürn 1998: 97–115): die Verteidigungsaufgabe, also die Sicherheit des Staates vor Bedrohungen anderer Staaten und vor Krieg generell; die Rechtsstaatsaufgabe, also die Sicherheit der Individuen vor staatlichen Übergriffen; die Herrschaftsaufgabe, also die Sicherung des Staates gegenüber terroristischen Bedrohungen, und die Schutzaufgabe, also die Sicherung der Individuen vor dem Risiko der Sicherheitsbedrohung durch die Handlungen anderer gesellschaftlicher Akteure insbesondere im Bereich der Kriminalität. In der OECD-Welt, so Michael Zürn, hätten sich die Sicherheitsleistungen des Nationalstaates verlagert: Staatsinduzierte Bedrohungen nehmen ab, während gesellschaftsinduzierte Bedrohungen und Risiken zunehmen. Zudem hat sich die Ebene der Gewaltanwendung verschoben, wobei Regeln der Kriegsführung zwischen Staaten ganz offensichtlich nicht für innerstaatliche Konflikte mit zunehmend nichtstaatlichen Akteuren gelten. «Wo für die Staatenwelt Kriege mit den Zielen politische Eroberung, territoriale Erweiterung oder hegemoniale Herrschaft immer seltener, weil kaum mehr Gewinn versprechend sind und auch von den Bürgern abgelehnt werden, sehen nichtstaatliche Akteure im Einsatz von Gewalt oft die einzige, jedenfalls die wirksamste Möglichkeit, um ihre Ziele zu erreichen» (Gasteyger 2000: 14).

Die Anwendung militärischer Macht umfasst ein breites Spektrum. Sie reicht von der hochintensiven Kriegsführung zur Verteidigung des eigenen oder alliierten Territoriums (z. B. Kuwait 1991) über die Intervention in anderen Staaten bzw. deren Besetzung bis hin zum Regimewechsel (z. B. Afghanistan 2001, Irak 2003), dem limitierten Einsatz militärischer Macht durch Zwangsmaßnahmen wie Seeblockaden oder gezielte Luftangriffe (z. B. Kosovo 1999), der Durchführung von Stabilisierungsoperationen zur Durchsetzung von Friedensabkommen (z. B. Bosnien seit 1995 oder Afghanistan seit 2003) sowie zu humanitären Hilfsaktionen. Der sich wandelnde Aufgabenkatalog der NATO – neben der Landesverteidigung insbesondere politische Kooperation, Durchführung bzw. Unterstützung multinationaler Friedensmissionen, Verhinderung der Verbreitung von Massenvernichtungswaffen – deutet schon darauf hin, dass sich die NATO nicht auf die klassische Verteidigungspolitik beschränkt, sondern diese umfassend als aktive Vorbereitung auf alle Eventualitäten äußerer Gefährdungen ansieht.

Das soll allerdings nicht bedeuten, dass die so verstandene Verteidigungspolitik mit der mehrdimensionalen Sicherheitspolitik – die eben auch und vor allem eine zivile Komponente hat bzw. haben sollte – gleichgesetzt werden soll. Im Vordergrund der politischen Agenda müssen Maßnahmen der kooperativen Sicherheit, der Konfliktprävention und der Projektion von wirtschaftlicher und politischer Stabilität stehen, wobei in erster Linie nichtmilitärische Mittel gefragt sind. Ob dies zum Aufgabenspektrum der Allianz gehören soll, wird überaus kontrovers diskutiert. Zudem haben Operationen wie Bosnien (IFOR/SFOR), Kosovo (KFOR) und Afghanistan (ISAF) gezeigt, dass der Übergang von der Phase der hochintensiven Kampfführung zu den sogenannten Stabilisierungsoperationen – die länger andauern und komplizierter als die unmittelbaren Kampfhandlungen sind – zu den schwierigsten Phasen einer Operation gehört (siehe dazu Kapitel VIII.2).

Damit geht es um die grundsätzliche Rolle von Streitkräften in der Politik. Bei den neuen Einsatzformen vermischt sich die traditionelle Rolle der Soldaten mit militärischen, polizeilichen und zivilen Verwaltungsfunktionen. Neben der Entsendung von Stabilisierungsstreitkräften, die darauf ausgerichtet sind, Gewalt zwischen Konfliktparteien einzudämmen und zeitweise am Wiederaufbau staatlicher Ordnungsstrukturen mitzuwirken, bleiben aber andererseits Aufgaben wie Abschreckung und Kriegsführung bestehen. Das militärische Aufgabenspektrum hat sich also enorm erweitert. Dies bedeutet in der Konsequenz, dass Streitkräfte flexibler, professioneller und anders ausgebildet werden müssen. Sie verlieren damit nicht an Bedeutung, sondern erlangen mit der Übernahme neuer Rollen sogar eher eine politische Aufwertung.

Damit zusammenhängend unterliegt derzeit das gesamte Militärwesen einem dramatischen Wandel. Postmoderne Kriegsführung, ‹revolution in military affairs›, ‹Cyberwar›, ‹information warfare› sind hierbei die Schlagwörter. Kleinere, schnellere, mobiler und unabhängiger operierende Verbände dürften zunehmend das Bild künftiger Kriege prägen. Damit einher geht die Umorientierung von einem ‹bedrohungsorientierten› zu einem ‹fähigkeitsorientierten› Denken. Streitkräfte werden demnach nicht mehr vorwiegend an konkreten Bedrohungen ausgerichtet, sondern sollen über Fähigkeiten verfügen, die ein breites Spektrum im Kampf gegen mögliche Bedrohungen abdecken. Kritisiert wird an diesem Ansatz, dass damit alle Möglichkeiten der Militär- und Sicherheitspolitik offen gelassen würden und eine «solche Programmatik im höchsten Maße vage und unklar bleibt, da sie von Konjunktiven nur so wimmelt» (Hippler 2006: 24).

Unabhängig von der Einschätzung dieser Problematik verursacht eine so verstandene Verteidigungspolitik natürlich Kosten. Bei begrenzten Budgets gehen Finanzmittel für den Aufbau und den Unterhalt von Streitkräften immer zu Lasten anderer Aufgaben. Durch zu hohe Ausgaben für eine umfassende Verteidigungspolitik können also zum einen Ressourcen anderer sicherheitspolitischer Aufgaben entzogen werden, und zum anderen kann die Akzeptanz für Verteidigungspolitik in der Bevölkerung verloren gehen: Beides kann die wesentlichen Voraussetzungen für Sicherheit verschlechtern. Es muss also eine möglichst optimale Kombination von erforderlichen Rüstungsausgaben und zivilen Aspekten der Sicherheitspolitik wie Konfliktprävention und ökonomischem Ausgleich angestrebt und der Bevölkerung vermittelt werden.

Zudem können militärische Mittel komplexe politische Probleme nicht lösen, sie können aber sehr wohl Aggressionen und Verstöße gegen kollektive Sicherheit auffangen und möglicherweise – je nach Interessenlage – rückgängig machen. Wird militärische Gewaltanwendung allerdings prinzipiell als ‹ultima ratio› begriffen, kann der günstigste Augenblick verpasst werden, in dem beim Eingreifen in Konflikte mit vergleichsweise geringem Mittelaufwand – und möglicherweise schon mit einer glaubwürdigen Drohung – ein maximaler politischer Effekt erzielt werden kann. Der geeignetste Zeitpunkt für ein Eingreifen in Konflikte und der Zeitpunkt, zu dem die öffentliche Unterstützung für ein Eingreifen am höchsten sein dürfte, liegen also weit auseinander. Zu einem frühen Zeitpunkt in Krisen und Konflikte einzugreifen, ist jedoch aufgrund der öffentlichen Einschätzung von Krisen schwer möglich. Denn die Aufmerksamkeit der Öffentlichkeit wie auch der politischen Führung richtet sich meistens erst dann auf einen Krisenherd, wenn der Konflikt bereits eskaliert ist. Die öffentliche Unterstützung für einen Einsatz dürfte also dann am höchsten sein, wenn der Zeitpunkt zum Eingreifen denkbar ungünstig liegt.

Unter welchen Voraussetzung und für welche Fälle militärische Interventionen erlaubt sein sollen, sind strittige Fragen, die mit der Debatte um die sogenannte ‹präemptive Sicherheitspolitik› verbunden sind. In der politischen, aber auch der wissenschaftlichen Debatte herrscht über die Begriffe ‹präemptive› und ‹präventive› Verteidigung keine einheitliche Auffassung. Von einem präemptiven Angriff kann dann gesprochen werden, wenn dieser erfolgt, um einer unmittelbar bevorstehenden Angriffshandlung der gegnerischen Seite zuvorzukommen. Ein präventiver Angriff oder ein Präventivkrieg ist demgegenüber eine Kriegshandlung, die lediglich auf der abstrakten Annahme einer in der Zukunft zu erwartenden Feindseligkeit eines Gegners beruht. Im Zuge der neuen sicherheitspolitischen Herausforderungen muss über beide Elemente eine Debatte geführt werden, obgleich damit zahlreiche politische wie völkerrechtliche Probleme verbunden sind (Varwick 2005 a). Hintergrund dieser Überlegungen ist die in sicherheitspolitischen Fachkreisen bereits seit längerem diskutierte Veränderung der strategischen Landschaft. In der Kombination von Terrorismus und der Verbreitung von Massenvernichtungswaffen liege eine der zentralen sicherheitspolitischen Herausforderungen. Die der sicherheitspolitischen Strategie in der Zeit des

Ost-West-Konflikts zugrunde liegende Doktrin der Abschreckung (‹deterrence›) funktioniere unter den neuen Gegebenheiten nicht mehr. Im Einzelfall müsse von einer ‹Abschreckung durch Bestrafung› (‹deterrence by punishment›) zu einer ‹Abschreckung durch Verwehren› (‹deterrence by denial›) übergegangen werden.

Dass ein Bereithalten von Militärpotenzialen und notfalls auch militärische Einsätze jedoch nicht in das bekannte Sicherheitsdilemma mitsamt Rüstungswettläufen und gegenseitigem Misstrauen führen, ist nur möglich, wenn Streitkräfte von Instrumenten nationaler oder alliierter Macht zu Instrumenten der gemeinsamen Friedenswahrung werden, die nur Friedensbrecher, nicht aber beliebig gewählte oder gewachsene Feinde ausgrenzen oder bedrohen. Das Fehlen einer übergeordneten Instanz im internationalen System, die eine verbindliche Einhaltung gemeinsamer Entscheidungen und Grundprinzipien gewährleisten würde, führt dazu, dass Staaten durch Akkumulation von Macht ihre Existenz als souveräne Handlungseinheit zu sichern versuchen. In einem derartigen Zustand treibt ein «aus gegenseitiger Furcht und gegenseitigem Misstrauen geborenes Unsicherheitsgefühl die Einheiten in einen Wettstreit um Macht dazu, ihrer Sicherheit halber immer mehr Macht anzuhäufen, ein Streben, das unerfüllbar bleibt, weil sich vollkommene Sicherheit nie erreichen lässt» (Herz 1961: 130). Insofern bleibt es schwer objektivierbar und bedarf kritischer Begleitung durch die Fachöffentlichkeit, zwischen notwendiger Modernisierung auf der einen Seite und Instabilität induzierender Verstärkung des Militärpotenzials auf der anderen Seite zu unterscheiden. Eine vorausschauende Sicherheitspolitik muss sich jedenfalls um die Abschwächung dieses Sicherheitsdilemmas bemühen.

Für die NATO hat diese Veränderung des Sicherheitsbegriffes grundlegende Folgen. Obgleich der NATO-Vertrag wie dargestellt einen breiteren Zuständigkeitsbereich umfasst, war die Allianz jahrzehntelang ein klassisches, eindimensionales Verteidigungsbündnis. Der Sicherheitsbegriff war eng, umfasste vorwiegend militärische Aspekte, und die Aufgabe der Allianz war demnach klar und einfach definiert: Sicherheit für die und Verteidigung der Außengrenzen des NATO-Gebietes. Die gesamte Streitkräfteplanung der Mitgliedsstaaten richtet sich an diesen Aufgaben aus. Mit seinen veränderten Funktionen hat sich auch die Form des Bündnisses verändert. Es hat sich von einem kollektiven Verteidigungsbündnis zu einer Institution des

Sicherheitsmanagements gewandelt. Im sechsten Jahrzehnt nach ihrer Gründung haben sich Konzeption und Aufgaben der NATO ebenso wie die Herausforderungen der internationalen Sicherheit und damit die Funktionen der Allianz grundlegend verändert. Sie dient den Mitgliedern nicht mehr nur als Verteidigungsbündnis, sondern versteht sich in zunehmendem Maße als militärisch-politische Organisation, die umfassende Sicherheit gewährleisten soll. Dazu zählen neben der Verteidigung des Bündnisgebiets insbesondere die Stabilitätsprojektion und das Krisenmanagement außerhalb des Bündnisgebiets. In der Prager Gipfelerklärung der NATO vom November 2002 heißt es dazu u. a.: «Um das volle Spektrum ihrer Aufgaben zu erfüllen, muss die NATO in der Lage sein, Streitkräfte einzusetzen, die schnell dorthin verlegt werden können, wo sie nach Entscheidung durch den Nordatlantikrat benötigt werden, und die Fähigkeit besitzen, Operationen über Zeit und Raum zu führen – auch in einem potentiellen nuklearen, biologischen und chemischen Bedrohungsumfeld – und ihre Ziele zu erreichen» (Ziff. 4).

IV.2: Allianzen im Wandel: theoretische Erklärungsansätze

Die klassischen Allianz-, Koalitions- oder Bündnistheorien sind zunächst im Kontext der realistischen Theoriebildung zu verorten. Der Begriff Allianz ist dabei nicht eindeutig definiert. Er wird sowohl synonym für Bündnis, Koalition oder Pakt verwendet als auch nach bestimmten Kriterien von diesen Begriffen abgegrenzt (Menk 1992: 26 f). Obgleich auch wirtschaftliche Zusammenschlüsse, die sich gegen äußere Bedrohungen richten, als Allianzen verstanden werden können, soll im Folgenden die klassische Definition von Arnold Wolfers (1968: 268) zugrunde gelegt werden, wonach eine Allianz ein Versprechen der gegenseitigen militärischen Unterstützung zwischen zwei oder mehr souveränen Staaten ist. Solche Allianzen sind völkerrechtliche, zeitlich befristete oder unbefristete, kündbare, organisierte oder nichtorganisierte Zusammenschlüsse zweier oder mehrerer Staaten zum Erreichen eines spezifischen Ziels. Wichtige Grundvoraussetzung für eine Allianz nach klassischem Verständnis ist, dass sie sich gegen einen potentiellen externen Gegner richtet, was sie in ihrer klassischen Konzeption grundsätzlich von Systemen kollektiver Sicherheit unterscheidet.

Erste systematische Überlegungen zu Entstehungsbedingungen und Stabilitätsfaktoren von Allianzen finden sich bereits in der Antike, etwa in Thukydides' ‹Geschichte des Peleponnesischen Krieges›. Im Verlauf der Geschichte wurden zahlreiche Bündnisse entweder zum Zwecke der Verteidigung oder auch zum Zwecke eines Angriffs geschlossen (Ruge 1971). Militärallianzen lassen sich mit Kalevi J. Holsti (1992: 89–92) nach vier Kriterien klassifizieren:

– der Art des Bündnisfalls (‹casus foederis›);
– der Art der Bündnisverpflichtungen;
– dem Grad der militärischen Integration und
– der geographischen Reichweite.

Auch wenn die Allianzpartner ähnliche außenpolitische Zielvorstellungen haben, ist der ‹casus foederis›, also die Situation, in der Bündnisverpflichtungen eintreten, häufig unpräzise definiert. Dies gilt auch für die NATO. Man wolle, so heißt es in Artikel 1 des NATO-Vertrags, jeden internationalen Streitfall, an dem die Vertragsteilnehmer beteiligt sind, auf friedlichem Wege so regeln, dass der internationale Frieden, die Sicherheit und die Gerechtigkeit nicht gefährdet würden. In Artikel 5 wird zugesagt, dass ein bewaffneter Angriff in Europa oder Nordamerika als ein Angriff gegen alle angesehen wird und die Mitgliedstaaten einander Beistand leisten. Dies bedeutet nach herrschender juristischer Interpretation auch, dass die NATO nicht nur zur tatsächlichen Abwehr eines Gegners tätig werden, sondern auch die dafür erforderlichen Vorbereitungen treffen darf, etwa in Form von Rüstung, Übungen, Aufklärungsmaßnahmen etc. Es bleibt allerdings den Mitgliedstaaten vorbehalten zu entscheiden, auf welche Art sie im Bündnisfall Beistand leisten. Eine strengere Art von Beistandsverpflichtungen – wie etwa im WEU-Vertrag – wird hingegen als ‹hair-trigger-Klausel› bezeichnet, weil sie für den Bündnisfall die Signatare zu militärischem Beistand verpflichtet.

Des Weiteren lassen sich Allianzen nach dem Grad der militärischen Integration unterscheiden. René van Beveren (1993: 3–6 und 33–50) charakterisiert anhand einer Untersuchung von Allianzbildungen im Zweiten Weltkrieg, der militärischen Struktur der Atlantischen Allianz und verschiedener militärischer Operationen seit 1945 drei Typen von militärischer Integration innerhalb von Allianzen: Vereinbarungen auf Arbeitsebene (1); Unterstellung unter ein gemeinsames Kommando (2) und integrierte Kommandostruktur (3). Unter (1) versteht er die minimale militärische Koordination innerhalb einer Allianz. Die Truppen bleiben unter nationaler Führung, und es findet lediglich eine Konsultation vor wichtigen militärischen Operationen statt. Notwendige Voraussetzung zu Punkt (2) ist, dass die Mitglieder in Strategie und militärischen Zielen übereinstimmen. Sie können zudem entscheiden, dass sie eine Operation unter Führung bzw. militärischem Kommando eines – meist des mächtigsten – Mitglieds durchführen. Punkt (3) schließlich ist die höchste Stufe der Zusammenarbeit: Die Truppen der beteiligten Staaten werden gruppiert und unter einen gemeinsamen Oberbefehl gestellt, und ein integrierter Stab leitet mögliche Operationen.

Als weiteres Klassifizierungsmerkmal ist die geographische Reichweite von Allianzen zu nennen. Für die NATO wird der in Artikel 5 relativ eng gefasste Aktionsraum in Artikel 4 ausgeweitet, wenn es heißt, dass der Rat auch solche Ereignisse erörtert, die sich außerhalb der NATO-Zone abspielen. Diese eher technisch erscheinenden Unterscheidungen bezüglich der Klassifizierungen von Allianzen sind notwendig und bedeutsam, weil eine genaue Definition des ‹casus foederis›, der Art der Bündnisverpflichtungen, des Grades der militärischen Integration und der geographischen Reichweite zu einem hohen Grad an Erwartungsverlässlichkeit der Allianzpartner und auch der potenziellen Gegner führt. Diese Erwartungsverlässlichkeit (‹predictability›) ist ein bedeutsames Element internationaler Stabilität (Holsti 1992: 92). Je weniger Selbstbeschränkung sich ein Bündnis auferlegt, d. h. je weniger deutlich seine Aufgaben beschrieben sind, desto weniger kalkulierbar ist es in der Wahrnehmung anderer, und desto mehr wird das oben beschriebene Sicherheitsdilemma verschärft.

Ausgehend von der Prämisse, dass die NATO kein Offensivbündnis darstellt, lassen sich für die Entstehung von Defensivbündnissen gemäß der klassischen Allianztheorie drei Erklärungen anführen. Demnach verbünden sich Staaten, weil ihre Gesellschaftsordnungen auf gemeinsamen Wertvorstellungen basieren; weil sie das Gleichgewicht der Kräfte erhalten oder wiederherstellen wollen und/oder weil sie Bedrohungspotentiale ausbalancieren wollen (Wolf 1992: 4). Wolf bezieht sich auf die Aussagen von Stephen M. Walt (1987), der drei zentrale Hypothesen aufstellt, warum Staaten Allianzen eingehen: Staaten verbünden sich gegen Staaten, die sie bedrohen (‹balancing›); Staaten verbünden sich mit Staaten, die sie bedrohen (‹band-wagoning›) oder Staaten wählen Partner mit gleicher Ideologie. Er findet dabei empirisch hohe Unterstützung für (1), wenig für (2) und mäßig für (3). Dass gemeinsame Wertvorstellungen die Allianzbil-dung allenfalls erleichtern, aber nicht als Grundvoraussetzung zu verstehen sind, belegen zahlreiche Fälle von Allianzbildungen zwi-schen – auch ideologisch – sehr heterogenen Partnern. Ein hoher Außendruck und/oder ein gemeinsamer Feind/gemeinsames Feind-bild lassen ideologische Differenzen zeitweise in den Hintergrund treten (so etwa im Falle des NATO-Mitglieds Türkei). Das wohl be-kannteste Beispiel hierfür ist das Bündnis liberal-demokratischer und kommunistischer Staaten zur Niederschlagung des nationalsozialisti-schen Deutschland. Eine Art ‹sense of community› mag also allenfalls die Allianzkohäsion stärken, ist aber seltener eine notwendige Grund-lage für die Bildung von Allianzen. Andererseits lässt sich argumen-tieren, dass Demokratien im Regelfall zur Allianzbildung mit ande-ren Demokratien tendieren (Kegley/Raymond 1990).

Wesentliches Element ist das Nutzen-Kosten-Kalkül der Staaten. Eine Allianzbildung ermöglicht oder vereinfacht die Verteidigung bzw. Abschreckung gegen eine Bedrohung. Entweder ist eine solche Verteidigung eigenständig nicht möglich oder aber mit extrem hohen Kosten verbunden. Durch den Abschluss eines Bündnisses versucht ein Staat, die Ressourcen eines anderen Staates für seine eigenen außenpolitischen Ziele nutzbar zu machen und verwehrt gleichzeitig dem potentiellen Gegner die Nutzung dieser Ressourcen. Verschie-dene Variablen gehen in diese Nutzen-Kosten-Kalkulation ein. Nach Michael Altfeld (1984: 528 f) wird grundsätzlich ein Gleichgewicht zwischen Sicherheit, Wohlstand und Autonomie angestrebt. Von zentraler Bedeutung ist dabei das Verhältnis von marginalem (also zusätzlichem) Nutzen der Allianzmitgliedschaft zu dem marginalen Nutzen von Autonomie bzw. Wohlstand. Eine Auflösung des Bünd-nisses oder, wie Daniel Frei (1977: 60) es nennt, ein «Gesetz der auto-matischen Bündniskrise» kann nach Altfelds empirischen Unter-suchungen erwartet werden, wenn einer oder mehrere Umstände eintreten: ein Anstieg des marginalen (also zusätzlichen) Nutzens von eigenständiger Verteidigung, ein Anstieg des marginalen Nutzens von Autonomie, ein Rückgang der marginalen Produktivität von Allianzen und/oder eine Abnahme des marginalen Nutzens des Gutes Sicherheit.

Neben diesen verschiedenen Nutzenaspekten sind auch die Kosten von Bündnissen zu beachten. Dies ist neben dem schon erwähnten Verlust an Autonomie sowie den Abstimmungskosten innerhalb des Bündnisses insbesondere ein strategisches Dilemma von Allianzmitgliedern (Snyder 1990: 103–25). Grundbedingung für das Funktionieren von Allianzen ist die Bündnissolidarität, d. h. der verlässliche Beistand im Falle des ‹casus foederis›. Dabei besteht jedoch immer das Risiko, in Konflikte hineingezogen zu werden, die keine Bedrohung der eigenen Interessen darstellen (‹entrapment›). Ein ‹abandonment›, also ein ‹im-Stich-lassen› des Bündnispartners durch einen Bruch des Beistandsversprechens, ist zwar grundsätzlich möglich, zerstört jedoch Kohäsion und Glaubwürdigkeit der Allianz. Ein weiteres Problem ist das sogenannte Trittbrettfahrerverhalten (‹free riding›), d. h. die Möglichkeit einzelner Staaten, von den Vorteilen der Zusammenarbeit zu profitieren, ohne selbst einen hinreichenden Beitrag zu leisten.

Neuere institutionalistische Ansätze und hier insbesondere der neoliberale Institutionalismus (Theiler 2003: 29–38) betonen die zentrale Rolle von Institutionen für das Verhalten von Staaten. Staatliches Verhalten hängt demnach auch im Bereich der Sicherheits- und Verteidigungspolitik zu einem beträchtlichen Grad von der institutionellen Ordnung ab, und institutionelle Kooperation hat wichtige Rückwirkungen auf die Interessendefinition der Staaten. Aus der Sicht des neoliberalen Institutionalismus besitzen die institutionellen Regeln und Verfahren einen Kooperationswert für die Mitgliedstaaten, weil sie das Sicherheitsdilemma zwischen ihnen abschwächen bzw. aufheben. Hier wird also die Bedeutung der kollektiven Sicherheit unter den Mitgliedern hervorgehoben (Keck 1997: 258). Auf diese Weise kann erklärt werden, warum die NATO-Mitglieder auch unter grundsätzlich veränderten internationalen Rahmenbedingungen an der Zusammenarbeit innerhalb des Bündnisses festhalten. Zudem ist in institutionalistischer Sichtweise der Erhalt einer bestehenden Allianz kostengünstiger als die Schaffung einer neuen (Wallander/Keohane 1999: 33).

In der realistischen Theorieperspektive wird hingegen betont, dass Staaten Bündnisse eingehen, um gemäß der ‹Balance of Power›-Theorie das Entstehen von Machtungleichgewichten zu verhindern bzw. zu kompensieren. Solche Machtungleichgewichte beziehen sich zum einen auf Staaten außerhalb des Bündnisses – also potentielle

Gegner –, zum anderen auch auf das Ausbalancieren von Ungleichgewichten innerhalb von Allianzen (‹balancing›) oder sogar auf das Einbeziehen von potentiellen Gegnern, das sogenannte ‹bandwagoning›. Diese Ungleichgewichte müssen jedoch keine aktuellen Kräftepotenziale (‹power›) sein. Die Staaten sollen hingegen fähig sein, wie auch immer geartete Bedrohungen (‹threats›) auszubalancieren. Diese Bedrohungen resultieren nach Stephen Walt's ‹Balance of Threat›-Theorie (Walt 1987: 22) aus einer Kombination der Faktoren Gesamtstärke (demographisch, ökonomisch, technologisch, militärisch), geographische Nähe, militärische Offensivfähigkeit und aggressive Absichten. Dabei verwundert es nicht, dass Walt zu dem Ergebnis kommt, dass zum einen ‹balancing› die vorherrschende Formation im internationalen System ist und zum anderen eine Korrelation zwischen der Stärke eines Staates und seiner Strategie besteht. So tendieren starke Staaten zu ‹balancing› und schwache Staaten zu ‹bandwagoning›, wobei Glenn Snyder (1991: 135) auf die Affinität zwischen ‹bandwagoning› und ‹appeasement› hinweist. Zudem gebe es kein historisches Beispiel, in dem ein Aggressor erfolgreich befriedet (‹appeased›) worden wäre.

Umstritten ist insbesondere eine der zentralen Annahmen der klassischen (realistischen) Allianztheorie, namentlich die, dass die westliche Allianzbildung eine Antwort auf die wahrgenommene sowjetische Bedrohung gewesen sei. So argumentiert etwa John Mearsheimer (1990), dass die ökonomische Kooperation in Westeuropa notwendigerweise von einer militärischen Allianzbildung begleitet werden musste. Wenn diese Allianzbildung also hauptsächlich eine Folge von Bedrohungen gewesen wäre, dann hätten sich die Allianzpartner bei zunehmender Bedrohung enger zusammenschließen müssen. Wie Thomas Risse-Kappen (1994) nachzuweisen versucht, war hingegen nahezu keine kontinuierliche Korrelation zwischen dem Grad an Allianzkohäsion in den transatlantischen Beziehungen und dem Grad der Ost-West-Spannungen feststellbar. Auch Helga Haftendorn (1994: 23–28; 1999: 281–284) kommt zu dem Ergebnis, dass der innere Zusammenhalt des atlantischen Bündnisses nicht ausschließlich vom Grad der äußeren Bedrohung abhängig war. So war zwar die Kohäsion während der Berlin- und der Kubakrise hoch; während des Koreakrieges 1950, der sowjetischen Invasion in Afghanistan Ende der 1970er Jahre und dem Konfrontationskurs der USA in der Endphase der Präsidentschaft Carters und der ersten

Amtszeit Reagans gab es allerdings ganz erhebliche Spannungen und Differenzen im amerikanisch-europäischen Verhältnis. Allerdings ließe sich dieser Auffassung unter Zuhilfenahme der klassischen realistischen Allianztheorie entgegenhalten, dass die Spannungen aus unterschiedlichen Bedrohungsperzeptionen der NATO-Mitglieder resultierten.

Zudem wird damit wenig über die grundsätzliche Rolle von externen Einflüssen für die Bildung von Allianzen ausgesagt. So kann der Wegfall des Ost-West-Konflikts als spezifische Bedrohungsform durch andere – möglicherweise subtilere – Bedrohungsformen abgelöst worden sein. Auch die mit dem Maastrichter Vertrag eingeleitete Vertiefung des europäischen Integrationsprozesses und die verstärkte Einbeziehung von Verteidigungs- und Sicherheitspolitik mit Hilfe der Westeuropäischen Union können durchaus als Reaktion auf Veränderungen im internationalen System interpretiert werden. Insbesondere die Tendenz zur Multipolarisierung und Regionalisierung des internationalen Systems sowie die Folgewirkungen der deutschen Vereinigung für das Kräftegleichgewicht in Europa, aber auch die Instabilität in Mittel- und Osteuropa können als weitere Veränderungen im Sinne von subtileren ‹external pressures› gewertet werden und der zentralen Annahme der Allianztheorie Plausibilität verleihen.

Die klassischen – realistischen – Allianztheorien, die während des Kalten Krieges entwickelt wurden, konzentrierten sich wie dargestellt primär auf die Frage, wann und warum Staaten Allianzen eingehen und was zu ihrem Ende führt. Angesichts des Fortbestandes der NATO nach dem Ende des Ost-West-Konflikts wurde das Forschungsspektrum um die Frage erweitert, warum und wie eine Allianz wie die NATO bestehen bleibt und wie ein Wandel erklärt werden kann. Denn zur Beantwortung dieser Frage trägt der klassische Ansatz nur wenig bei. In neuerer Sichtweise ist die NATO mittlerweile als ‹hybride Institution› zu bezeichnen (Wallander/Keohane 1999: 34). Die NATO hat sich also über ihren ursprünglichen Zweck der Abwehr einer Bedrohung hin zu einer Institution entwickelt, die allgemeine Risiken bewältigt und trotzdem weiterhin ihre ursprüngliche Aufgabe erfüllt. Mit der Betonung dieser Anpassungsleistung versucht der Ansatz den Funktionswandel der NATO zu erklären. Denn mit dem Ende der Ost-West-Konfrontation hat sich auch das Profil von Allianzen verändert. Allianzen, die – wie die NATO – militärische mit politischen Zwecken verbinden, lassen sich unter dem Begriff ‹umfassende kollektive Verteidigungssysteme› einordnen. Schon bei ihrer Gründung benutzte die NATO den Begriff kollektive Selbstverteidigung unter Berufung auf die VN-Charta. Damit wurde auch die internationale Sicherheit – und nicht nur die Sicherheit des Bündnisgebiets – zu ihrer Aufgabe erklärt. Sie stellt zugleich eine Verbindung zwischen der kollektiven Verteidigung ihrer Mitglieder und der kollektiven Sicherheit her, deren Träger in erster Linie die Vereinten Nationen sind und mit deren Charta gemäß Artikel 1 Nordatlantikvertrag der Einsatz in Einklang stehen muss.

Zusammenfassend lassen sich zentrale Annahmen des Realismus und des Institutionalismus hinsichtlich des Fortbestandes der NATO unter veränderten weltpolitischen Bedingungen wie folgt zusammenfassen. Die Realisten erwarten ohne die Existenz einer für die Mitgliedstaaten als existentiell perzipierten äußeren Bedrohung einen Bedeutungsverlust, der bis hin zum Zusammenbruch gehen kann. Die Institutionalisten sehen hingegen gute Chancen für einen Bestand der NATO, wenn es ihr gelingt, auch in Zukunft wichtige nationale Interessen der Mitgliedstaaten zu bedienen. Die NATO lässt sich jedenfalls mit der klassischen Allianztheorie nicht mehr hinreichend fassen. Der Bündnischarakter bildet sich sukzessive zurück, und zugleich tritt im militärischen Bündnisprofil auch das Element der kollektiven Sicherheit deutlicher hervor. Außerdem greift die klassische Allianztheorie, die annimmt, dass Allianzen hauptsächlich im Hinblick auf das Verhalten Dritter außerhalb des Bündnisgebiets eingegangen werden, nicht mehr ohne Weiteres. Man kann die NATO gewissermaßen als «sicherheitspolitischen Hybrid» bezeichnen (Rühl 1995: 428 f). Sie ist noch immer Allianz, noch immer ein nach innen gerichtetes kollektives Verteidigungssystem, aber gleichzeitig nach außen für Aufgaben der internationalen Sicherheit als Instrument der Krisenbeherrschung geöffnet. Sie ist also Instrument kollektiver Sicherheit in Situationen, in denen ihre Mitglieder daran interessiert sind.

Unabhängig davon lassen sich aus der allianztheoretischen Beschäftigung mit der NATO Fragen ableiten, die für die Zukunft der Allianz von zentraler Bedeutung sind: Stimmen die Allianzmitglieder hinsichtlich der Einschätzung der sicherheitspolitischen Probleme überein? Was wird als Bedrohung wahrgenommen? Was bedeutet die Veränderung des sicherheitspolitischen Umfeldes für den Zusam-

menhalt im Bündnis? Ob die NATO gemäß der ursprünglichen Definition überhaupt noch als ‹Allianz› verstanden werden kann oder sie
sich eher auf dem Weg zu einer lockeren ‹Koalition der Willigen› befindet, darauf wird in Kapitel IX zurückzukommen sein.

Kapitel V: NATO-Strategie im Wandel

Die Bewertung der jeweiligen NATO-Strategie ist ein schwieriges Unterfangen. Die erste öffentlich zugängliche Strategie war das ‹Strategische Konzept› von 1991. Allerdings unterliegen die detaillierten militärischen Vorgaben nach wie vor der Geheimhaltung. In unregelmäßigen Abständen – zuletzt im Juni 2006 – werden sogenannte ‹Ministerrichtlinien› verabschiedet, die detaillierte, nicht öffentlich zugängliche Weisungen vor allem für die Streitkräfteplanung enthalten.

Die jeweils gültige Strategie bildet die Basis für die Entwicklung der Verteidigungspolitik, des operationellen Konzepts, der Struktur der Streitkräfte und der kollektiven Verteidigungsplanung der Allianz. Aus ihr ist die politische und militärpolitische Grundrichtung des Bündnisses abzulesen. Da jede Strategie einstimmig vom NATO-Rat beschlossen werden muss, haben auch kleinere Mitgliedstaaten formal erhebliches Mitspracherecht bei der Ausformulierung, wenngleich die mächtigen Staaten – und hier insbesondere die USA – sicherlich faktisch eine dominante Rolle haben. Dies zeigt sich unter anderem daran, dass sowohl die Strategie der ‹massiven Vergeltung› als auch die der ‹flexiblen Reaktion› US-Strategien waren, ehe sie zu NATO-Strategien wurden.

V.1: Von der ‹massiven Vergeltung› zur ‹flexiblen Reaktion›

Die erste NATO-Strategie mit dem Titel ‹*The Strategic Concept for Defense of the North Atlantic Area*› datiert vom 19. Oktober 1949. Ihre konzeptionellen Vorstellungen orientierten sich an der amerikanischen Globalstrategie des ‹Containments› und der ‹Vorneverteidigung› auf konventioneller Basis, d. h. einem Angriff der Sowjetunion auf das Bündnisgebiet sollte so weit östlich wie möglich begegnet werden. Allerdings war fraglich, wie genau auf eine Aggression zu reagieren war, weil die Europäer in einer ersten Kriegsphase wesentlich auf sich allein gestellt gewesen wären. Westeuropa jedenfalls verfügte kaum über genügend Präsenztruppen, so dass allenfalls so lange Widerstand geleistet werden konnte, bis die Verstärkungen aus den

USA und Kanada eintrafen. In diesem Konzept spielte ab Mitte der 1950er Jahre die in einer Größenordnung von 500 000 Mann geplante, neu zu gründende Bundeswehr eine wichtige Rolle.

Seit 1957 praktizierte die Allianz die Strategie der ‹massiven Vergeltung› (massive retaliation). Die Strategie unter der Bezeichnung ‹Overall Strategic Concept for the Defense of the North Atlantic Treaty Organization Area› (MC 14/2) wurde am 23. Mai 1957 vom NATO-Militärausschuss gebilligt. Sie ging von der Existenz eines strategisch unverwundbaren – amerikanischen – NATO-Nuklearpotentials aus, das den potentiellen Gegner, die UdSSR und ihre Verbündeten, abschrecken sollte. Sollte dies scheitern, würde der Schwerpunkt der asymmetrischen Antworten aber nicht mehr auf der Verteidigung von Territorium, sondern bei der sofort eingeleiteten atomaren Gegenoffensive liegen. In den operativen Planungen der NATO wurde also von der Absicht des Einsatzes von Atomwaffen mit der Folge ausgegangen, dass die Schwelle vom konventionellen zum nuklearen Krieg frühzeitig hätte überschritten werden können. Die konventionellen Streitkräfte hatten lediglich die Aufgabe, lokale Übergriffe abzuwehren und größere Angriffe für eine begrenzte Zeit zu verzögern. Sie sollten die ‹Schildfunktion› der NATO wahrnehmen, während das amerikanische strategische Potential als ‹nukleares Schwert› verwendet werden sollte. Neben der Fundamentalkritik von Atomwaffengegnern geriet die Strategie der massiven Vergeltung auch von verschiedenen anderen Seiten in die Kritik. Der Abschreckung liegt das Dilemma zugrunde, dass ex ante die Wirkung dann am größten ist, wenn dem Gegner auch im Falle eines begrenzten Angriffes glaubwürdig ein vernichtender Gegenschlag angedroht wird. Ex post, also im Falle eines tatsächlichen Angriffes, ist ein massiver Gegenschlag jedoch irrational, da durch ihn kein vernünftiges politisches Ziel mehr erreicht werden kann und ein weiterer Schlag gegen die eigene Bevölkerung provoziert würde.

Angesichts des Verlustes des amerikanischen Kernwaffenmonopols Anfang der 1960er Jahre waren nukleare Drohungen zur Abschreckung begrenzter Aggressionen zunehmend unglaubwürdig, weil ein Einsatz mit hoher Wahrscheinlichkeit eine nukleare Gegenreaktion hätte auslösen können. Die atomaren Potentiale neutralisierten sich in einem ‹Gleichgewicht des Schreckens›. Die von der deutschen Regierung unterstützen Pläne für eine nukleare NATO-Streitmacht, an der Deutschland (auch als einem Staat ohne Nuklearwaffen) ein gewisses Mitspracherecht eingeräumt werden sollte, scheiterten an der mangelnden Unterstützung wichtiger europäischer Staaten ebenso wie am Widerstand der USA. Die deutsche Politik befand sich damit in einem Dilemma: Im Interesse glaubhafter Abschreckung musste zum einen darauf gedrängt werden, die nukleare Eskalationsoption aufrechtzuerhalten, gleichzeitig konnte kein Interesse daran bestehen, zum zentralen Schauplatz eines Nuklearkrieges zu werden.

Nachdem die UdSSR in der strategischen Waffenentwicklung einen annähernden Gleichstand erreicht hatte, änderten die Amerikaner 1962 ihre Planungen in die Strategie der ‹flexiblen Reaktion› (‹flexible response›), die im Januar 1968 unter der Bezeichnung ‹*Overall Strategic Concept for the Defense of the North Atlantic Treaty Organization Area*› (*MC 14/3*) offiziell von der NATO übernommen wurde. Insbesondere die USA erwarteten hiervon größeren strategischen Handlungsspielraum, weil sie nicht mehr auf die strategisch eingeplante Option eines Atomkrieges festgelegt waren. Der Austritt Frankreichs aus der militärischen Integration der NATO war eine weitere Voraussetzung für die Annahme der ‹flexible response›-Strategie, da es seinen Widerstand gegen die Ablösung der insbesondere von den Europäern so verstandenen ‹Kriegsvermeidungsdoktrin› der massiven Vergeltung nicht mehr im NATO-Rahmen einbringen konnte. Deutschland war erneut in einer schwierigen Mittlerposition. Auf der einen Seite wurde eine Übereinstimmung mit Frankreich angestrebt, das begann, seine eigene Atomstreitmacht aufzubauen und sich damit auch von den USA zu emanzipieren. Auf der anderen Seite musste sich die Bundesrepublik trotz gewisser Zweifel an der Glaubwürdigkeit der amerikanischen Sicherheitsgarantie für den NATO-Rahmen als vornehmlichen sicherheitspolitischen Handlungsrahmen entscheiden. Alle deutschen Bundesregierungen haben sich gleichwohl – unabhängig von der parteipolitischen Zusammensetzung – dafür eingesetzt, an der Strategie der nuklearen Abschreckung festzuhalten, allerdings mit der Maßgabe, dass dies auch für die Verteidigung der Bundesrepublik gelten müsse. Ein echtes Mitentscheidungsrecht in Nuklearfragen besaß die Bundesregierung nie. Die entscheidende Frage bezog sich bis 1989/90 darauf, ob und unter welchen Voraussetzungen sich Deutschland (und die Westeuropäer) auf den amerikanischen Nuklearschutzschirm verlassen konnte.

Die neue Strategie wurde durch die sogenannte ‹Triade› gekennzeichnet. Danach stützte sich die Verteidigung des Bündnisses auf die
vorhandenen konventionellen, taktisch-nuklearen und strategisch-
nuklearen Potentiale, die allein oder in unterschiedlicher Kombination (Eskalationsbereitschaft) angewandt werden konnten. Die Strategie der ‹flexible response› versuchte, nukleare Risiken zu verringern,
ohne sie allerdings vollständig ausschließen zu können. Die Frage
‹how much is enough› bezüglich der Anzahl der taktischen und strategischen Nuklearwaffen innerhalb der Triade forcierte immer wieder Spannungen in der Allianz. So war umstritten, wie sich die NATO
zu der sich abzeichnenden Entspannungspolitik zwischen den USA
und der Sowjetunion verhalten sollte. Mitte der 1970er Jahre nahmen
die Meinungsverschiedenheiten innerhalb der NATO über die ver-
meintlich unverzichtbare Koppelung von konventioneller und ato-
marer Verteidigung erneut zu. Spätestens zu Beginn der 1980er Jahre
befand sich die NATO-Strategie in einer zunehmenden Glaubwür-
digkeitskrise, da es eine sinkende Akzeptanz von Nuklearwaffen
in den Gesellschaften der westlichen Industriestaaten gab und der
grundlegende Konsens über die NATO-Strategie in immer mehr
Mitgliedsländern sukzessive erodierte. Die Abrüstungsvorschläge
des KPdSU-Parteichefs Gorbatschow, die auf eine drastische Reduzierung der Nuklearwaffen zielten, unterstützten diesen Erosions-
prozess in den westlichen Gesellschaften. Die Diskussion um Veränderungen innerhalb der NATO-Strategie – u. a. Rogers-Plan, Verzicht
auf Ersteinsatz von Kernwaffen, fortschreitende Denuklearisierung
usw. – zeigten, dass auch bei den politisch Verantwortlichen in der
Atlantischen Allianz angesichts der neuen Lage ein Prozess des Um-
denkens hinsichtlich der Strategie der flexiblen Reaktion einsetzte.

V.2: Strategiewandel nach dem Ost-West-Konflikt

Die Umwälzungen in Mittel- und Osteuropa, der strategische Rückzug der Sowjetunion aus diesem Gebiet sowie ihre Auflösung im Dezember 1991, die Erfolge im Abrüstungsprozess sowie der Beginn
eines ‹neuen Zeitalters der Demokratie, des Friedens und der Einheit›
in Europa haben die bis 1990 gültige Strategie der NATO obsolet
werden lassen und zu einer drastischen Veränderung geführt. Auf
dem Gipfel der 16 Staats- und Regierungschefs der NATO-Mitglie-

der am 7./8. November 1991 in Rom wurde das ‹Strategische Konzept des Bündnisses› verabschiedet, das im Gegensatz zur ‹flexiblen Reaktion› auch von Frankreich mitgetragen wurde. In dem Dokument heißt es: «Die Bündnisstrategie wird weiterhin von einer Reihe grundlegender Prinzipien geprägt sein. Die Allianz ist rein defensiv ausgerichtet: Keine ihrer Waffen wird jemals eingesetzt werden, es sei denn zur Selbstverteidigung, und sie betrachtet sich nicht als Gegner irgendeines Landes. Die Bündnispartner werden ein Militärpotential unterhalten, das ausreicht, jeden potentiellen Angreifer davon zu überzeugen, dass die Anwendung von Gewalt gegen das Hoheitsgebiet eines Bündnispartners auf eine gemeinsame wirkungsvolle Reaktion aller Bündnispartner stoßen würde und dass die mit der Auslösung eines Konflikts verbundenen Risiken größer wären als jeder zu erwartende Gewinn. Daher müssen die Streitkräfte der Bündnispartner in der Lage sein, die Grenzen des Bündnisgebietes zu verteidigen, den Vormarsch eines Angreifers möglichst weit vorne aufzuhalten, die territoriale Unversehrtheit der Staaten des Bündnisses zu wahren oder wiederherzustellen und einen Krieg schnell zu beenden, indem sie den Aggressor dazu veranlassen, seine Entscheidung zu überdenken, seinen Angriff einzustellen und sich zurückzuziehen. Die Streitkräfte des Bündnisses haben die Aufgabe, die territoriale Unversehrtheit und die politische Unabhängigkeit seiner Mitgliedstaaten zu gewährleisten. Somit tragen sie zu Frieden und Sicherheit in Europa bei».

Die NATO geht in ihrem neuen strategischen Konzept nicht länger von einer allumfassenden Bedrohung aus. Sie hat sich vom bipolaren Bedrohungsdenken abgekehrt. Die Allianz sieht das Territorium von Bündnispartnern eher an der Peripherie gefährdet. Als grundlegende Prinzipien gelten eine rein defensive Ausrichtung sowie die Hinlänglichkeit des Militärpotentials, die strategische Einheit des Bündnisgebietes und die Solidarität der Bündnismitglieder, Kollektivität der Verteidigung und integrierte Militärstrukturen sowie das Zusammenwirken von nuklearen und konventionellen Streitkräften. Die umfassende, präsente und lineare Verteidigungsstruktur, insbesondere in Mitteleuropa, wurde aufgegeben. Die NATO begreift sich zunehmend als eher politisches Bündnis. Dialog und Kooperation mit den anderen Staaten Europas wie mit den Vereinten Nationen und der OSZE sollen zu einer neuen Sicherheitsarchitektur in Europa führen. Die bereits seit dem Harmel-Bericht von 1967 bestehenden Prinzipien ‹kollektive Verteidigung› und ‹Dialog› werden um das Prinzip der ‹Kooperation› ergänzt. Gleichwohl wird in dem Dokument auch «das Spannungsverhältnis zwischen der deklarierten neuen Sicherheitspartnerschaft mit den Staaten Osteuropas und der GUS bei gleichzeitigen traditionellen Bedrohungsvorstellungen deutlich. Während einerseits die Überwindung der Teilung Europas deklariert wird, wird andererseits weiterhin in Kategorien des strategischen Gleichgewichts gedacht» (Karádi 1994: 55).

Die NATO bietet den Vereinten Nationen wie auch der OSZE an, Friedensmissionen in ihrem Auftrag durchzuführen. Neben der Fähigkeit zur Bündnisverteidigung sollen die Streitkräfte auch die Fähigkeit zur Krisen- und Konfliktbewältigung besitzen. Dadurch werden zwei unterschiedliche Arten von Streitkräften geschaffen, nämlich zum einen die Hauptverteidigungskräfte, die in ihrer Einsatzbereitschaft herabgesetzt sind und erst nach einer längeren Vorbereitungszeit zur Bündnisverteidigung eingesetzt werden können (siehe Kapitel III.2). Daneben gibt es zum anderen die zahlenmäßig kleineren Krisenreaktionskräfte, die aufgrund ihrer hohen Mobilität und Flexibilität sowie hohen Einsatzbereitschaft zur Krisen- und Konfliktbewältigung des Bündnisses bereitstehen. Aus diesen Kontingenten können für Friedensmissionen der VN und der OSZE Streitkräfte zur Verfügung gestellt werden. Auch wurde die Präsenz nordamerikanischer konventioneller Streitkräfte und nuklearer Streitkräfte der Vereinigten Staaten in Europa für die Sicherheit des Kontinents als weiterhin wichtig erachtet, da die Sicherheit Europas auch künftig untrennbar mit der Sicherheit Amerikas verbunden sein sollte.

Übersicht 8: NATO-Streitkräfte in Deutschland

	1966	1989	1994	1999	2005	2006
Belgien	45 000	27 300	11 800	2100	50	0
Frankreich	67 000	47 000	24 000	3300	3040	3270
Großbritannien	59 700	70 000	35 000	20 800	22 000	22 000
Kanada	10 500	7 900	100	0	0	0
Niederlande	6000	8000	5700	3000	1500	1700
USA	221 000	245 800	91 000	68 820	78 600	77 000
gesamt	409 200	406 000	167 600	98 020	105 190	103 970

Quelle: eigene Recherchen nach Angaben der Ständigen Vertretung der Bundesrepublik Deutschland bei der NATO (September 2007)

Angesichts der weitreichenden Veränderungen in der europäischen Sicherheitsarchitektur wie auch in der NATO selbst wurde im Verlauf der 1990er Jahre deutlich, dass das strategische Konzept endgültig vom Ballast des Ost-West-Konflikts befreit werden musste. Im Sommer 1997 gaben die Staats- und Regierungschefs der 16 Mitgliedstaaten den Auftrag für die Formulierung eines neuen Konzeptes, das nach intensiven Auseinandersetzungen auf dem Gipfeltreffen aus Anlass des 50-jährigen Bestehens am 24./25. April 1999 in Washington beschlossen wurde. Einigkeit bestand dabei über eine Reihe von Änderungen: Die kollektive Verteidigung sollte als Schwerpunkt betont werden, die NATO sollte sich aber gleichzeitig stärker für neue Aufgaben öffnen; die NATO sollte als transatlantisches Bindeglied zwischen den USA und den Europäern erhalten, gleichzeitig aber die Rolle der Europäer aufgewertet werden; die militärischen Fähigkeiten sollten aufrechterhalten und stärker dem Bereich Krisenmanagement angepasst werden; die Partnerschaft und konkrete Zusammenarbeit mit anderen Staaten sollte ausgebaut und dabei Russland eine hervorgehobene Stellung zugewiesen werden; schließlich sollte die NATO grundsätzlich für neue Mitglieder offen bleiben.

Neben diesen Übereinstimmungen gab es aber auch zahlreiche Konfliktpunkte unter den Mitgliedstaaten. Diese betrafen in erster Linie die Frage eines VN-Mandats für eventuelle Einsätze sowie die zukünftigen Kernfunktionen der Allianz. Schließlich entstand ein Streit über die künftige Rolle der Atomwaffen, nachdem der deutsche Außenminister Fischer vorgeschlagen hatte, die Option eines nuklearen Ersteinsatzes zu überdenken. Insbesondere die drei Nuklearmächte der NATO (Frankreich, Großbritannien, USA) verwiesen – unterstützt von der überwiegenden Mehrheit der Bündnispartner – darauf, dass Bedrohungen durch biologische, chemische oder auch atomare Waffen auch künftig durch nukleare Gegendrohungen beantwortet werden müssten.

Das neue strategische Konzept vom April 1999 – zeitgleich führte die NATO Krieg gegen Jugoslawien – wurde schließlich zu einem Konsenspapier, in dem die neuen Aufgaben und Instrumente der NATO in allgemeiner Form beschrieben wurden und damit durch ein hohes Maß an Flexibilität und Interpretierbarkeit gekennzeichnet waren (Wittmann 1999). Die neue NATO sollte nach diesem Konzept größer, schlagkräftiger und flexibler werden. Ungeachtet der von der NATO konstatierten positiven Gesamtentwicklung in ihrem strategischen Umfeld sowie der Unwahrscheinlichkeit eines Angriffs gegen das Bündnis, so die Annahme, bestehe jedoch auch weiterhin die Möglichkeit, dass sich «eine Bedrohung längerfristig entwickelt». Die Sicherheit des Bündnisses bleibe «einem breiten Spektrum militärischer und nichtmilitärischer Risiken unterworfen, die aus vielen Richtungen kommen und oft schwer vorherzusagen sind. Zu diesen Risiken gehören Ungewissheit und Instabilität im und um den euro-atlantischen Raum sowie die mögliche Entstehung regionaler Krisen an der Peripherie des Bündnisses, die sich rasch entwickeln können» (Strategisches Konzept 1999, Ziff. 20 ff.). In diesem Zusammenhang wurde unter anderem auf die Verbreitung von Massenvernichtungswaffen (Proliferation), auf Flüchtlingsströme infolge von bewaffneten Konflikten wie auch auf Risiken umfassender Natur wie etwa Terrorakte, Sabotage, organisiertes Verbrechen oder die Unterbrechung der Zufuhr lebenswichtiger Ressourcen verwiesen. Zur klassischen Kernfunktion der Bündnisverteidigung kam damit die Krisenbewältigung im euro-atlantischen Raum hinzu. In Zusammenarbeit mit anderen internationalen Organisationen wollte die NATO zudem «Konflikte verhüten oder, sollte eine Krise auftreten, in Übereinstimmung mit dem Völkerrecht zu deren wirksamer Bewältigung beitragen, darunter auch durch die Möglichkeit von nicht unter Artikel 5 fallenden Krisenreaktionseinsätzen» (Ziff. 31).

Wurde mit dem neuen Konzept das Bedrohungsspektrum recht präzise ausgeweitet, so blieb der Aktionsradius der NATO unpräzise. Die USA betonten, dass die NATO nun auf Bedrohungen in Europa und in Nicht-Mitgliedstaaten reagieren könne, eine Reihe der europäischen Staaten wiesen hingegen darauf hin, dass die Erwähnung des «euro-atlantischen Raums» für eine geographische Beschränkung spreche. Auch Deutschland hatte einen auf Europa konzentrierten Aktionsradius befürwortet. Hinsichtlich der Mandatierung der neuen Einsatzspektren wird mehrfach auf die Hauptverantwortung des Sicherheitsrates der Vereinten Nationen für die Bewahrung von Frieden und Sicherheit hingewiesen. Für alle NATO-Einsätze wird «Übereinstimmung mit der Charta der Vereinen Nationen angestrebt» (Ziff. 11), was natürlich auch heißt, dass es Fälle geben kann, in denen dies nicht möglich ist. Die NATO macht damit die Selbstmandatierung zwar nicht zur Regel, lässt sie aber in nicht näher definierten Ausnahmefällen zu. Bezüglich des Streits über die Rolle der Atomwaffen heißt es in dem Konzept unmissverständlich, dass nukleare Streitkräfte auch weiterhin eine wesentliche Rolle spielen werden, indem sie dafür sorgen, dass «ein Angreifer im Ungewissen darüber bleibt, wie die Bündnispartner auf einen militärischen Angriff reagieren würden» (Ziff. 62). Zudem werde das Bündnis «angemessene nukleare Streitkräfte in Europa beibehalten» (Ziff. 63). Allerdings erteilte die NATO einen Prüfauftrag zur Beurteilung weiterer Abrüstungsoptionen im nuklearen Bereich (Kamp 2007).

Ein weiteres wichtiges Element der neuen Strategie war die Festschreibung der zunehmenden Bedeutung der Europäer im Bündnis. Wie bereits auf dem Madrider NATO-Gipfel im Sommer 1997 beschlossen, soll es den Europäern unter Führung der Europäischen Union möglich gemacht werden, mit Mitteln der NATO ihre eigenen Operationen durchzuführen. Dieser Prozess verläuft allerdings alles andere als konfliktfrei, weil es immer wieder grundsätzliche Meinungsverschiedenheiten über den Grad der europäischen Eigenständigkeit, die dafür zur Verfügung zu stellenden Ressourcen und die Folgen für das transatlantische Verhältnis gibt (siehe Kapitel VII).

V.3: Die Debatte über ein neues strategisches Konzept

Was über die Kernfunktionen der Allianz hinaus zum Aufgabenkatalog der NATO zu zählen sei, wurde bereits in den Auseinandersetzungen um die Formulierung des strategischen Konzepts von 1999 kontrovers diskutiert. Insbesondere die USA forderten schon damals mehr Flexibilität hinsichtlich der zentralen Aufgaben (etwa der Bekämpfung des Terrorismus und der Verbreitung von Massenvernichtungswaffen, der Sicherung von Kommunikation und Warenverkehr) und regten an, den bisher auf das Territorium der NATO-Mitglieder ausgerichteten Aufgabenkatalog auf die ‹Verteidigung gemeinsamer Interessen› auszuweiten. Den meisten europäischen Partnern einschließlich Deutschlands ging diese Formulierung damals zu weit, weil sie u. a. befürchteten, die Allianz könne damit zu stark zum Instrument amerikanischer Interessen in Richtung eines global intervenierenden ‹Weltpolizisten› werden (siehe Kapitel VI.3 und VIII.2). Offen blieb allerdings, ob und inwiefern die NATO-Strategie weiterentwickelt werden soll. Die USA hatten im September 2002 eine neue nationale Sicherheitsstrategie beschlossen, die u. a. die Möglichkeit von ‹vorbeugenden Militärschlägen› zur Abwehr neuartiger Bedrohungen vorsieht (siehe Kapitel IV.1). Dieser Punkt wird von Deutschland und anderen Bündnispartnern abgelehnt und heftig kritisiert. Nach den bisherigen Erfahrungen (etwa mit der Strategie der ‹massive retaliation› oder der ‹flexible response›) wird sich die Allianz mit diesen Vorstellungen aber schon deshalb befassen müssen, weil die USA versuchen werden, dies auch zur neuen NATO-Strategie zu machen. Das ist zwar bisher aus verschiedenen Gründen nicht erfolgt und auch von Washington nicht versucht worden. Sollte sich die NATO diesen Diskussionen aber grundsätzlich verweigern, dürfte sie in amerikanischer Sichtweise an Relevanz verlieren. Washington scheint zudem ganz offensichtlich den pragmatischen Weg gegangen zu sein, nicht über Veränderungen des strategischen Konzepts, sondern vielmehr über die Gründung der ‹NATO Response Force›, die weltweit Kampfeinsätze durchführen können soll, Fakten zu schaffen und die eigenen strategischen Vorstellungen in der NATO durchzusetzen (siehe Kapitel III.2).

Obwohl es immer wieder Stimmen gibt, die fordern, spätestens zum Gipfeltreffen anlässlich des 60-jährigen Bestehens der Allianz im April 2009 ein solches Konzept zu veröffentlichen, wird innerhalb der Allianz bisher nicht offiziell an einem neuen strategischen Konzept gearbeitet. Vielmehr wird darauf verwiesen, dass das strategische Konzept aus dem Jahre 1999 eine Entwicklung des Sicherheitsumfelds enthalte, die weiterhin gültig sei. Ende November 2006 hat die NATO auf ihrem Gipfeltreffen in Riga allerdings ein Schlüsseldokument beschlossen, das zwar kein neues strategisches Konzept ist, aber doch als politische Richtungsvorgabe für die Transformation der NATO in den kommenden zehn bis fünfzehn Jahren konzipiert wurde. Die sogenannte ‹Comprehensive Political Guidance› gibt insbesondere die Prioritäten für alle fähigkeitsbezogenen Fragen, Planungsdisziplinen und das Nachrichtenwesen des Bündnisses vor. In Ziff. 6 des Dokuments heißt es: «Das Bündnis wird weiter darauf eingestellt sein, einzelfallbezogen und im Konsens, zu wirksamer Konfliktprävention beizutragen und sich aktiv im Krisen-Management zu betätigen, unter anderem auch durch Nicht-Artikel-5-Krisenreaktionseinsätze nach Maßgabe des Strategischen Konzepts. Seit dem Ende des Kalten Krieges hat das Bündnis eine Reihe von Operationen dieser Art durchgeführt. Die Erfahrung zeigt den steigenden Wert von Stabilisierungseinsätzen und der militärischen Unterstützung von Wiederaufbauanstrengungen nach einem Konflikt. […] Vor diesem Hintergrund muss die NATO die Fähigkeit zur Durchführung des vollen Spektrums ihrer Aufgaben – von Einsätzen mit hoher bis zu Einsätzen mit niedriger Intensität – wahren, schwerpunktmäßig für Operationen, deren Wahrscheinlichkeit am größten ist, und sie muss dabei gegenwärtigen und zukünftigen Erfordernissen flexibel Rechnung tragen, aber gleichzeitig weiterhin in der Lage sein, Operationen unter höchst anspruchsvollen Einsatzbedingungen durchzuführen. Auch in Zukunft besteht die Notwendigkeit konventioneller und nuklearer Kräfte in entsprechender Zusammensetzung nach Maßgabe der gültigen Weisung».

In militärischer Hinsicht will die Allianz in der Lage sein, parallel eine großangelegte Operation sowie mehrere kleinere Operationen im Rahmen der kollektiven Verteidigung und der Krisenreaktion auf dem Territorium der Allianz und darüber hinaus und zeitgleich eine größere Anzahl kleiner anspruchsvoller und verschiedenartiger Operationen weltweit durchführen zu können (‹level of ambition›). Hinsichtlich der Beurteilung der strategischen Lage steht die ‹Comprehensive Political Guidance› in der Kontinuität der strategischen Konzepte von 1991 und 1999. Allenfalls wird die Einschätzung des Terrorismus, der bereits in dem Konzept von 1999 als zentrale Bedrohung genannt wird, nochmals aufgewertet: «Der Terrorismus, der sich immer globaler manifestiert und dessen Auswirkungen immer gefährlicher sind, sowie die Verbreitung von Massenvernichtungswaffen werden in den kommenden zehn oder fünfzehn Jahren aller Voraussicht nach die hauptsächlichen Bedrohungen für das Bündnis darstellen. Instabilität durch gescheiterte bzw. zerfallende Staaten, regionale Krisen und Konflikte sowie deren Ursachen und Folgen, die zunehmende Verfügbarkeit modernster konventioneller Waffen, die Zweckentfremdung neuer Technologien und die Unterbrechung in der Versorgung mit lebenswichtigen Ressourcen werden für die Allianz in dieser Zeitspanne wahrscheinlich die größten Risiken oder Herausforderungen darstellen. Alle diese Faktoren können in einer Wechselwirkung zueinander oder im Verbund in Erscheinung treten, am gefährlichsten dann, wenn Terroristen über Massenvernichtungswaffen verfügen» (Ziff. 2).

Ein intensiv diskutiertes Streitthema, zu dem auch in einem neuen strategischen Konzept Aussagen getroffen werden müssten, ist das Thema Raketenabwehr. Während in den 1970er Jahren lediglich neun Staaten über ballistische Raketen verschiedener Reichweite verfügten, liegt die Zahl im Jahr 2006 bei weit über 20 Staaten. Mit besonderer Sorge werden die nordkoreanischen und iranischen Programme betrachtet. Die USA treiben seit einigen Jahren ein nationales Raketenabwehrprogramm («National Missile Defense Programme») massiv voran. Hintergrund der Überlegungen in den USA ist, dass Abschreckung allein keine verlässliche Grundlage mehr für Verteidigung darstelle und neben aktiven Maßnahmen gegen die Verbreitung von Massenvernichtungswaffen und Trägertechnologie auch der Schutz des eigenen Territoriums gegen Angriffe mit im Extremfall nuklear bestückten Raketen sein müsse. Auf einen solchen Schutz zu verzichten, hieße nicht nur das Leben der eigenen Bevölkerung zu gefährden, sondern sich insbesondere in Krisensituationen erpressbar zu machen. Auf der Grundlage dieser Risikobewertung hatten die USA bereits 2002 den AMB-Vertrag gekündigt und ab 2004 mit dem Aufbau eines nationalen Raketenabwehrsystems begonnen. Zwei Raketenabwehrbasen sind bereits auf amerikanischem Boden in Alaska und Kalifornien in Betrieb, über den Aufbau einer dritten Basis in Osteuropa – die aus technischen Gründen zur Abwehr von Raketen aus dem Iran zwingend erforderlich wäre – wird seit 2005 mit Polen und Tschechien verhandelt. Ein solches System – die volle Einsatzfähigkeit wird für 2012 angestrebt – wäre, gewissermaßen als Nebeneffekt, in der Lage, weite Teile des NATO-Gebiets gegen Raketenangriffe zu schützen. Andere Regionen der NATO wie Teile der Türkei, Griechenlands, Bulgariens und Rumäniens wären allerdings aus technischen Gründen von einem solchen Schutz zumindest bei einem Angriff aus dem Iran ausgenommen. Damit entstünden Zonen unterschiedlicher Sicherheit im Bündnis, die kaum tolerabel wären. Es wäre offenkundig, dass die Allianz in einer zentralen Frage zu keiner gemeinsamen Risikobewertung in der Lage ist.

Für die NATO bedeutet dies, dass damit der Kern der Allianz berührt wird: die Verpflichtung zur gemeinsamen Verteidigung (Frühling/Sinjen 2007: 3). Dabei geht es um die Frage, wie die Allianz als Ganzes mit der wachsenden Bedrohung durch ballistische Raketen umgehen soll, falls sie dies nicht den USA alleine überlassen will. Bereits 2002 hatten die USA die NATO-Partner und auch Russland (das inzwischen heftig gegen die Pläne protestiert) über ihre Pläne informiert, und die NATO-Staaten hatten daraufhin eine Durchführbarkeitsstudie zur Raketenabwehr («Missile Defence Feasibility Study») in Auftrag gegeben, die kurz vor dem Gipfel in Riga im November

2006 vorgelegt wurde. Sie kommt zu dem Ergebnis, dass eine gemeinsame Raketenabwehr für das gesamte Allianzterritorium technisch machbar wäre. Die Allianz gab weitere Arbeiten zu den politischen und militärischen Auswirkungen für das Bündnis in Auftrag, einschließlich einer Aktualisierung der Bedrohungslage durch Raketen. Zu einer gemeinsamen Reaktion jenseits der Beauftragung von Studien ist die NATO bislang jedoch nicht in der Lage. Zwar arbeitet die Allianz – im Übrigen gemeinsam mit Russland – an einem Programm zum Schutz von Truppenverbänden im Einsatz (‹Active Layered Theatre Ballistic Missile Defence›). Konkrete Aktivitäten für den Aufbau eines NATO-Raketenabwehrsystems zum Schutz des gesamten NATO-Territoriums plant die NATO jedoch nicht. Darin spiegeln sich die unterschiedlichen Wahrnehmungen von Bedrohungen im Bündnis wider. Während etwa Dänemark, Großbritannien und zahlreiche mittelosteuropäische Staaten die amerikanische Vorstellung teilen, halten andere Staaten Raketenabwehrprogramme für keine geeignete Strategie zur Abwehr von ballistischen Raketen. Schwer vorstellbar, wie angesichts dessen ein gemeinsames strategisches Konzept aussehen sollte (siehe Kapitel IX).

Insgesamt finden sich in allen strategischen Dokumenten der NATO viele Kompromissformulierungen, die Raum für Interpretationen bieten. Die inhaltliche Füllung dieser Kompromissformeln wird dementsprechend im Einzelfall immer wieder zu Konflikten zwischen den Mitgliedstaaten führen. Der politische Wille der beteiligten Nationen bleibt genauso wichtig wie strategische Entwürfe, die Grundlage für ein gemeinsames Handeln muss jedes Mal in politischen Auseinandersetzungen zwischen den derzeit 26 Mitgliedstaaten neu gefunden werden. Durchgesetzt hat sich aber der in Kapitel IV.1 analysierte veränderte Sicherheitsbegriff im Sinne eines funktionalen anstelle eines geographischen Verständnisses von Sicherheit. Zudem werden militärische Kapazitäten und Fähigkeiten nicht zur Abwehr konkreter, klar definierter Bedrohungen bereitgehalten (‹bedrohungsorientierter Ansatz›), sondern um einem breiten Spektrum von möglichen Bedrohungen begegnen zu können (‹fähigkeitsorientierter Ansatz›).

Kapitel VI: Erweiterung und Partnerschaften der NATO

Mit dem Ende des Ost-West-Konflikts 1989/90, der Vereinigung der beiden deutschen Staaten 1990, der Auflösung des Rats für Gegenseitige Wirtschaftshilfe und des Warschauer Pakts 1990 sowie dem Zerfall der Sowjetunion und der Schaffung der Gemeinschaft Unabhängiger Staaten (GUS) 1991 hat das europäische Sicherheitssystem vollkommen neue Rahmenbedingungen erhalten. Die Staaten in Mittel- und Osteuropa waren nun nicht mehr in den Ostblock eingebunden, sondern sie suchten nach neuen politischen, ökonomischen und gesellschaftlichen Ordnungsformen sowie nach einer neuen Rolle in der internationalen Politik. Sehr schnell entwickelte sich eine Kooperationsstruktur zwischen den ehemaligen Warschauer-Pakt-Staaten und der NATO. Verteidigungs- und Außenminister der mittel- und osteuropäischen Staaten, ja sogar der Sowjetunion, reisten nach Brüssel zur NATO, um mit dem ehemaligen ‹imperialistischen Feind› zu Gesprächen zusammenzukommen. Bereits im Februar 1990 äußerte die ungarische Regierung als erstes Noch-Warschauer-Pakt-Mitglied den Wunsch nach einem Beitritt zur NATO. Mit einer neuen Politik und der Etablierung von verschiedenen Gremien sollte auf die veränderte Lage reagiert werden und den ehemaligen Warschauer Pakt-Staaten ein weitgehendes Kooperationsangebot gemacht werden.

VI.1: Qualitative Veränderung: die Erweiterung als Prozess

Die NATO wurde durch den Strukturbruch der internationalen Beziehungen stark herausgefordert. Der potentielle Gegner war im Auflösungsprozess begriffen; es musste eine Antwort auf mögliche Kooperationsformen, letztlich auch auf die Frage nach der zukünftigen Rolle der im europäischen Vakuum verbliebenen Staaten gefunden werden (Asmus 2002). Erstmals wurde auf der Frühjahrstagung des Nordatlantikrates im Juni 1990 in der ‹Botschaft von Turnberry› versucht, dem Strukturwandel in Europa Rechnung zu tragen, als die NATO deutlich machte, dass sie an einer neuen europäischen Friedensordnung aktiv mitwirken wolle, und erklärte: «In diesem Geiste reichen wir der Sowjetunion und allen anderen europäischen Ländern die Hand zur Freundschaft und Zusammenarbeit». Einen Monat später wurde auf der Tagung der Staats- und Regierungschefs des Nordatlantikrates in London eine Erklärung verabschiedet, in der es heißt: «Die Atlantische Gemeinschaft wendet sich den Ländern Mittel- und Osteuropas zu, die im Kalten Krieg unsere Gegner waren, und reicht ihnen die Hand zur Freundschaft». Es wurde immer deutlicher, dass insbesondere die mitteleuropäischen Staaten Polen, Ungarn und Tschechoslowakei kein Interesse an einer Regionallösung ihres Sicherheitsproblems hatten. Sie versicherten sich ihre gegenseitige Unterstützung bei der Anbindung an den Westen. Der tschechoslowakische Präsident, Vaclav Havel, erklärte anlässlich seines Besuchs bei der NATO im März 1991, dass sich ein Bündnis von Staaten, «die durch die Ideale von Freiheit und Demokratie geeint sind, nicht auf Dauer Nachbarstaaten verschließen sollte, die die gleichen Ziele verfolgen».

Die NATO geriet aufgrund der Beitrittsbegehren in eine schwierige Situation, da sie nicht nur die innere Entwicklung dieser Länder während der Transformationsphase zu Demokratien abwarten wollte, sondern bei einer möglichen Mitgliedschaft der mittelosteuropäischen Staaten (MOE-Staaten) auch auf die Sowjetunion bzw. Russland Rücksicht nehmen wollte und musste. Ursprünglich hofften führende NATO-Verantwortliche wie Generalsekretär Manfred Wörner, die Sicherheitsbedürfnisse der MOE-Staaten durch bilaterale Beziehungen zu westlichen Ländern bzw. mit der NATO befriedigen zu können. Es galt zunächst, eine Konzeption zu finden, wie man auf die Beitrittsbegehren ehemaliger Warschauer-Pakt-Staaten reagieren sollte, die innerhalb der NATO mehrheitsfähig sein konnte. Anfang Mai 1991 erarbeiteten Bundesaußenminister Hans-Dietrich Genscher und US-Außenminister James Baker das ‹Liaison-Konzept›, das sie der NATO-Ratstagung in Kopenhagen im Juni 1991 vorlegten. In einer ‹Erklärung über die Partnerschaft mit den Staaten Mittel- und Osteuropas› stellten die Minister fest: «Unsere gemeinsame Sicherheit kann am besten durch die Weiterentwicklung eines Geflechts ineinander greifender Institutionen und Beziehungen gesichert werden, die eine umfassende Architektur bilden, deren wesentliche Elemente das Bündnis, der europäische Integrationsprozess und die KSZE sind». Damit wurden die Beitrittsbegehren zunächst indirekt zurückgewiesen und die NATO bevorzugte eine Lösung, die nur eine Ankoppelung der MOE-Staaten vorsah.

Der Putsch in der Sowjetunion im August 1991 gegen Präsident Gorbatschow wie auch die Versuche der zu jener Zeit noch kommunistischen Sowjetunion, mit den ehemaligen Warschauer-Pakt-Staaten bilaterale Verträge zu schließen, führte sowohl bei der NATO wie auch bei den MOE-Staaten zu der Erkenntnis, dass eine stärkere Westbindung dieser Staaten vorgenommen werden müsse. Die NATO wies darauf hin, dass ihre Sicherheit untrennbar mit der Sicherheit der neuen Demokratien in Mittel- und Osteuropa verbunden sei. So wurde auf Anregung der USA im Dezember 1991 der NATO-Kooperationsrat (NAKR) geschaffen, in dem die NATO-Staaten mit den Staaten Mittel- und Osteuropas sowie der Sowjetunion zusammen Sicherheitsprobleme erörterten und damit die Vertrauensbildung über die bisherigen Blöcke hinweg fördern wollten. Mit dem NAKR wurden Kooperation und Konsultationen in politischen und Sicherheitsfragen institutionalisiert. Doch erfüllte der NATO-Kooperationsrat die Erwartungen einiger ‹Liaison-Staaten› nach konkreten Sicherheitsgarantien nicht. Für die MOE-Staaten war aber gerade die Sicherheit vor der noch immer als Bedrohung wahrgenommenen Sowjetunion wie auch dem Nachfolgestaat Russland von fundamentaler Bedeutung. Die Unzufriedenheit in den MOE-Staaten über ihren unbefriedigenden sicherheitspolitischen Zustand wuchs. So verabschiedete Polen im November 1992 ein Konzept über die ‹Grundlagen der polnischen Sicherheitspolitik›, in dem die Mitgliedschaft in EG, WEU und NATO als strategisches Ziel der polnischen Außenpolitik bezeichnet wurde. Auch in den anderen MOE-Staaten wurden die Rufe nach einer NATO-Mitgliedschaft lauter.

Bundesverteidigungsminister Volker Rühe war einer der ersten hochrangigen Politiker, der anlässlich der ‹Alistair Buchan Memorial Lecture› vor dem Internationalen Institut für Strategische Studien in London keine Bedenken gegen eine Mitgliedschaft dieser Staaten hatte und einen vorherigen EG-Beitritt als Voraussetzung der NATO-Mitgliedschaft ablehnte. NATO-Generalsekretär Wörner machte allerdings noch im Oktober 1993 deutlich, dass eine Mitgliedschaft der mitteleuropäischen Staaten nur in Einklang mit den legitimen Sicherheitsinteressen Russlands zu erreichen sei, und auch Rühe schloss mit Rücksicht auf die russischen Sicherheitsinteressen zur Enttäuschung vieler Tschechen, aber auch Polens und Ungarns angesichts seines Besuchs in Prag im Oktober 1993 einen schnellen Beitritt der MOE-Staaten aus. Noch auf der NATO-Ratstagung in Travemünde im Oktober 1993 machten auch die USA klar, dass sie auf absehbare Zeit eine Osterweiterung nicht wünschten. Als Alternative schlug US-Verteidigungsminister Les Aspin das Konzept einer ‹Partnerschaft für den Frieden› (‹Partnership for Peace›, PfP) mit allen Ländern Mittel- und Osteuropas vor. Im Verständnis der mittel- und osteuropäischen Staaten konnte solch eine Strategie nur als Hinhalten verstanden werden. Dennoch wurde nach dem NATO-Kooperationsrat mit der PfP ein zweites Element in den Öffnungsprozess eingebaut. Ihr Ziel war die Ausweitung der Stabilität nach Mittel- und Osteuropa durch den Aufbau einer Sicherheitspartnerschaft, die allerdings weiterhin keine Mitgliedschaft beinhaltete. Im Rahmendokument wurden als die wichtigsten Ziele der Partnerschaft genannt: «Entwicklung kooperativer militärischer Beziehungen zur NATO mit dem Ziel gemeinsamer Planung, Ausbildung und Übungen, um ihre Fähigkeit für Aufgaben auf den Gebieten der Friedenswahrung, [des] Such- und Rettungsdienst[es], humanitär[er] Operationen und andere[r] eventuell noch zu vereinbarende[r] Aufgaben zu stärken, auf längere Sicht [der] Entwicklung von Streitkräften, die mit denen der Mitgliedstaaten der Nordatlantischen Allianz besser gemeinsam kooperieren können». Im Anschluss an den Beitritt zur PfP sollten die Partnerstaaten der NATO in bilateralen Dokumenten der NATO übermitteln, welche Streitkräfte und welche Mittel sie für die Aktivitäten der Partnerschaft einbringen und an welchen Übungen sie teilnehmen wollten.

Die PfP war ein weiterer Versuch des Bündnisses, den NATO-Beitritt von MOE-Staaten zu verzögern und Zeit zu gewinnen, um vor allem das Verhältnis zu dem 1991 aus der Erbmasse der Sowjetunion entstandenen Russland zu stabilisieren. Russland erkannte zwar das souveräne Bündnisrecht eines Staates an, lehnte aber eine Osterweiterung der NATO ab. Auch Russland wurde eingeladen, an der Partnerschaft für den Frieden teilzunehmen. Mit Russland wurde im Juni 1994 ein zusätzliches, ergänzendes Rahmenprogramm abgeschlossen. Aber auch mit dieser Sondervereinbarung konnte die grundsätzliche russische Ablehnung nicht überwunden werden. Russland weigerte sich im Dezember 1994, das Partnerschaftsabkommen zu unterzeichnen. Erst im Mai 1995 stimmte Russland einem Dokument zu, das über das Programm der Partnerschaft für den Frieden hinausging und einen erweiterten Dialog und eine verstärkte und exklusivere Zusammenarbeit vorsah. Für die MOE-Staaten war die PfP zwar ein Fortschritt, aber dennoch unbefriedigend. Sie hatten sich das Ziel gesetzt, möglichst rasch in die NATO aufgenommen zu werden, um Sicherheit zu erhalten. Die Partnerschaft für den Frieden versprach zwar Konsultationen und militärische Zusammenarbeit; eine Sicherheitsgarantie – wie im Artikel 5 des NATO-Vertrags festgelegt – beinhaltete sie aber nicht.

1993 wurde die Erweiterung der NATO auch im amerikanischen Kongress intensiv diskutiert. Die neue, im Januar 1993 ins Amt gekommene Clinton-Administration stand einer Osterweiterung der NATO zunächst skeptisch gegenüber. Die Reaktionen Russlands auf eine potentielle Ausdehnung der NATO in der zweiten Jahreshälfte bestätigten die Clinton-Administration in ihrer Zurückhaltung. Die Öffnung der NATO nach Osten sollte jedoch – nicht zuletzt aufgrund der enttäuschenden Rolle der KSZE/OSZE in Konflikten wie im ehemaligen Jugoslawien – immer stärker auf die internationale Agenda drängen. Im US-Senat wurde im Januar 1994 eine Resolution verabschiedet, in der die rasche Aufnahme jener Länder Mittel- und Osteuropas befürwortet wurde, die zum einen bereit seien, die Allianz zu unterstützen und zum anderen bereits demokratische Verhältnisse und Achtung für territoriale Integrität entwickelt hätten. Da in den USA ein Meinungsumschwung hinsichtlich der Beteiligung der MOE-Staaten an der NATO einzusetzen schien, erstaunt es nicht, dass auf der Brüsseler NATO-Gipfelkonferenz der Staats- und Regierungschefs im Januar 1994 eine Empfehlung für die Osterweiterung ausgesprochen wurde. Dort heißt es in Ziffer 12: «Wir erwarten und würden es begrüßen, wenn eine NATO-Erweiterung demokratische Staaten im Osten von uns erfassen würde, als Teil eines evolutionären Prozesses, unter Berücksichtigung politischer und sicherheitspolitischer Entwicklungen in ganz Europa».

Das Jahr 1994 bedeutete also einen qualitativen Wandel hinsichtlich der Osterweiterung. Die Allianz erklärte sich bereit, einen gezielten, sukzessiven und transparenten Erweiterungsprozess vorzunehmen, der einen Beitrag zur Stabilität in Gesamteuropa leisten sollte. Auf der Konferenz wurde eine Studie über die Erweiterung (‹Study of Enlargment›) in Auftrag gegeben, die das ‹Wie› der NATO-Erweiterung, die Leitprinzipien dieses Prozesses und die Auswirkungen der Mitgliedschaft feststellen sollte. Die Erweiterungsstudie wurde im September 1995 vorgelegt und diente sowohl der NATO als auch den beitrittswilligen Staaten als Richtlinie für eine Mitgliedschaft. Mit der Erweiterungsstudie war die Allianz einen weiteren Schritt in Richtung Osterweiterung gegangen, der von den potentiellen Mitgliedstaaten wie auch den NATO-Staaten begrüßt wurde. Allerdings war die Studie in vielen Teilen nicht sehr präzise und enthielt vage Formulierungen, die später eine unterschiedliche Auslegung zulassen konnten. Sie wurde dennoch zu einem Orientierungsrahmen für alle beitrittswilligen Staaten, aber auch für Russland, dem nun signalisiert worden war, dass die NATO-Erweiterung sich nicht mehr aufhalten ließ. Ein wichtiger Bestandteil der Studie waren Überlegungen zu einer parallelen Ausdehnung westlicher Integrationsstrukturen nach Osten. Es war daran gedacht, dass es einen gleichlaufenden Prozess der Erweiterung von NATO und Europäischer Union geben sollte. Mit der Erweiterung sollte gleichzeitig auch eine Sicherheitspartnerschaft zwischen der NATO und Russland aufgebaut werden, die über die bisherigen Vereinbarungen hinausgehen sollte. Inzwischen hatte sich in der NATO, aber vor allem auch in der amerikanischen Administration, der Gedanke verfestigt, dass ohne die formelle Einbeziehung Russlands in die neue Sicherheitsarchitektur keine dauerhafte Sicherheitsordnung für Europa möglich sei.

In den USA entwickelte sich nach der Vorlage der Erweiterungsstudie der NATO eine intensive Diskussion und eine verschärfte Auseinandersetzung um die Aufnahmebedingungen. Verteidigungsminister Bill Perry hatte für die USA die strengen Aufnahmebedingungen formuliert, wonach die Beitrittsstaaten marktwirtschaftliche Demokratien mit einer zivilen Kontrolle des Militärs sein müssten, gute Beziehungen zu den Nachbarn unterhalten und über die Fähigkeit verfügen müssten, einen Beitrag zur kollektiven Verteidigung der NATO leisten zu können. Anfang Juni 1996 wurden auf der Ratstagung der NATO in Berlin die Öffnung der Allianz für neue Mitglieder und die Entwicklung einer starken und dauerhaften Partnerschaft mit Russland als wesentliche Elemente der Sicherheit im euro-atlantischen Raum herausgestellt. Auch erkannten die USA, dass sie mit der Unterstützung der Osterweiterung eine Führungsrolle bei der Gestaltung einer neuen, ganz Europa stabilisierenden Sicherheitsarchitektur übernahmen und das durch die Implosion der Sowjetunion und des Kommunismus entstandene Vakuum in Mittel- und Osteuropa füllen konnten.

Im Mai 1997 vollzog die NATO einen weiteren Schritt zur Öffnung, als der NAKR vom neu gegründeten ‹Euro-Atlantischen Partnerschaftsrat› (EAPR) abgelöst wurde. Er setzt sich aus den Mitgliedern des Nordatlantischen Kooperationsrats sowie den Teilnehmern an der PfP zusammen. Mit dieser Entwicklung wurde einerseits eine zahlenmäßige Ausdehnung der Kooperationsländer vorgenommen, zum anderen die Staaten Mittel- und Osteuropas institutionell in die Atlantische Allianz eingebunden. Die mittel- und osteuropäischen Staaten nahmen den EAPR zwar als bedeutsamere Einrichtung als den NAKR wahr, konnten sie doch diese Institution zur Vorbereitung ihres NATO-Beitritts nutzen. Auch gab er ihnen zusätzlich die Möglichkeit, sich stärker in die sicherheitspolitische Diskussion der NATO einzubringen. Dennoch konnte der EAPR kein Ersatz für die NATO-Mitgliedschaft sein.

Auf dem Madrider NATO-Gipfeltreffen im Juli 1997 wurde sieben Jahre nach dem Ende des Ost-West-Konflikts und sechs Jahre nach der Auflösung des Warschauer Pakts eine Entscheidung von historischer Bedeutung getroffen. So heißt es in Ziff. 6 der Erklärung: «Heute laden wir die Tschechische Republik, Ungarn und Polen ein, Beitrittsgespräche mit der NATO zu beginnen. Unser Ziel ist es, die Beitrittsprotokolle auf den Ministertagungen im Dezember 1997 zu unterzeichnen und den Ratifikationsprozess so rechtzeitig beendet zu sehen, dass die Mitgliedschaft zum 50-jährigen Jubiläum des Washingtoner Vertrags im April 1999 wirksam werden kann. Während des Zeitraums bis zum Beitritt wird das Bündnis die eingeladenen Staaten im größtmöglichen Maß, und wo dies angebracht ist, in Bündnisaktivitäten einbeziehen, um zu gewährleisten, dass sie optimal darauf vorbereitet sind, die Verantwortlichkeiten und Verpflichtungen aus einer Mitgliedschaft in einem erweiterten Bündnis wahrzunehmen. Wir weisen den Ständigen Rat an, geeignete Verfahren zu diesem Zweck zu entwickeln.» Die Staats- und Regierungschefs bekräftigten, dass die NATO für weitere Staaten zum Beitritt offen bleiben solle, sofern sie in der Lage seien, die Grundsätze des NATO-Vertrags zu fördern und zur Sicherheit des euro-atlantischen Raumes beizutragen.

So groß die Freude bei den Politikern der eingeladenen Staaten war, so sehr fühlten sich insbesondere Slowenien und Rumänien durch diese Entscheidung zurückgesetzt. Beide Staaten hatten sich Hoffnung auf eine Einladung gemacht, da sie von Italien und Frankreich starke Unterstützung erhielten. Es waren aber vor allem die USA und Großbritannien, die sich mit der Dreierlösung letztendlich durchsetzten. Mit der Bestimmung, dass 1999 auf der nächsten NATO-Gipfelkonferenz insbesondere die Entwicklung in Slowenien und Rumänien hinsichtlich eines Beitritts überprüft werden sollte, konnten diese Staaten dennoch einen gewissen Vorteil gegenüber anderen, vor allem den baltischen Aspiranten, erreichen. Den baltischen Staaten wurde mangelnde Reife für eine Mitgliedschaft in der NATO attestiert. Bedeutsamer aber dürfte gewesen sein, dass die wesentlichen Gründe für die Nichteinladung an die baltischen Staaten in den Sensibilitäten Russlands gegenüber einer Mitgliedschaft dieser Staaten lagen, die sich bis 1991 noch im Staatsverband der Sowjetunion befanden und im Rahmen des russischen Konzeptes des ‹nahen Auslands› als russische Einflusszone betrachtet wurden.

Es wurde zwar zugesagt, dass die Tür für neue Mitglieder offen bleibe, ein verbindlicher Zeitplan zur Aufnahme neuer Mitglieder wurde jedoch nicht vorgelegt. Stattdessen wurde der ‹Membership Action Plan› (MAP) entwickelt, der auf dem Prinzip der Selbstdifferenzierung basiert und bei dem die Beitrittskandidaten jährlich nationale Programme entwickelten, die von Seiten der NATO mit Konsultationsprozessen im Format ‹19 plus 1› begleitet wurden. Der MAP ist Ergebnis eines klassischen Kompromisses zwischen Befürwortern einer schnellen Erweiterung und Anhängern eines langsamen Prozesses. Abermals waren es die USA, die mit einem Meinungsumschwung die Richtung vorgaben. So erklärte Präsident George W. Bush anlässlich eines Besuchs in Warschau im Juni 2001, er glaube, dass alle europäischen Demokratien, die dies wünschten, für einen Beitritt zur NATO in Frage kämen. «The question of ‹when› may be still be up for debate within NATO; the question of ‹whether› should not be» (Bush 2001).

Die Erweiterung bekam dann durch die Ereignisse des 11. September 2001 eine neue Dynamik, und es wurde abermals betont, dass die Tür für weitere Staaten offen bleibe. Schneller als erwartet und entgegen den ursprünglichen Planungen wurde bereits auf dem Prager Gipfel im November 2002 die zweite Erweiterungsrunde beschlossen, so dass Ende März 2004 Bulgarien, Estland, Lettland, Litauen, Rumänien, die Slowakei und Slowenien der NATO beitreten konnten und diese seitdem 26 Mitgliedstaaten umfasst. Eine dritte Erweiterungsrunde wird noch kontrovers diskutiert. Auf dem Istanbuler

Gipfel der NATO im Juni 2004 wurde abermals erklärt, dass die Tür zur Mitgliedschaft offen bleibe. Insbesondere wurden Albanien, Kroatien und Mazedonien als Kandidaten genannt. Diese drei Staaten sind zudem in den ‹Membership Action Plan› aufgenommen worden. Im November 2006 wurde in Riga erstmals das Jahr 2008 als Datum für die konkrete Einladung zu einer NATO-Mitgliedschaft fixiert. Im Falle von Georgien und der Ukraine, die an einem Beitritt interessiert sind und von den USA als Beitrittskandidaten gesehen werden, sind bisher im NATO-Rahmen noch keine Entscheidungen getroffen worden. Allerdings nehmen beide Staaten seit April 2005 an dem sogenannten ‹Intensified Dialogue on Membership› teil, der als eine Vorstufe zu dem ‹Membership Action Plan› konzipiert ist. Als weiterer an einem Beitritt interessierter Staat sieht sich Moldawien.

Georgien betrachtet eine NATO-Mitgliedschaft als eines der wichtigsten außenpolitischen Ziele, im Falle der Ukraine ist dies nicht so eindeutig. In jedem Fall gibt es starke Kräfte um den prowestlichen Präsidenten, Victor Juschtschenko, die die Beziehungen zur NATO intensivieren wollen. Insbesondere der Ukraine wurde bereits zuvor eine Sonderstellung zur NATO eingeräumt. Das Land befand sich zu Beginn der 1990er Jahre in einem Raum geopolitischer Instabilität, der vom Balkan über das Dnjestrgebiet und die Krim bis nach Transkaukasien reichte. Der ukrainischen Regierung war bewusst, dass durch eine Politik der Ablehnung gegenüber einem NATO-Beitritt ihrer Nachbarn oder gar dessen Behinderung, ihren eigenen Bestrebungen, am Prozess der europäischen Integration teilzunehmen, geschadet würde. Wollte die Ukraine ursprünglich noch der NATO beitreten, so stellten sich immer deutlicher die Barrieren einer Mitgliedschaft heraus. Die Ukraine ist ökonomisch sehr eng mit Russland verbunden und befindet sich außenpolitisch in einer Zwitterstellung: Sie will weder Russland verärgern noch auf die guten Beziehungen zu Europa verzichten. Die Ukraine stellte sich seit 1995 auf den Standpunkt, dass eine NATO-Osterweiterung der ukrainischen Sicherheit keinen Schaden zufügen dürfe, indem sie zum Niemandsland zwischen zwei Militärblöcken werde. So kristallisierte sich auch im Verhältnis zur NATO eine Lösung heraus, wie sie bereits mit Russland angestrebt wurde, nämlich eine besondere Vereinbarung. Daher wurde anlässlich des NATO-Gipfeltreffens in Madrid im Juli 1997 die ‹Charta über eine ausgeprägte Partnerschaft zwischen der NATO und der Ukraine› unterzeichnet. Die Charta definiert das

Verhältnis zwischen der NATO und der Ukraine und verpflichtet beide Signatare zum Gewaltverzicht. Sie bezeichnet eine unabhängige, demokratische und stabile Ukraine als einen der Schlüsselfaktoren für die Gewährleistung von Stabilität in Mittel- und Osteuropa. Die Ukraine betont ihre Absicht, Reformen im Militärbereich vorzunehmen und die Zusammenarbeit mit den Streitkräften der Allianz zu verbessern, wobei sie von der NATO unterstützt wird. Die Praxis der Konsultationen erfolgt durch regelmäßige Zusammenarbeit auf der Ebene des Nordatlantikrats, gegenseitige hochrangige Besuche und Mechanismen für die militärische Zusammenarbeit. Darüber hinaus hat die Ukraine eine militärische Verbindungsstelle bei der NATO in Brüssel eingerichtet.

Insgesamt gewinnen nicht nur die Beitrittsstaaten durch die NATO-Mitgliedschaft mehr Sicherheit, sondern auch innerhalb der NATO profitieren besonders Deutschland und die USA von der Erweiterung. Die Bundesrepublik konnte durch diese historische Entscheidung ihr östliches Umfeld stabilisieren, indem sie die Einbeziehung der östlichen Nachbarn in die europäischen Strukturen zu einer Gemeinschaftsaufgabe der NATO (wie auch der EU) machte. Die Öffnung der NATO trägt nach deutscher Auffassung zur Förderung und Unterstützung demokratischer Reformen, einschließlich der zivilen Kontrolle des Militärs, bei. Sie stärkt die nachbarschaftlichen Beziehungen und erleichtert es dem Bündnis, positiv an der europäischen und internationalen Sicherheit mitzuwirken. Für die USA bedeutet die Öffnung der NATO nach Osten die Ausweitung ihres Einflusses in Europa. Gleichzeitig konnten sie die Kosten auf ein sehr niedriges Maß begrenzen (Varwick/Woyke 2000: 122 ff.), woraus ersichtlich wurde, dass die Mitgliedschaft dieser Staaten primär unter politischen und nicht so sehr unter militärischen Aspekten gesehen wird. Es bleibt abzuwarten, welche politische Entwicklung Russland einschlagen und wie sich das Verhältnis zu einer erweiterten NATO entwickeln wird Die Differenzen im Zuge des Kosovokrieges oder bei dem Thema Raketenabwehr zeigen einmal mehr, dass die Interessen der NATO und Russlands nicht immer übereinstimmen müssen. Es wurde aber erneut deutlich, dass gegen Russland letztlich keine stabile europäische Ordnung möglich ist. Nur wenn Russland sich mittelfristig mit einer weiteren Öffnung der NATO nach Osten abfinden würde, könnte dieser Kurs erfolgreich fortgesetzt werden. Eine Ausdehnung macht demnach nur Sinn, wenn der Stabilisierungsgewinn für ganz Europa die politischen Folgekosten überwiegt.

VI.2: Russland und die Osterweiterung

Mit der Implosion der Sowjetunion Ende 1991 war eine dominierende Blockführungsmacht verschwunden und hatte sich in ein kompliziertes Miteinander von 12 Republiken der neuen Gemeinschaft Unabhängiger Staaten (GUS) gewandelt. Russland verstand sich als legitime Nachfolgemacht der Sowjetunion. Die USA boten sowohl unter Präsident George Bush sen. als auch unter dessen Nachfolger Bill Clinton eine Partnerschaft an, die die neue demokratische Führung Russlands als Grundlage für eine postkommunistische Weltordnung im 21. Jahrhundert nutzen wollte. Auch die USA sahen in einer Erweiterung der Zone demokratischer Staaten die beste Garantie, Sicherheit zu gewährleisten, denn liberale Demokratien führen – zumindest untereinander – keine Kriege. Russland stimmte diesem Ansatz zu. Außenminister Andrei Kozyrev zufolge war der Nordatlantische Kooperationsrat ein Organ der Zusammenarbeit von Freunden, deren Ziel Bündnisbeziehungen waren. Auch von Russland wurde eine strategische Partnerschaft mit den USA ins Auge gefasst.

Doch bereits zwei Jahre nach dem Untergang der UdSSR und angesichts der nach den Wahlen zur Duma gewachsenen Rolle der national-patriotischen und kommunistischen Kräfte begann Russland mit der Errichtung einer neuen Einflusssphärenpolitik auf dem Gebiet der ehemaligen Sowjetunion, was zur Konfrontation mit dem Westen führte. Auf dem KSZE-Gipfeltreffen in Budapest im Dezember 1994 machten die Vertreter des Westens ihren russischen Kollegen unmissverständlich deutlich, dass die neue europäische Sicherheitsarchitektur auf der Grundlage der NATO, und nicht der KSZE/ OSZE, in der Russland gleichberechtigtes Mitglied ist, errichtet würde. Präsident Boris Jelzin sprach daraufhin vom Beginn eines ‹Kalten Friedens› und begann kurz darauf mit der Militärintervention in Tschetschenien, die in einen grausamen Krieg mündete. Gerade dieser Krieg, der von Russland als innenpolitisches Problem und nicht als zwischenstaatlicher Krieg bewertet wurde, erhöhte die Befürchtungen mittel-osteuropäischer Staaten vor der russischen Politik und ließ sie schneller in die NATO drängen. In Russland erkannten die Politiker nun, dass die NATO-Osterweiterung nicht mehr aufzuhalten war, sondern dass allenfalls die Zahl der aufzunehmenden Staaten wie auch das Procedere zukünftiger NATO-Truppen beeinflussbar sein konnte. Russland akzeptierte zwar das souveräne Recht eines Staates, sich einem Bündnissystem anzuschließen, lehnte aber die Osterweiterung der NATO als den falschen Weg zu einer neuen europäischen Sicherheitsordnung ab. Es hat vorausgesehen, dass die USA über die NATO durch die Osterweiterung einen steigenden Einfluss gewinnen und dass dadurch Russlands Bedeutung im mittel- und osteuropäischen Raum schwinden würde. Die Idee einer besonderen Vereinbarung mit Russland wurde von der Erkenntnis getragen, dass durch die NATO-Osterweiterung diese Großmacht nicht von der Beteiligung an der Gestaltung der europäischen Sicherheitsarchitektur ferngehalten werden durfte. So trat im Juni 1994 Russland der Partnerschaft für den Frieden nach langem Zögern bei. Im Mai 1995 stimmten Russland und die NATO einem Programm für einen erweiterten Dialog und verstärkte Zusammenarbeit zu, das über die PfP hinausgeht. Auch kam der Westen russischen Forderungen nach einer ‹kleinen› NATO-Erweiterung um die Visegrad-Staaten (Polen, Ungarn, Slowakei und Tschechien) entgegen. Gleichzeitig wurde Russland als gleichberechtigtes Mitglied der G-7 aufgenommen. Neuverhandlungen über den Vertrag über konventionelle Streitkräfte in Europa wurde seitens der NATO zugestimmt.

Konnte Russland die NATO-Öffnung nicht verhindern, so konnte es aber ein zweites außenpolitisches Ziel, ein Sonderabkommen mit der NATO, erreichen: die ‹Grundakte über gegenseitige Beziehungen, Zusammenarbeit und Sicherheit zwischen der NATO und der Russischen Föderation›, die am 27. Mai 1997 in Paris unterzeichnet wurde. Mit der Grundakte unternahmen die NATO und Russland den Versuch, Russlands Vorbehalte gegen die NATO-Erweiterung abzuschwächen. In der Grundakte verpflichten sich Russland und die NATO zum Aufbau einer starken, stabilen, dauerhaften und gleichberechtigten Partnerschaft mit dem Ziel, die Sicherheit und Stabilität im euro-atlantischen Raum zu stärken. Die Grundakte legt neben den Zielen den Mechanismus für die Konsultation, die Zusammenarbeit, die gemeinsame Entscheidungsfindung und das gemeinsame Handeln fest. Allerdings bedeutet dies nicht, dass die Partner ein formelles Mitbestimmungsrecht in der Sicherheitspolitik des anderen besitzen. So heißt es in der Akte, dass die Bestimmungen weder der NATO noch Russland ein Vetorecht über die Handlungen der jeweils anderen Seite einräumen. Zur Verwirklichung der Ziele der Grundakte wurde ein ‹Gemeinsamer Ständiger NATO-Russland-Rat› eingerichtet, der im Mai 2002 in NATO-Russland-Rat umbenannt wurde. Seine Hauptaufgabe ist die Bildung von Vertrauen, die Formulierung einheitlicher Ziele sowie die Entwicklung der Praxis ständiger Konsultationen und der Zusammenarbeit zwischen Russland und der NATO. Dieser Rat soll somit zum wichtigsten Forum für Konsultationen, besonders in Krisenzeiten, zwischen der NATO und Russland werden. Er tagt jährlich zweimal auf der Ebene der Außenminister und monatlich auf der Ebene der Botschafter/Ständigen Vertreter beim Nordatlantikrat. Dazu hat Russland eine Vertretung bei der NATO eingerichtet, seinen Vertreter allerdings in Folge der Kosovo-Krise im März 1999 zwischenzeitlich zurückbeordert, die diplomatischen Beziehungen wurden erst im Februar 2000 offiziell wieder aufgenommen. Auch wenn es sich bei der Grundakte nicht um einen völkerrechtlichen Vertrag, sondern um eine politische Absichtserklärung handelt, ist sie keinesfalls unverbindlich, dient sie doch vor allem Russland als Instrument, um neben der OSZE an der Gestaltung der europäischen Sicherheitsarchitektur beteiligt zu werden. Sie schafft die Basis für eine permanente Sicherheitspartnerschaft zwischen zwei vormals antagonistischen Parteien.

Infolge des 11. September 2001 gab es eine zeitweilige Annäherung zwischen der NATO – insbesondere den USA – und Russland, die die Differenzen über die Erweiterung in den Hintergrund treten ließ. Die heutige amerikanische Außenministerin, Condoleezza Rice, dachte 2001 sogar öffentlich über die Aufnahme Russlands in die NATO nach (Dembinski 2006: 23). Spätestens mit der ‹Orangen Revolution› in der Ukraine im Jahr 2004 – die von Moskau als aus den USA gesteuert wahrgenommen wurde – kühlte sich jedoch das Verhältnis wieder ab, d. h.: Die Partnerschaft ist heute labil und steht immer wieder vor Herausforderungen. So erklärte Präsident Wladimir Putin (2000): «Ich bin überzeugt, dass kein Staat der Welt der Erweiterung eines militärischen Blocks, dem er nicht angehört, warme Gefühle entgegenbringen würde. Besonders wenn dies bedeutet, dass sich die Zone der unmittelbaren Berührung mit diesem Bündnis vergrößert. Es ist natürlich, dass Russland die Pläne der NATO als feindlich, seiner Sicherheit entgegenstehend ansieht». Auf der Münchner

Sicherheitskonferenz im Februar 2007 wurde Putin noch deutlicher. Eine weitere Expansion der NATO «represents a serious provocation that reduces the level of mutual trust [...] and impose new dividing lines and walls on us» (Putin 2007). Außenminister Sergey Lavrov (2007) ergänzte: «We cannot, of course, watch impartially the military structure of the alliance moving ever closer to our borders. [...] All of this leads to new dividing lines on the European continent and not only between states, but also within them». Insbesondere eine Ausdehnung der NATO-Aktivitäten in den Kaukasus und nach Zentralasien wird von Russland als Bedrohung seiner Interessen und als eine ‹Einkreisung durch den Westen› gesehen (Kokeyev 2007). Auch der für 2012 geplante Aufbau eines US-Raketenabwehrsystems in Tschechien und Polen bestärkt diese russischen Befürchtungen (siehe Kapitel V.3).

Diesen in gewisser Weise rational nachvollziehbaren Bedenken der russischen Führung steht gleichwohl eine bedrohliche innenpolitische Entwicklung in Russland gegenüber, die durch Einschränkung der Pressefreiheit und Abbau der Demokratie gekennzeichnet ist. Gespeist aus enormen Einnahmen aus Rohstoffexporten setzt Russland zudem nach einer Schwächephase unter Präsident Boris Jelzin seit einiger Zeit wieder auf eine Rolle als militärische Großmacht in der internationalen Politik. Belege dafür sind etwa die im Sommer 2007 ausgesprochene Kündigung des adaptierten KSE-Vertrags (AKSE), die dazu führt, dass Russland die NATO-Staaten nicht mehr über Truppenverlegungen informieren und keine Inspektionen durch die NATO mehr zulassen muss. Es bleibt also eine offene Frage, wie mit Russland umzugehen ist. Die vom deutschen Außenministerium im September 2006 vorgeschlagene Strategie der ‹Annäherung durch Verflechtung› geht sicher in die richtige Richtung. Unbeantwortet bleibt aber insbesondere die Frage nach den Grenzen des russischen Einflusses im postsowjetischen Raum. Soll etwa Staaten wie Georgien oder der Ukraine eine NATO-Beitrittsperspektive abgesprochen werden, weil Russland davon einen Einflussverlust befürchtet oder muss nicht doch für alle Staaten die freie Bündniswahl gelten?

Ähnlich wie die Europäische Union steht auch die NATO vor einer Grundsatzentscheidung, wie sie mit weiteren Beitrittsgesuchen umgehen soll. Dabei sind zwei Diskussionsstränge zu unterscheiden: erstens die Aufnahme von weiteren Staaten als NATO-Mitglieder und zweitens die Diskussion um den Ausbau von Partnerschaften.

Bezüglich des ersten Punktes sind in der Debatte inzwischen die Bedenken gegen weitere Beitritte in den Vordergrund gerückt. Eine offene Frage ist, wie sich die Erhöhung der Mitgliederzahl auf den Entscheidungsprozess innerhalb der NATO sowie die Kohäsion im Bündnis auswirken wird: «Jeder neue Mitgliedstaat bringt neue Interessen und Probleme in das Bündnis ein und strapaziert damit den Prozess der Konsensfindung. Wenn der Charakter der NATO als einer zum gemeinsamen Handeln befähigten Verteidigungsorganisation erhalten werden soll, muss anstelle von weiteren Erweiterungsrunden die Pflege besonders intensiver Beziehungen zu den unmittelbaren Nachbarn und den Staaten an der Peripherie des euro-atlantisches Raumes im Vordergrund stehen. Die Projektion von Stabilität ist wichtiger als die Ausdehnung der Bündnismitgliedschaft» (Haftendorn 2005: 24). Das heißt nicht, dass in den kommenden Jahren über die Zusage an Albanien, Kroatien und Mazedonien hinaus keine weiteren Beitritte erfolgen. So gibt es insbesondere in den USA nachhaltige Unterstützung für eine Mitgliedschaft der Ukraine und Georgiens (Kaim 2005: 20–22), gelegentlich wird selbst Israel als ein Beitrittskandidat genannt (Fücks 2006). Die Betonung von ‹Partnerschaften jenseits der Mitgliedschaft› dürfte aber im Vordergrund stehen.

VI.3: Partnerschaften und die Debatte um eine ‹globale NATO›?

Durch die Ausweitung der NATO-Aktivitäten in den Mittelmeerraum, den Nahen und Mittleren Osten und nach Zentralasien ist eine ganze «Partnerschaftsindustrie» (Kamp 2006: 10) entstanden, die eine fast unüberschaubare Zahl an Foren, Räten und Gruppen nach sich gezogen hat. Zu den wichtigsten zählen der bereits erwähnte Euro-Atlantische Partnerschaftsrat (EAPR), der Mittelmeerdialog (MD) sowie die Istanbuler Kooperationsinitiative (ICI). Diese Konzepte zeigen mittlerweile mehr als 1400 Möglichkeiten der Zusammenarbeit zwischen den NATO-Mitgliedern und ihren Partnerstaaten auf (Pond 2004). Zum Zweck des ‹Democratic Institution-Building› bietet die Allianz ihren Partnern u. a. Unterstützung im Bereich der Reform ihrer Verteidigungsinstitutionen sowie der demokratischen Kontrolle ihrer Streitkräfte an. Zusätzlich ermöglichen die Programme den Partnerstaaten, mit Hilfe der Allianz an der Reform ihrer Streitkräftestrukturen zu arbeiten. Darüber hinaus ist das Kooperationskonzept auf die Förderung der Interoperabilität zwischen Allianz- und Partnerstreitkräften sowie auf die Beteiligung der Partner an NATO-Operationen gerichtet. Diese Maßnahmen gewannen im Laufe der Zeit immer mehr an Bedeutung, da die Allianz im Zuge der Ausweitung ihres militärischen Krisenmanagements zunehmend auf die operative Beteiligung ihrer Partner angewiesen ist. Seit den Terroranschlägen auf die USA intensivierte die NATO ihre Anpassungsbemühungen im Hinblick auf die veränderte Bedrohungslage. In diesem Zusammenhang versuchte die Allianz auf ihrem Prager Gipfeltreffen 2002 auch ihre Partnerschaftsbeziehungen zu modifizieren, auch wenn etwa die Arbeit des EAPR im Zuge der Mitgliedschaft von Staaten wie Weißrussland oder Usbekistan (die in keiner Weise demokratischen Standards genügen) in die Kritik geraten war.

Übersicht 9: Der Euro-Atlantische Partnerschaftsrat 2007

26 NATO-Staaten plus

Albanien	Irland	Moldawien	Tadschikistan
Armenien	Kasachstan	Österreich	Turkmenistan
Aserbaidschan	Kirgisistan	Russland	Ukraine
Finnland	Kroatien	Schweden	Usbekistan
Georgien	Mazedonien	Schweiz	Weißrussland

Quelle: eigene Darstellung

Ziel dieser Veränderungen war die Unterstützung seitens der Partner für die Bemühungen der NATO im Kampf gegen Terrorismus und Massenvernichtungswaffen. Das Ergebnis der Partnerschaftsreform spiegelt sich u. a. im sogenannten ‹Partnership Action Plan against Terrorism› wider, der zu zahlreichen gemeinsamen Maßnahmen zur Terrorismusbekämpfung anregt. Darüber hinaus legte die Allianz das Ziel fest, die Interoperabilität zwischen der NATO und ihren Partnern weiter zu erhöhen, um diese noch stärker in NATO-geführte Krisenmanagementoperationen einzubeziehen. In diesem Zusammenhang ermöglichte die Allianz den Partnern auch eine stärkere Teilhabe an den Willensbildungs- und Entscheidungsprozessen des Bündnisses hinsichtlich der Operationen, an denen die Partner teilnehmen. Diese Maßnahmen hatten die Partnerstaaten bereits seit

Längerem als Gegenleistung für ihr Engagement in diesen Missionen eingefordert.

Da der erhoffte Intensivierungserfolg jedoch weitestgehend ausblieb, unternahm die Allianz auf ihrem Gipfel in Istanbul 2004 einen weiteren Versuch, ihre Partner in ihre Transformationsbemühungen einzubeziehen. Obwohl bereits in Prag der ‹Mediterranean Dialogue› (MD) der NATO auf der Reformagenda gestanden hatte, richtete sich das Interesse der Allianzmitglieder im Zuge ihres Afghanistanengagements und der schwierigen Sicherheitslage im Irak nun besonders auf die Mittelmeerpartner und die Region des sogenannten ‹Broader Middle East›, der neben der Türkei die arabischen Länder Nordafrikas, des Mittleren sowie des Nahen Ostens, Israel, Iran, Zentralasien und den Kaukasus, Pakistan und Afghanistan umfasst. Der MD, der 1994 ins Leben gerufen wurde, umfasst neben den 26 NATO-Mitgliedern derzeit sieben Partnerstaaten: Israel, Ägypten, Jordanien, Mauretanien, Marokko, Tunesien und Algerien. Der Dialog wird von der sogenannten ‹Mediterranean Coordination Group›, die dem NATO-Rat untersteht, geleitet und unterliegt fünf Arbeitsprinzipien, die im Wesentlichen aus dem PfP-Programm generiert wurden (Sinjen/Varwick 2005). Die Mittelmeerpartner der NATO gingen jedoch seit Beginn des Dialogs nur in geringem Maße auf die verschiedenen Angebote ein. Die Gründe sah die Allianz zum einen in der begrenzten Anzahl der Dialogstaaten aus der Region und zum anderen in den unterschiedlichen Absichten, die die Kooperationspartner im Gegensatz zur NATO mit dem Dialog verfolgten. So beabsichtigen die Allianzmitglieder, mit vertrauensbildenden Maßnahmen einen Beitrag zur Sicherheit und Stabilität in der Mittelmeerregion zu leisten. Die arabischen Partnerstaaten hingegen betrachten den Abzug der israelischen ‹Besatzer von arabischem Land› als Voraussetzung für die Erhöhung der Sicherheit und Stabilität nicht nur in der Mittelmeerregion, sondern im gesamten BME. Darüber hinaus hatte auch die NATO selbst bis zum 11. September wenig Interesse an der Intensivierung der Kooperation mit ihren Partnern, da sich ihre gemeinsam definierte Bedrohungsperzeption im Wesentlichen auf die Instabilitäten in der euro-atlantischen Region bezog.

Um auch den Mittelmeerdialog stärker in die Bekämpfung der neuen Bedrohungen einzubinden, versuchte die Allianz, die Defizite des Dialogs mit einer erneuten Reforminitiative auf dem Gipfel von Istanbul zu beheben. Unter dem Schlagwort ‹Broadening and Deepening› beschloss die NATO, sich der Themen stärker anzunehmen, die sowohl im Interesse der Allianzmitglieder als auch der Partnerstaaten liegen. Zudem sollte die praktische Kooperation auf dem militärischen Gebiet erheblich ausgebaut werden, um ein gemeinsames Vorgehen gegen Terrorismus und Massenvernichtungswaffen zu ermöglichen. Über diesen neuen inhaltlichen Kooperationsimpuls hinaus war die NATO allerdings nicht in der Lage, sich in Istanbul auf eine Erweiterung der Partnerstaaten des MD zu einigen. Stattdessen begründete die Allianz ihre neue ‹Istanbul Cooperation Initiative› (ICI). Diese Initiative zielt auf die praktische Kooperation mit weiteren Staaten des BME, insbesondere mit den Staaten des Golf-Kooperationsrates (Bahrain, Kuwait, Oman, Katar, Saudi Arabien und die Vereinigten Arabischen Emirate) ab.

In der Erklärung zum NATO-Gipfel in Riga vom November 2006 heißt es: «Die NATO-Politik der Partnerschaften, des Dialogs und der Zusammenarbeit ist für die Zweckbestimmung und die Aufgaben des Bündnisses von essenzieller Wichtigkeit. […] Die NATO-Partnerschaften sind von dauerhaftem Wert, da sie zu Stabilität und Sicherheit im gesamten euro-atlantischen Raum und darüber hinaus beitragen. Die NATO-Missionen und -Operationen haben ebenfalls den politischen und operativen Wert dieser Beziehungen unter Beweis gestellt […] Vor diesem Hintergrund erteilen wir dem Rat in Ständiger Sitzung den Auftrag, diese Politik weiter zu entwickeln» (Ziff. 11 und 12). Hinter dieser Formulierung verbirgt sich freilich nicht viel mehr als ein Formelkompromiss, der die Allianz unter dem Schlagwort der ‹globalen NATO› seit 2004 intensiv beschäftigt hat. Damit ist nicht nur die territoriale Entgrenzung des Einsatzgebietes gemeint (siehe dazu die Kapitel V.2 und V.3), sondern auch der Aufbau von globalen Partnerschaften. Denn die Debatte um den Aktionsradius der Allianz war spätestens mit dem 11. September 2001 entschieden (siehe Kapitel VIII.1).

Zu den NATO-Operationen von Kosovo bis Afghanistan tragen rund 20 Nicht-NATO-Mitglieder mit Truppen und Unterstützungsleistungen bei, und andere Länder haben Interesse bekundet, enger mit der NATO zusammenzuarbeiten. Befürworter dieses Konzepts argumentieren, die NATO müsse eine Art Plattform für Staaten schaffen, denen ein alternatives Forum für das sicherheitspolitische Handeln fehle und die dennoch an den NATO-Operationen teilnehmen wollen. In diesem Zusammenhang hat die NATO jeweils im

Frühjahr 2005 mit Australien und im Frühjahr 2006 mit Neuseeland Abkommen über eine engere Kooperation insbesondere im Konflikt-management unterzeichnet, bereits seit 1991 gibt es einen institutio-nalisierten Dialog der NATO mit Japan, seit Januar 2005 auch mit Indien. Als weitere Bausteine in diesem Konzept werden Brasilien, Südkorea und Südafrika genannt.

Insbesondere in der amerikanischen Debatte – die gelegentlich auch in europäischen Staaten aufgegriffen wird – wird in diesem Zusammenhang das längerfristige strategische Ziel formuliert, die NATO zu einem globalen Bündnis der Demokratien (‹Alliance of Democracies›) auszubauen. Dass die Allianz damit in Konkurrenz zu den Vereinten Nationen treten würde, wird bewusst in Kauf ge-nommen und sogar als Vorteil gesehen. Denn anders als bei Entschei-dungen des VN-Sicherheitsrats würde man das Handeln nicht von der Zustimmung von Nicht-Demokratien abhängig machen (Daal-der/Goldgeier 2006). Dieses US-Konzept ist aber in der NATO in keiner Weise mehrheitsfähig, und so betont der NATO-General-sekretär – der sich um die Formulierung von konsensfähigen Posi-tionen bemühen muss –, dass die NATO zwar engere Beziehungen mit «likeminded nations beyond europe» benötige, sie aber nicht zum ‹Weltpolizisten› werden wolle (de Hoop Scheffer 2006). «Wir sind es nicht, und die NATO sollte auch nicht den Ehrgeiz entwi-ckeln, es zu werden» (de Hoop Scheffer 2006 a).

Insgesamt lässt sich festhalten, dass die NATO versucht, mit Part-nerschaften einen Beitrag zur Sicherheit in anderen Regionen zu leisten, um ihre eigene Sicherheit zu erhöhen. Die Erfolgsbilanz fällt dabei jedoch vergleichsweise nüchtern aus. Für den mittel-osteuropäischen Raum kann durchaus von einer Erfolgsgeschichte gesprochen werden, in anderen Regionen des EAPR muss dies diffe-renzierter bewertet werden. Die NATO unterstützt über ihre Koo-perationsprogramme interessierte Staaten bei der Reform ihrer Ver-teidigungsstrukturen nach demokratischen Maßstäben. Dabei kann die Allianz nicht nur auf ihre über zehnjährigen Erfahrungen aus dem PfP-Programm zurückgreifen, sondern auch auf ihre Zusammenar-beit unter den Mitgliedern selbst. In Anbetracht dieser Expertise ist die Allianz auf dem Gebiet des ‹Democratic Defence Institution Building› ein kompetenter Ratgeber. Dennoch ist es offen-sichtlich, dass der Beitrag der NATO zu Demokratisierungsprozes-sen eher gering ausfällt und bestenfalls in Kombination mit zahlreichen anderen politischen und wirtschaftlichen Unterstützungs-maßnahmen wirken kann. Insbesondere militärpolitische Praktiker in der NATO weisen jedoch daraufhin, wie wichtig die Erweiterung der Allianz, aber auch der Aufbau von Partnerschaften für die operative Rolle der NATO war und ist. Damit sei u. a. ein einfacherer Truppentransport, der sichere Zugang zu bzw. der Aufbau von militärischen Stützpunkten sowie die Einbeziehung anderer Staaten in NATO-Operationen gegeben. Kritiker sehen damit allerdings die Ausdehnung der Interessensphäre der Allianz auf weite Teile des Mittelmeerraumes, Osteuropas und Zentralasiens bestätigt. Die NATO befinde sich damit durchaus auf dem Weg zu einem dominanten globalen Ordnungsfaktor im Sinne eines ‹Weltpolizisten› – ein Weg, der insbesondere von Russland und China überaus kritisch gesehen wird.

Ein weiterer Baustein in dem Partnerschaftskonzept der NATO sind institutionalisierte Kooperationsformate und Beziehungen zu anderen sicherheitspolitischen Organisationen. In dieser Hinsicht hat es in den vergangenen Jahren ebenfalls erhebliche Veränderungen gegeben. In der NATO firmiert die Zusammenarbeit mit anderen Regierungsorganisationen, aber auch Nichtregierungsorganisationen (NGOs) bei konkreten Einsätzen unter dem Schlagwort ‹comprehensive approach›. Dieser basiert im NATO-Verständnis auf dem erweiterten Sicherheitsbegriff, der umfassende (‹comprehensive›) Maßnahmen und Mittel erfordert. Im NATO-Jargon werden konzeptionelle Überlegungen zu diesem Aspekt auch unter dem Schlagwort EBAO (‹Effect Based Approach to Operations›) zusammengefasst (siehe auch Kapitel VIII.2). Dies sind allgemeine Aussagen, denen sich die NATO seit langer Zeit verpflichtet fühlt und in zahlreichen Erklärungen bekräftigt hat. Zwar gibt es erste Diskussionspapiere zu diesem Thema (NATO 2007), konsensfähige Schlussfolgerungen für die Streitkräfteplanung und die Strategie der Allianz sind allerdings bisher nicht in Sicht. Der Grund liegt darin, dass sich die NATO-Staaten nicht einig sind, ob die NATO – wie etwa die EU – stärker über nichtmilitärische Instrumente im Krisenmanagement verfügen und sich «auf der zivilen Seite einen Arbeitsmuskel schaffen» (Olshausen 2007: 51) soll. Die USA befürworten dies, aber insbesondere Frankreich blockiert solche Entwicklungen, da es davon eine potentielle Schwächung der EU im Krisenmanagement befürchtet (siehe Kapitel VII). Im Rahmen der transatlantischen Diskussion um die Frage, wer diese Mittel bereitstellen soll, hat die NATO daher vorläufig entschieden, sich keine zivilen Mittel anzuschaffen, sondern die Kooperationsmechanismen mit anderen Akteuren, die diese Mittel erbringen können, zu stärken und diese in ihre Planungsprozesse frühzeitig einzubinden.

Mit einem solchen vernetzten Ansatz, also der Verknüpfung von militärischer Sicherheit und zivilem Wiederaufbau, wird versucht, der Natur der sicherheitspolitischen Herausforderungen bei Militäreinsätzen gerecht zu werden. Dabei spielen auch die sogenannten ‹zivil-militärischen Beziehungen› (CIMIC) eine wichtige Rolle (siehe dazu Kapitel VIII.2). Die NATO verfügt seit 2003 über ein Konzept für die zivil-militärische Zusammenarbeit (NATO 2003) und seit 2006 auch über ein Ausbildungszentrum für zivil-militärische Einsätze, mit dem die Kooperation zwischen Streitkräften und zivilen Organisationen und Einrichtungen bei NATO-Operationen verbessert werden soll. Im Riga-Kommuniqué vom November 2006 heißt es in diesem Sinne: «Frieden, Sicherheit und Entwicklung stehen heute in einer größeren Wechselwirkung zueinander als je zuvor. Höchster Stellenwert kommt dadurch der engen Kooperation und Koordination zwischen internationalen Organisationen zu, die in der Krisenprävention und im Krisenmanagement alle ihre jeweils aufeinander abgestimmte Rolle spielen. Wegen des breiten Spektrums ihrer Mittel und Aufgaben sind die Vereinten Nationen und die Europäische Union von besonderer Wichtigkeit. Der Sicherheitsrat der Vereinten Nationen trägt auch in Zukunft die Hauptverantwortung für den Erhalt von Frieden und Sicherheit in der Welt. Die Europäische Union, die ein breites Spektrum militärischer und ziviler Instrumente einbringen kann, übernimmt bei der Förderung der internationalen Stabilität eine wachsende Rolle» (Ziff. 3).

Der Aufbau einer strategischen Partnerschaft zur Europäischen Union – die für Aufgaben im Bereich des erweiterten Sicherheitsbegriffes deutlich besser geeignet ist als die NATO – ist zwar weit vorangeschritten und hat mit den ‹Berlin-plus-Vereinbarungen› aus dem Jahr 2003 einen formalen Rahmen erhalten, gestaltet sich aber immer noch schwierig (siehe Kapitel VII). Engere Beziehungen sucht die NATO auch zu den Vereinten Nationen. 1992 erklärte der NATO-Rat seine Bereitschaft, Friedensoperationen im Rahmen der VN auch außerhalb des Bündnisgebietes zu unterstützen, seitdem finden NATO-Operationen in aller Regel mit Mandat des VN-

Sicherheitsrats statt – der Kosovoeinsatz ‹Allied Force› im Frühjahr 1999 stellt da eher die Ausnahme dar. Unabhängig davon gibt es einen erheblichen Mangel an Konsultationen auf der institutionellen strategischen Ebene. Bisher ist die NATO lediglich mit einem Verbindungsoffizier bei dem für die Führung von VN-Einsätzen zuständigen ‹Department of Peacekeeping Operations› in New York vertreten. An einer gemeinsamen Erklärung zwischen NATO und VN zur Zusammenarbeit wird seit längerer Zeit gearbeitet, bislang (September 2007) ist eine solche jedoch noch nicht abgeschlossen worden.

Kapitel VII: Die Europäisierung der Allianz und die Beziehungen zwischen NATO und EU

Die NATO hat in den ersten vier Jahrzehnten ihres Bestehens weitgehend von der Glaubwürdigkeit der US-Verteidigungsgarantie für Europa ihre Stärke erhalten. Die USA waren eindeutig die Führungsmacht – nur dank ihres starken militärischen Engagements in Europa konnte die NATO diese Position einnehmen. Mit dem Ende des Ost-West-Konflikts und der nicht mehr vorhandenen unmittelbaren Bedrohung im Osten hat aber auch die Bedeutung der amerikanischen Sicherheitsgarantie für Europa spürbar abgenommen. Aufgrund dieser veränderten internationalen Rahmenbedingungen stellte sich die Frage, wie in der neuen NATO das Verhältnis zwischen den USA und den Europäern austariert werden sollte. Dies fiel zusammen mit einer Revitalisierung des europäischen Integrationsprozesses, die sich unter anderem darin zeigte, dass die Europäer seit Mitte der 1980er Jahre versuchten, ihr außenpolitisches Profil zu schärfen und mit der WEU bzw. seit den späten 1990er Jahren auch mit der EU zunehmend sicherheits- und verteidigungspolitische Aspekte in ihr Aufgabenspektrum einzubeziehen (Varwick 2004). Es ging und geht also im Wesentlichen darum, inwieweit WEU und EU Aufgaben, die bisher die NATO wahrgenommen hat, übernehmen können und wollen. Auf Seiten der USA erkannte man zähneknirschend, dass eine stärkere Eigenständigkeit der Europäer keine Schwächung der NATO, sondern eine Anpassung an die veränderten weltpolitischen Konstellationen ist. Dies wird für die USA dadurch erträglich, dass sie unter anderem Deutschland, Großbritannien und insbesondere die Mehrzahl der neuen EU-Mitgliedstaaten – wie etwa Bulgarien, Polen, Rumänien und die Baltischen Staaten – auf ihrer Seite wissen.

Das Verhältnis von EU/WEU und NATO war lange Zeit von Konkurrenz geprägt, weil die USA als dominante Macht innerhalb der NATO dem Projekt einer ‹Europäisierung› der Verteidigungs- und Sicherheitspolitik zunächst skeptisch gegenüberstanden. Auf der einen Seite wünschten die USA stets, dass die Westeuropäer in der NATO möglichst viel für ihre eigene Sicherheit unternehmen sollten, andererseits rief diese Vorstellung Befürchtungen hervor, dass dadurch amerikanische Interessen gefährdet werden könnten. Die USA wollten «eine Entlastung, aber keine Entmachtung» (Denison 1992: 1). Diese Ambivalenz zieht sich wie ein roter Faden durch das amerikanisch-europäische Verhältnis und erklärt sich im Wesentlichen dadurch, dass die USA zwar eine Lastenteilung mit den Europäern anstreben, die daraus fast zwangsläufig resultierende neue Machtverteilung jedoch weitestgehend ablehnen.

Die transatlantischen Beziehungen sind heute sicher mehr als das Verhältnis zwischen Nordatlantischer Vertragsorganisation und Europäischer Union, und es spricht vieles dafür, dass die NATO als entscheidender transatlantischer Rahmen zu eng geworden ist. Die vom damaligen Bundeskanzler Gerhard Schröder (2005) formulierte These hat einiges an Berechtigung, nach der die NATO «nicht mehr der primäre Ort ist, an dem die transatlantischen Partner ihre strategischen Vorstellungen konsultieren und koordinieren». Der Bundeskanzler schlug in diesem Zusammenhang vor, zukünftig alle wichtigen politischen Fragen in diesem Rahmen zu diskutieren. Auch regte er an, ein hochrangiges Expertengremium einzuberufen und dieses mit der Ausarbeitung eines Revitalisierungsplanes zu beauftragen. Allerdings konnte sich keiner der anderen Mitgliedstaaten für ein solches Projekt erwärmen. Auch die deutsche Regierung legte keine weiteren substanziellen Überlegungen vor, die diesen Plan spezifizierten. Dennoch stehen die Beziehungen zwischen den beiden wichtigsten Organisationen des politischen Westens aus guten Gründen im Zentrum der Analyse. Denn ohne die Rolle von Institutionen überbewerten zu wollen: Mit den institutionellen Arrangements und den inhaltlichen Beziehungen zwischen NATO und EU wird darüber mit entschieden, wie sich das Verhältnis zwischen Europa und den USA zukünftig entwickeln wird.

Beide Organisationen haben in den vergangenen Jahren ein enges Kooperationsgeflecht entwickelt, und seit 2001 finden regelmäßige Konsultationen auf verschiedenen Ebenen statt. Im März 2003 wurden dauerhafte Vereinbarungen wirksam, mit denen die EU auf Mittel und Fähigkeiten der Allianz zurückgreifen kann, und seit Mai 2003 gibt es zudem eine ‹NATO-EU Capability Group›. Das Verhältnis beider Organisationen scheint also auf den ersten Blick eng, geklärt und unproblematisch. Allerdings gibt es auch von offizieller Seite Kritik an dem Stand der Beziehungen zwischen NATO und EU. So betrachtet der NATO-Generalsekretär die Entwicklung der formellen Beziehungen beider Organisationen mit großer Sorge und beklagt, dass es immer noch zu viele gebe, die NATO und EU als Konkurrenzunternehmen missverständen und «in einer Art Null-summendenken einen Protektionismus zum Schutz der Europäischen Sicherheits- und Verteidigungspolitik» an den Tag legten (De Hoop Scheffer 2005). Auch der deutsche militärische Vertreter bei NATO und EU beklagt offen, dass man weit davon entfernt sei, fertige Lö-sungen für die Ausgestaltung der strategischen Partnerschaft zwi-schen NATO und EU zu haben, obwohl diese in Gipfelerklärungen immer wieder beschworen würden (Olshausen 2005: 25). Was gilt also? Versuchen die Partner auf beiden Seiten des Atlantiks Schadens-begrenzung angesichts einer zunehmend divergenten Politik?

VII.I: Die Europäisierung der Sicherheitspolitik als transatlantischer Streitpunkt

Die transatlantischen Beziehungen befinden sich in einer Phase der grundlegenden Neuorientierung. Mit dem Wegfall des Ost-West-Konflikts haben sich wichtige Parameter in den Beziehungen gewan-delt, die nunmehr – anderthalb Jahrzehnte nach dem Ende dieses weltpolitischen Ordnungskonflikts – voll auf das Verhältnis zwischen Europa und den USA durchschlagen. Die transatlantischen Bezie-hungen sind komplex und erstrecken sich auf kulturelle, politische, ökonomische und sicherheitspolitische Aspekte. Sie sind zudem da-durch gekennzeichnet, dass beide Akteure für den jeweils anderen der wichtigste internationale Partner sind. Zwar sind die Akteure diesseits und jenseits des Atlantiks zu Beginn des 21. Jahrhunderts enger denn je durch Interessen, Kultur, Wirtschaft sowie durch mo-derne Kommunikations- und Transportmittel verbunden, gleichzei-tig nehmen aber die Reibungsflächen und damit auch die potentiellen Konflikte zu. Europa – sofern hier bereits von einem einheitlichen Akteur gesprochen werden kann – und die USA entwickeln trotz en-ger Zusammenarbeit und ebenso enger institutioneller Verbindungen oftmals konkurrierende Vorstellungen im Hinblick auf wichtige Zukunftsfragen der internationalen Politik. Vom ehemaligen stellver-tretenden Außenminister in der zweiten Clinton-Administration stammt die Aussage, dass die USA keine Sicherheitspolitik der EU wünschten, die zunächst innerhalb der Allianz entstehe, dann aus ihr hinauswachse und schließlich außerhalb der NATO mit dieser in Konkurrenz gerate (Talbott 1999).

Der US-Politikwissenschaftler Robert Kagan hatte bereits im Sommer 2002 in einem viel beachteten Essay, der 2003 in einer längeren Fassung als Buch erschienen ist, die Wurzeln dieser Debatte freigelegt und argumentiert, dass es an der Zeit sei, mit der Illusion aufzuräumen, ‹Europäer› und ‹Amerikaner› lebten in ein und derselben Welt oder besäßen gar ein gemeinsames Weltbild. Auch wenn sich etwa in der Irak-Frage nicht in dem Sinne von einer transatlantischen Auseinandersetzung sprechen lässt, dass die EU geschlossen gegen die USA agiert hätte – die Gräben verliefen vielmehr insbesondere innerhalb Europas –, argumentiert Kagan, dass in der «alles entscheidenden Frage der Macht, in der Frage nach der Wirkungskraft der Ethik, der Erwünschtheit von Macht, [...] die amerikanischen und europäischen Ansichten auseinander [gehen]. Europa wendet sich von der Macht ab. Es betritt eine in sich geschlossene Welt von Gesetzen, Regelungen, transnationalen Verhandlungen; ein posthistorisches Paradies des Friedens und des Wohlstands, das der Verwirklichung von Kants ewigem Frieden gleichkommt. Dagegen bleiben die USA der Geschichte verhaftet und üben Macht in der hobbesschen Welt aus, in der auf internationale Regelungen und Völkerrecht kein Verlass ist und in der wirkliche Sicherheit sowie die Förderung einer liberalen Ordnung nach wie vor von Besitz und Einsatz militärischer Macht abhängen» (Kagan 2003: 1). Die Unterschiede zwischen den USA und Europa hinsichtlich ihrer Strategien seien insbesondere damit zu erklären, dass die Möglichkeiten der Machtprojektion unterschiedlich seien. Kagan schlussfolgert, dass die USA «vom Mars» und die Europäer «von der Venus» stammten.

Auch für Thomas Risse (2003: 114) verbirgt sich hinter dem Streit um den Irakkrieg eine dreifache Auseinandersetzung um «konstitutive Prinzipien und Werte der westlichen Sicherheitsgemeinschaft». Dieser innerwestliche Weltordnungskonflikt habe drei Komponenten. Es gehe erstens um die Bedeutung multilateraler Institutionen und völkerrechtlicher Arrangements; zweitens um die Frage, welchen Stellenwert Demokratie und Menschenrechte haben und auf welche Weise sie durchgesetzt werden können, und drittens darum, wie mit den neuartigen Sicherheitsbedrohungen umzugehen sei bzw. welche Rolle dabei der Einsatz militärischer Mittel spielen soll (siehe auch Kapitel II.1 und V.3).

Diese Unterschiede spiegeln sich auch in wichtigen Strategiedokumenten der EU und der USA wider. Zwar ist zwischen der jüngsten Sicherheitsstrategie der USA vom März 2006 und der bislang einzigen Europäischen Sicherheitsstrategie vom Dezember 2003 hinsichtlich der grundlegenden Ziele, Wertvorstellungen und Bedrohungswahrnehmungen ein hohes Maß an Gemeinsamkeit feststellbar, hinsichtlich der sicherheitspolitischen Prioritäten, der Umsetzung der Ziele bzw. der Wahl der Mittel gibt es aber erhebliche Unterschiede. Dies zeigt sich auch in den militärischen Planungszielen von EU und USA. Während die USA jede Art von Konflikt mit überlegener Stärke dominieren können wollen, begnügt sich die EU mit Militäreinsätzen im Spektrum der sogenannten Petersberg-Aufgaben (Humanitäre Hilfe, friedenserhaltende Maßnahmen und kleinere Kampfeinsätze). Daraus resultiert auch eine andere finanzielle Prioritätensetzung – bzw. deswegen hat die andere Prioritätensetzung eine andere Politik zur Folge –, und die Wahl der Mittel ist unterschiedlich. Denn den nach NATO-Kriterien mehr als 500 Mrd. Dollar jährlichen Verteidigungsausgaben der USA stehen Ausgaben von rd. 240 Mrd. Dollar der 27 EU-Staaten gegenüber.

Dieser Befund kann auch das Verhältnis zwischen EU und NATO nicht unberührt lassen. Die oben beschriebene Debatte – selbst wenn sie in der Darstellung Kagans arg zugespitzt und damit vereinfacht sein mag – bildet die Hintergrundfolie für die transatlantischen Differenzen und ist somit von zentraler Bedeutung für die zukünftige Entwicklung. Dabei geht der Streit weit über aktuelle Themen hinaus und berührt grundsätzliche Strukturfragen der europäischen und der internationalen Politik: Bleiben die USA die führende Ordnungsmacht in Europa und wie sieht die künftige Machtverteilung in der Sicherheitspolitik aus? Wie viel sicherheitspolitische Autonomie kann und soll sich die EU leisten? Sind NATO und EU tatsächlich komplementär angelegt oder entwickelt sich zunehmend ein Konkurrenzverhältnis, das eines Tages sogar in eine Konfrontation führen könnte?

Ohne die dynamische Entwicklung der Gemeinsamen Außen- und Sicherheitspolitik (GASP) bzw. der Europäischen Sicherheits- und Verteidigungspolitik (ESVP) der Europäischen Union müsste man sich keine Gedanken über die Beziehungen zwischen NATO und EU machen, denn sie wären sehr viel einfacher. Zunächst ist allerdings zu fragen, ob die EU bereits als einheitlicher Akteur in der Sicherheitspolitik betrachtet werden kann. Die europäische Integration im Rahmen der Europäischen Gemeinschaft (EG), der Westeuropäischen Union (WEU) und heute der Europäischen Union ist seit ihren ersten Schritten eine Sicherheitsgemeinschaft im doppelten Sinne gewesen: ‹Sicherheit voreinander› durch Integration auf wirtschaftlichem und politischem Gebiet und ‹Sicherheit miteinander› vor äußeren Bedrohungen durch Kooperation in außen-, sicherheits- und verteidigungspolitischen Fragen (Varwick 1998).

Sollte zunächst mit der im Jahre 1954 gescheiterten Europäischen Verteidigungsgemeinschaft (EVG) der Weg von der gemeinsamen Verteidigungspolitik über die Sicherheitspolitik hin zu einer Politischen Union mit gemeinsamer Außenpolitik gegangen werden, so hat sich im weiteren Integrationsverlauf eine andere Logik durchgesetzt. Sicherheits- und Verteidigungspolitik vollzogen sich jahrzehntelang innerhalb der NATO, und nur in sehr engen Grenzen und eher als Reserveorganisation für den Fall eines Bedeutungsverlustes der Allianz bildete das Schattenbündnis Westeuropäische Union den Rahmen. Die WEU, die 1954 nach dem Scheitern der Europäischen Verteidigungsgemeinschaft gegründet worden war und auf den ‹Vertrag über wirtschaftliche, soziale und kulturelle Zusammenarbeit und über kollektive Selbstverteidigung› (Brüsseler Pakt) zwischen Frankreich, Großbritannien und den Benelux-Staaten zurückging, stand lange Jahre vollständig im Schatten der NATO.

In den 1970er Jahren wurde im Rahmen der Europäischen Politischen Zusammenarbeit (EPZ) die zunächst unverbindliche Abstimmung in außenpolitischen Fragen gesucht, bis in den 1980er Jahren mit der Einheitlichen Europäischen Akte (EEA) sicherheitspolitische, mit der Wiederbelebung der WEU zunehmend auch militärische Fragen für die Westeuropäer zum Thema wurden. Es bedurfte erneut veränderter weltpolitischer Konstellationen, bis sich die EU schließlich seit den 1990er Jahren mit dem Maastrichter Vertrag (1992) und der in diesem Rahmen beschlossenen Gründung der Gemeinsamen Außen- und Sicherheitspolitik (GASP), der Petersberger WEU-Erklärung (1992), dem Amsterdamer Vertrag (1997), den Vereinbarungen des Europäischen Rates in Köln (1999) und Helsinki (1999) zur Etablierung einer Europäischen Sicherheits- und Verteidigungspolitik entschloss. Mit den Entscheidungen von Nizza im Dezember 2000 versteht sich die EU als Sicherheitsgemeinschaft mit einer gemeinsamen – aber eben nicht einheitlichen – Außen-, Sicherheits- und Verteidigungspolitik.

Die Problematik der ‹Sicherheit voreinander› kann mit dem hohen Grad an ökonomischer, politischer und militärischer Verflechtung innerhalb der EU als gelöst betrachtet werden. Es ist kaum vorstellbar, dass – wenngleich politische Regressionsprozesse nie gänzlich auszuschließen sind – ein Mitgliedstaat der EU erneut zu einer militärischen Bedrohung für einen anderen Mitgliedstaat wird. Krieg als Mittel der Politik ist also im Binnenverhältnis der EU de jure und de facto undenkbar geworden. Bei dem erreichten Integrationsstand innerhalb der EU ist es keine Frage mehr, ob sie sich als potenter internationaler Akteur versteht, sondern allenfalls wie. Die EU und die sie tragenden Mitgliedstaaten haben im Grundsatz erkannt, dass die wachsende Diskrepanz zwischen ihrer bedeutenden Rolle als internationaler Akteur in wirtschafts-, handels-, finanz- und entwicklungspolitischen Fragen und ihrer vergleichsweise geringen Rolle im sicherheitspolitischen Bereich überwunden werden muss, damit sie in Zukunft über die gesamte Bandbreite von Aufgaben der Konfliktprävention bis hin zum Krisenmanagement wirkungsvoll verfügen kann.

Im Lichte dieser Erkenntnis – die sich unter dem Eindruck der militärischen Handlungsunfähigkeit im Kosovo-Konflikt 1999 intensivierte – hat es im konzeptionellen Bereich in der vergangenen Dekade weitreichende Bewegung gegeben. Seit Ende 1998 haben die EU-Staaten ihre sicherheits- und verteidigungspolitischen Einigungsbemühungen erheblich verstärkt. Seitdem sind in diesem noch jungen Politikfeld Fortschritte gemacht worden, die noch vor einigen Jahren unvorstellbar gewesen wären. Ein entscheidender Wendepunkt hierfür war zunächst der britische Meinungsumschwung in der Frage einer eigenständigeren EU-Verteidigungspolitik. Mit dem britisch-französischen Gipfel von St. Malo im Dezember 1998 wurde diese Wende zu einer europäischen Initiative für die Stärkung der europäischen Sicherheitsanstrengungen ausgeweitet. Auf dem Europäischen Ratstreffen von Köln im Juni 1999 wurde dann die ESVP als integraler Bestandteil der bereits im Maastrichter Vertrag beschlossenen GASP aus der Taufe gehoben. In der ‹Erklärung zur Stärkung der Gemeinsamen Sicherheits- und Verteidigungspolitik› kündigten die EU-Staaten an, dass die EU ihre Rolle auf der internationalen Bühne künftig ‹uneingeschränkt› wahrnehmen will. Dazu sollen der Union die notwenigen Mittel und Fähigkeiten an die Hand gegeben werden, damit sie ihrer Verantwortung im Rahmen der ESVP gerecht werden kann. Zur Erfüllung der im Amsterdamer Vertrag enthaltenen Petersberg-Aufgaben soll die Union die Fähigkeit zu autonomem Handeln, gestützt auf militärische Fähigkeiten, sowie die Mittel und die Bereitschaft besitzen, deren Einsatz zu beschließen, um auf internationale Krisensituationen reagieren zu können. Die Mitglieder verpflichten sich, die militärischen Fähigkeiten auszubauen, die industrielle und technologische Verteidigungsbasis zu stärken sowie die Rüstungsplanung und -beschaffung zu harmonisieren.

Mit Inkrafttreten des Vertrags von Nizza zum Februar 2003 verfügt die EU auch über einen institutionellen Unterbau zur Umsetzung der ESVP. Neben einem Politischen und Sicherheitspolitischen Komitee (PSK), das die Tagungen des Europäischen Rats in GASP/ESVP-Fragen vorbereitet und die Beschlüsse umsetzt, sind dies unter anderem der EU-Militärausschuss (EUMC), der das PSK in militärischen Fragen berät, sowie der EU-Militärstab (EUMS), der Operationen und Übungen plant. Auch wenn diese Strukturen in keiner Weise mit den etablierten NATO-Strukturen vergleichbar sind: In Brüssel ist es inzwischen selbstverständlich geworden, dass auch auf EU-Ebene militärischer Sachverstand in die Entscheidungsprozesse einbezogen wird. Wer noch in Erinnerung hat, wie peinlich genau bis in die 1990er Jahre darauf geachtet wurde, dass im EG/EU-Rahmen nicht über die militärischen Aspekte der Sicherheitspolitik debattiert werden sollte, der kann die Veränderung ermessen, die mit diesen Entwicklungen verbunden ist.

Die EU hat sich zudem weitgehende Ziele bei den militärischen und zivilen Fähigkeiten gesetzt. Auf dem Ratstreffen von Helsinki im Dezember 1999 konkretisierten die EU-Staaten diese Absicht, indem ein bis zum Jahr 2003 zu erfüllendes militärisches Fähigkeitenziel definiert wurde. Auf den Gipfeln von Feira (Juni 2000) und Göteborg (Juni 2001) wurden diese Beschlüsse durch einen Maßnahmenkatalog im Bereich der nichtmilitärischen Aspekte der Krisenbewältigung, insbesondere in den Bereichen Polizei, Rechtsstaatlichkeit, Zivilverwaltung und Katastrophenschutz, ergänzt und 2004 nochmals präzisiert. Nachdem das 1999 formulierte ‹Helsinki-Fähigkeitenziel› (Bereitstellung einer europäischen Eingreiftruppe in der Stärke von 60 000 Mann, die binnen 60 Tagen verlegebereit ist und ein Jahr lang im Einsatz bleiben kann) zwar 2003 quantitativ erreicht worden war, ist dennoch aufgrund bestehender qualitativer Fähigkeitslücken mit dem ‹European Headline Goal› ein neues Ziel formuliert worden. Bis 2010 soll mit Hilfe eines Aktionsplanes die militärische Handlungsfähigkeit verbessert werden. Dazu sollen auch neue Instrumente wie Rollenspezialisierung und Zusammenlegung von Ressourcen entwickelt werden. Zwar sind immer wieder diskutierte, weitreichende Pläne wie etwa die Schaffung einer Europäischen Armee einstweilen nicht mehrheitsfähig (Varwick 2007): Mit Gründung der Europäischen Verteidigungsagentur (EDA) soll aber die rüstungstechnologische Basis in Europa verbessert und nationale Beschaffungsprogramme sollen zunehmend europäisiert werden. Zudem wurde 2004 mit dem Aufbau von bis zu 13 EU-Gefechtsverbänden mit sehr schnellen Reaktionszeiten zur Krisenreaktion (EU Battlegroups) begonnen, die seit Januar 2007 mit einer Stärke von je 1500 Soldaten im Rahmen der ESVP auch für anspruchsvolle Missionen einsatzbereit sind (s. u.). Die bisherige Bilanz der Verbesserungen der Kapazitäten sieht aber bescheiden aus. Wie aus dem jüngsten ‹Capability Improvement Chart› ersichtlich ist, hat sich in den meisten Bereichen zwischen 2002 und 2005 die Situation nicht verbessert.

Dennoch ist die EU 54 Jahre nach dem Scheitern der EVG und acht Jahre nach Gründung der ESVP auf dem Kölner Gipfeltreffen zu einem sicherheitspolitischen Akteur neuer Art herangereift. Sie verfügt über ein breites Spektrum an politischen, militärischen und zivilen Handlungsmöglichkeiten, mit dem sie über enormen Einfluss in der internationalen Politik verfügen könnte. Trotz aller Erfolge bleibt aber der ambivalente Charakter der GASP/ESVP zwischen Integration und nationaler Souveränitätswahrung erhalten. Auf die Einführung qualifizierter Mehrheitsentscheidungen in der GASP/ESVP konnten sich die EU-Staaten bisher ebenso wenig einigen wie auf ein gemeinsames ‹Leitbild› für dieses Politikfeld. Auch das Scheitern des Europäischen Verfassungsvertrages mit den Referenden in Frankreich und den Niederlanden im Frühsommer 2005 hat gezeigt, dass derzeit in der europäischen Politik wohl nicht die Stunde für große Visionen gekommen ist. Die Tatsache, dass mit der im Verfassungsvertrag vorgesehenen Solidaritätsklausel, der Schaffung einer Verteidigungsagentur sowie den EU-Battlegroups drei Elemente schon vor Inkrafttreten angegangen worden sind, belegt aber, dass sich der Bereich ESVP unab-

hängig von diesen weitgehenden Entwürfen pragmatisch fortent-
wickelt.

Zudem hat sich die EU unter deutscher Ratspräsidentschaft im
Juni 2007 auf die Erarbeitung einer neuen vertraglichen Grundlage
geeinigt, die den Nizza-Vertrag ablösen und zugleich als Ersatz für
den gescheiterten Verfassungsvertrag dienen soll. Deutlich herausgestellt wird zwar, dass die Bestimmungen der GASP der EU keine
neuen Befugnisse zur Einleitung von Beschlüssen übertragen und die
staatliche Kompetenz für die Außen- und Sicherheitspolitik nicht
beschnitten wird. Als strategisch bedeutsam wird sich jedoch die
Etablierung eines ‹Europäischen Außenministers› erweisen. Dieser
heißt zwar aufgrund britischer Bedenken lediglich ‹Hoher Vertreter
der Union für Außen- und Sicherheitspolitik›. Er (oder sie) wird aber
die Aufgaben des bisherigen Außenbeauftragten des Rates und der
Kommission übernehmen und zugleich Vizepräsident der Kommission sein. Mit der ebenfalls aus dem Verfassungsvertrag überführten
Gründung eines Europäischen Auswärtigen Dienstes wird ihm zudem ein eigener diplomatischer Stab zur Seite gestellt. Auch wenn die
Details darüber noch zu verhandeln sein werden (Lieb/Maurer 2007),
ist davon auszugehen, dass die EU damit früher und wirksamer eigene, geschlossene Positionen in der internationalen Politik vertreten
wird. Ein weiterer Pluspunkt ist die erreichte Rechtspersönlichkeit
für die EU, die es ermöglicht, besser in multilateralen Verhandlungen
mitzuwirken. Nicht zuletzt wird die ‹Ständig strukturierte Zusammenarbeit im Verteidigungsbereich› aus dem Verfassungsvertrag in
das neue Vertragswerk übernommen. Diejenigen Staaten, die anspruchsvollere Kriterien in Bezug auf ihre militärischen Fähigkeiten
erfüllen, können im Rahmen der EU eine solche Zusammenarbeit be-
gründen.

Aus den erreichten – und nicht erreichten – Reformen ergibt sich,
dass die EU insgesamt kein fertiges Gebilde darstellt, sondern einen
Rahmen für die Wahrnehmung vielfältiger politischer Aufgaben in
Ergänzung zu den Nationalstaaten bietet. Die Handlungsmöglichkeiten der EU in der internationalen Politik sind inzwischen beacht-
lich. Die heute 27 Staaten haben ein ökonomisches Gewicht, das mit
dem der USA vergleichbar ist – die Einwohnerzahl ist sogar deutlich
höher –, die EU ist der größte Geber internationaler Entwicklungs-
hilfe, der Euro nimmt direkt hinter dem US-Dollar die führende
Rolle in der internationalen Finanzarchitektur ein, die EU hat globale

Interessen und mit der sich dynamisch entwickelnden Europäischen Sicherheits- und Verteidigungspolitik auch zivile und militärische Instrumente, diese wahrzunehmen. Insbesondere die ESVP kann nur in dem Maße funktionieren und wachsen, wie sich die gesamte EU in Richtung zunehmender ‹Staatlichkeit› und hin zu einem einheitlichen politischen Akteur entwickelt. Dies schließt die Bereitschaft zu Mehrheitsentscheidungen ebenso wie zur weiteren Souveränitätsabgabe ein. Was notwendig wäre, ist gleichwohl noch nicht mehrheitsfähig: die radikale Verlagerung sicherheitspolitischer Souveränität und Loyalität weg von den Hauptstädten. Anders gewendet: Ohne eine enger abgestimmte GASP dürfte auch keine Erfolg versprechende ESVP denkbar sein. Die ESVP hat mithin einen Quantensprung hinter sich, um die Handlungsmöglichkeiten auszuschöpfen ist aber ein weiterer großer Schritt vonnöten.

Hinter all diesen Schwierigkeiten stehen letztlich sieben entscheidende Fragen an das außen- und sicherheitspolitische Handeln der EU: Wie kann der politische Wille zu gemeinsamen Lösungen befördert werden und welcher institutionelle Unterbau ist dazu erforderlich? Welchen Risiken bzw. Bedrohungen steht EU-Europa gegenüber und wie und auf welcher Grundlage verläuft die gemeinsame Bedrohungsanalyse? Mit welchen Mitteln kann und will die EU auf Krisen reagieren und wie sind die Anteile ziviler und militärischer Instrumente sinnvollerweise zu gewichten? In welcher geographischen Reichweite kann und soll sich die EU engagieren, d. h. wie weit soll der Aktionsradius der ESVP reichen? Welche finanziellen Ressourcen sind die EU und ihre Mitglieder bereit, für diesen Bereich der Politik aufzubringen und in gemeinsame Projekte zu investieren? Mit welchen Verbündeten will die EU agieren, wie sieht die Arbeitsteilung zwischen NATO und EU aus? Welche politisch formulierten Aufgaben für Struktur der Streitkräfte und der Entscheidungsprozesse ergeben sich daraus?

EU = 27 Mitgliedstaaten

Finnland	**NATO = 26 Mitgliedstaaten**		
Irland			
Malta	Belgien	Litauen	Island
Österreich	Bulgarien	Luxemburg	Kanada
Schweden	Dänemark	Niederlande	Norwegen
Zypern	Deutschland	Polen	Türkei
	Estland	Portugal	USA
	Frankreich	Rumänien	
	Griechenland	Slowakei	
	Groß-	Slowenien	
	britannien	Spanien	
	Italien	Tschechien	
	Lettland	Ungarn	

21 EU + NATO

Quelle: eigene Darstellung

VII.2: Auf dem Weg zu einer tragfähigen Beziehung: Meilensteine und Erklärungsversuche

Mit der Konkretisierung der ESVP stellt sich grundsätzlicher die Frage nach dem Verhältnis der Europäer zur NATO und damit letztlich die Frage nach der Rolle der USA in und für Europa. Nach der Erweiterung der NATO auf 26 Mitgliedstaaten zum April 2004 und der Erweiterung der EU auf 27 Mitgliedstaaten zum Januar 2007 ist eine weitgehende Mitgliederkongruenz zwischen beiden Organisationen gegeben. Lediglich sechs Staaten (Finnland, Irland, Malta, Österreich, Schweden und Zypern) sind Mitglied in der EU, aber nicht in der NATO, während fünf Staaten (Island, Norwegen, Kanada, die USA und die Türkei) NATO-Mitglieder sind, die nicht der EU angehören.

Daraus entsteht eine für die Kooperation zwischen NATO und EU eigentümliche Situation. Denn «einerseits kooperieren die Mitgliedstaaten der EU – soweit sie zugleich Allianzmitglieder sind – in den gemeinsamen Gremien von EU und NATO gewissermaßen mit sich selbst. Andererseits treten sie sich – vermittelt über die Institutionen und Einrichtungen von NATO und EU – als getrennte Akteure gegenüber» (Heise/Schmidt 2005: 66). Dies bedeutet allerdings nicht, dass in den gemeinsamen Sitzungen Entscheidungen getroffen würden, vielmehr «sind beide Organisationen streng darauf bedacht, die eigene Entscheidungsautonomie zu wahren» (De Witte/Rademacher 2005: 275). Es handelt sich bei NATO und EU zwar um unterschiedliche Organisationen mit unterschiedlichen Entstehungsgeschichten, Aufgabenbereichen und politischen Kulturen, sie sind aber durch gemeinsame Mitglieder, überlappende Aufgabenfelder und annähernd gleiche Streitkräfte (‹single set of forces›) miteinander verbunden. An den Entscheidungsprozessen Beteiligte stellen in Anspielung auf das Prinzip der ‹single set of forces› fest, dass in den vergangenen Jahren «ein weiteres ‹set of structures and institutions› geschaffen worden [ist], das knappe Ressourcen bindet. Manche Abläufe sind komplizierter geworden und bei entstehenden Redundanzen ist immer wieder ihr Mehrwert auf den Prüfstand zu stellen» (Olshausen 2005: 25).

Wie eine tragfähige Arbeitsteilung zwischen EU und NATO aussehen könnte, ist eine offene Frage. Als erster US-Präsident hat George Bush sen. Anfang der 1990er Jahre die amerikanische Unterstützung für die Entwicklung einer konkreten europäischen Sicherheitsidentität herausgestellt, die allerdings die NATO stärken sollte. Nach dem Wechsel von der Bush- zur Clinton-Administration im Herbst 1992 zeigte sich die amerikanische Führung nochmals offener für eine stärkere Verantwortung der Westeuropäer. Auf der Brüsseler Tagung des Nordatlantikrates im Dezember 1992 wurde erstmals offiziell betont, dass die NATO Entwicklungen unterstütze, «die zu einer gemeinsamen europäischen Außen- und Sicherheitspolitik und Verteidigungsidentität führen» und dass den Interessen der Allianz durch ein «geeintes Europa am besten gedient» sei. Auf der Brüsseler Tagung des Nordatlantikrates am 10. Januar 1994 stellte US-Präsident Clinton die gewandelte Einstellung der USA deutlich heraus: «Wir haben uns für den Vertrag von Maastricht ausgesprochen. Wir befürworten das Engagement der Europäischen Union für eine gemeinsame Außen- und Sicherheitspolitik. Wir unterstützen ihre Bestrebungen zur Stärkung der Westeuropäischen Union, damit diese zur Sicherheit Europas einen größeren Beitrag leisten kann» (zitiert nach Kaiser 1997: 18).

Auf den Tagungen der NATO vom Juni 1996 in Berlin und vom Juli 1997 in Madrid kam man schließlich überein, dass als Ziel die «Entwicklung der Europäischen Sicherheits- und Verteidigungsidentität innerhalb der Allianz» gelte. Mit dem Konzept der ‹Combined Joint Task Forces› (CJTF, ‹combined› meint dabei multinational und ‹joint› die mögliche gemeinsame Nutzung von NATO und WEU/EU) solle es den Europäern bei der Möglichkeit eines amerikanischen Vetos zugestanden werden, dort einzugreifen, wo die USA keine Interessen haben. Auch in dem strategischen Konzept der NATO vom April 1999 wird bestätigt, dass die Entwicklung der Europäischen Sicherheits- und Verteidigungsidentität innerhalb der NATO fortgesetzt werden soll. In dem Konzept heißt es: «Dieser Prozess wird eine enge Zusammenarbeit zwischen der NATO, der WEU und, falls und soweit angebracht, der Europäischen Union, erfordern. Sie wird es allen europäischen Verbündeten ermöglichen, einen kohärenteren und wirksameren Beitrag zu den Aufgaben und Aktivitäten des Bündnisses als Ausdruck unserer gemeinsamen Verantwortlichkeiten zu leisten, sie wird die transatlantische Partnerschaft verstärken und den europäischen Verbündeten dabei helfen, erforderlichenfalls eigenständig zu handeln durch die Bereitschaft des Bündnisses, von Fall zu Fall und im Konsens seine Mittel und Fähigkeiten für Operationen, in denen das Bündnis nicht militärisch engagiert ist, unter der politischen Kontrolle und strategischen Leitung entweder der WEU oder wie anderweitig vereinbart zur Verfügung zu stellen, und zwar unter Berücksichtigung der vollen Beteiligung aller europäischen Verbündeten, falls diese dies wünschen».

Diese Entwicklungen haben dazu geführt, dass die traditionelle Unterscheidung zwischen ‹Atlantikern› und ‹Europäern›, die in den 1960er Jahren hohe Wellen schlug und immer mal wieder eine Rolle spielte, seit einigen Jahren an Relevanz verliert. Allerdings unterstützen die USA die europäischen Bemühungen weiterhin nur dann, wenn die EU den Primat der NATO anerkennt, was immer wieder alte Konflikte aufleben lässt. Insbesondere Frankreich befürchtet eine ‹Amerikanisierung der europäischen Sicherheitspolitik› und setzt eindeutig auf die ‹Europäisierung der NATO›, wenn schon europäische Sicherheitspolitik ohne die USA nicht durchsetzbar ist.

Die damalige Außenministerin der Clinton-Administration, Madeleine Albright (1998: 22), skizzierte 1998, unter welchen Voraussetzungen die USA eine eigenständigere EU-Sicherheitspolitik akzeptieren würden: Der Ausbau der ESVP dürfe erstens nicht zu einer sicherheitspolitischen Entkoppelung (‹decoupling›) zwischen EU und USA führen, zweitens sei eine unnötige Duplizierung (‹duplication›) der militärischen Kapazitäten und Strukturen zu vermeiden und drittens müsse eine Diskriminierung (‹discrimination›) der nicht der EU angehörigen NATO-Staaten ausgeschlossen werden. Diesen eher mahnend gemeinten ‹drei D's› setzte der damalige NATO-Generalsekretär, George Robertson (2002: 189), seine ‹drei I's› entgegen, an denen sich eine erfolgreiche Zusammenarbeit zwischen EU und NATO orientieren solle. Die transatlantische Sicherheit sei unteilbar miteinander verbunden (‹indivisibility›), diejenigen NATO-Staaten, die nicht der EU angehören, seien an den künftigen EU-Operationen angemessen zu beteiligen (‹inclusiveness›) und zusätzliche militärische Fähigkeiten seien von den Europäern bereitzustellen (‹improvement›). Wenn dies beachtet werde, habe die NATO «keinen Grund, eine ESVP zu fürchten. Sie hat vielmehr allen Grund, sie zu fördern». In diesem Sinne lässt sich argumentieren, dass die USA heute eine funktionierende EU mehr benötigen als eine effektive NATO. Der Grund liege darin, dass ausschließlich eine strategische Partnerschaft zwischen einer funktionsfähigen EU und den USA in der Lage ist, die globale Agenda zu definieren, beide Partner allein können dies angesichts der Verschiebung weltpolitischer Kräfte und des Aufstiegs neuer Akteure wie China und Indien nicht (Asmus 2005).

Nach einer langen Phase der Unsicherheit, wie seitens der USA mit den europäischen Ambitionen im sicherheitspolitischen Bereich umzugehen sei, wurde im Jahr 2002 ein Verfahren entwickelt, mit dem das zukünftige Verhältnis zwischen NATO und EU praktisch gestaltet werden soll. Es stützt sich auf die sogenannten «Berlin-plus-Vereinbarungen» und wurde zuletzt in der gemeinsamen EU-NATO-Erklärung vom 16. 12. 2002 festgeschrieben. Grundgedanke der Berliner Vereinbarung aus dem Jahr 1996 war seinerzeit die Schaffung von militärischen Strukturen der Europäer, die ‹separierbar aber nicht separiert› sein sollten. Eine eigene und permanente militärische EU-Führungsstruktur war demnach nicht geplant. Dieser Kompromiss sah im einzelnen vor, dass die NATO Mittel und Kapazitäten einschließlich von Hauptquartieren identifizierte, die – eine fallweise Zustimmung des NATO-Rats vorausgesetzt – der damaligen WEU zur Verfügung gestellt werden könnten. Dabei sicherte sich die NATO das Recht einer Überwachung des Gebrauchs dieser Mittel und Kapazitäten und bestand auf Rückrufmöglichkeiten. Zudem sollten innerhalb der NATO Kommandostrukturen ausgewiesen werden, in deren Rahmen von der WEU verantwortete Operationen geplant, vorbereitet und durchgeführt werden können. Dazu sollte ausgewiesenem NATO-Personal eine zweite WEU-Funktion zugewiesen werden.

Besondere Bedeutung erlangte in diesem Zusammenhang das sogenannte ‹Deputy-Proposal›, demzufolge der stellvertretende NATO-Befehlshaber (DSACEUR) – der stets ein Europäer ist –, mit einem zweiten ‹WEU-Hut› ausgestattet, europäische Operationen führen könnte und alle europäischen NATO-Partner an WEU-geführten Operationen teilnehmen könnten. Auch das 1999 unterzeichnete Rahmenabkommen blieb in zentralen Fragen der Freigabe, Rückrufmöglichkeiten und Kontrollen vage. Frankreich beharrte weiter auf garantiertem Zugriff (‹guaranteed access›), während die NATO nur zu gesichertem Rückgriff (‹assured access›) bereit war. Offen bleibt somit, wann eine solche Situation gegeben ist und wer die Definitionsmacht darüber haben soll. Die ‹Berlin plus-Vereinbarungen› aus dem Dezember 2002 enthalten folgende Zusagen für EU-geführte Krisenmanagementeinsätze: gesicherter Zugriff auf Planungskapazitäten der NATO; Verfügbarkeit von NATO-Ressourcen und Fähigkeiten; Verfahren für die Freigabe, Überwachung, Rückgabe und Rücknahme von NATO-Mitteln und Fähigkeiten; Konsultationsmechanismen zwischen NATO und EU bei der Nutzung von NATO-Ressourcen und Einrichtung einer ‹NATO-EU Capability Group›.

Allerdings schien und scheint es unterschiedliche Interpretationen auf beiden Seiten des Atlantiks über den Gehalt der Vereinbarung zu geben. Frankreich bezweifelte, ob im Falle einer EU-Operation tatsächlich der Rückgriff auf Mittel und Fähigkeiten der NATO gewährt würde. Ebenso schwer wog die Befürchtung, dass sich hinter der Forderung nach Transparenz der Anspruch auf Mitentscheidung über europäische Operationen verbarg. Des Weiteren verwies Paris auf die praktischen und konzeptionellen Probleme, die mit der Forderung nach dem Recht auf den ersten Zugriff (‹right of first refusal›) durch die NATO aufgeworfen würde. Diesem Begehren nachgeben hieße, die Handlungsfähigkeit der EU vom Nordatlantikrat und damit von den USA abhängig zu machen. Bereits 1999 hatte die EU auf ihrem Gipfeltreffen in Helsinki erklärt, sie wolle sich in die Lage versetzen, in den Fällen autonome Beschlüsse zu fassen, in denen die NATO als Ganze nicht beteiligt ist. Unstrittig ist, dass die EU nur dann aktiv wird, wenn die NATO als Ganze nicht eingesetzt wird. Strittig ist, ob die EU die NATO um Erlaubnis fragen muss, wenn eine EU-Aktion beginnt, und ob die NATO – also faktisch die USA – über eine Art Vetorecht verfügt. Offen bleibt somit, wann eine solche Situation gegeben ist und wer die Definitionsmacht darüber haben soll.

Nach Beilegung türkischer Bedenken und dem Abschluss eines Sicherheitsabkommens zwischen NATO und EU im März 2003 konnte ‹Berlin-plus› zum 17. 3. 2003 in Kraft treten. Voraussetzung bleibt in jedem Fall die Zustimmung des Nordatlantikrates, in dem bekanntlich jeder Staat ein Vetorecht hat. Danach gilt die Garantie des Zugriffs auf NATO-Planungsstrukturen nur mit der Einschränkung, dass die NATO den DSACEUR und ihre Planungskapazitäten nicht für eigene parallele Operationen braucht. Der Rückgriff auf vorher identifizierte Mittel und Kapazitäten der NATO würde ohnehin nur fallweise freigegeben. Darüber hinaus behält sich die NATO vor, diese Mittel und Kapazitäten in einer laufenden Operation wieder zurückzufordern, wenn sie selbst eine militärische Operation unternimmt.

Aus diesen Gründen versuchte und versucht Frankreich weiterhin, eigene EU-Planungs- und Führungsfähigkeiten durchzusetzen. Brisant war dabei insbesondere die gemeinsame Erklärung von Deutschland, Frankreich, Belgien und Luxemburg zur ESVP Ende April 2003 in Tervuren, originär europäische Strukturen für eine gemeinsame Planungs- und Führungskapazität aufbauen zu wollen. In der Abschlusserklärung wird u. a. die Gründung einer Europäischen Sicherheits- und Verteidigungsunion (ESVU) vorgeschlagen, bei der einzelne EU-Staaten raschere und weiter reichende Fortschritte bei der Verstärkung ihrer Zusammenarbeit im Verteidigungsbereich machen können sollen. Angekündigt werden insgesamt sieben Initiativen, die allen interessierten Mitgliedstaaten offenstehen sollen. Neben der Schaffung einer europäischen schnellen Reaktionsfähigkeit, eines europäischen strategischen Lufttransportkommandos, einer euro-

päischen ABC-Abwehreinheit, eines europäischen humanitären So-
forthilfesystems und militärischer europäischer Ausbildungszentren
wird auch eine im belgischen Tervuren arbeitsfähige europäische
Einsatzplanungs- und Durchführungsstelle angekündigt. Dies würde
aber auf die Gründung eines von der NATO unabhängigen ‹EU-Ge-
neralstabs› hinauslaufen, die NATO-Kapazitäten duplizieren und
die im Dezember 2002 unter großen politischen Anstrengungen
geschlossene Vereinbarung zwischen NATO und EU unterlaufen.
Damit drohte nicht nur ein transatlantischer, sondern aufgrund der
mangelnden Mehrheitsfähigkeit eines solchen Projektes innerhalb
der EU auch ein innereuropäischer Bruch.

Großbritannien hatte im August 2003 eine Initiative gestartet, die
durchsetzen wollte, dass keine Parallelstrukturen zur NATO aufgebaut werden, sondern vielmehr eine Art EU-Zelle im ‹Allied Command Operations› (ACO) der Allianz installiert wird. Vorläufiges Ergebnis dieses Streits ist, dass Großbritannien die Notwendigkeit einer
autonomen Planungs- und Führungsfähigkeit für die EU anerkennt.
Die EU soll also über die Fähigkeit verfügen, ohne Rückgriff auf Mittel und Fähigkeiten der NATO Operationen durchzuführen. Die –
mit den USA abgesprochene – Kompromisslinie läuft darauf hinaus,
dass Missionen im Spektrum der sogenannten Petersberg-Aufgaben
(humanitäre Hilfe, friedenserhaltende Maßnahmen und kleinere
Kampfeinsätze) unter Rückgriff auf EU-Planungs- und Führungska-
pazitäten erfolgen, während sich größere und anspruchsvollere Operationen auf Strukturen und Fähigkeiten der Allianz abstützen. In
den Fällen, in denen die EU dabei auf NATO-Mittel und -Kapazi-
täten zurückgreift, bleibt ‹Berlin-plus› gültig. Über das Bekannte hinaus wurde zum einen festgelegt, dass die Kooperation zwischen
NATO und EU durch die Einrichtung einer kleinen Zelle der EU bei
SHAPE verbessert werden soll. Zum anderen soll in den Fällen, in
denen die EU eine autonome Operation beschließt, eine beim EU-
Militärstab einzurichtende ‹civilian/military cell› aktiviert werden
können. Allerdings macht das Papier diese Möglichkeit von sehr
restriktiven Bedingungen abhängig. So bleibt der Rückgriff auf ein
nationales Hauptquartier die vorrangige Option. Nur wenn es der
EU-Militärausschuss empfiehlt, eine zivil/militärische Operation geplant ist und ein nationales Hauptquartier nicht zur Verfügung steht,
soll die Zelle beim Militärausschuss aktiv werden. Das zu diesem
Zweck in Brüssel eingerichtete ‹EU Operation Centre› ist seit Januar

2007 arbeitsfähig. Der Umfang ist aber in keiner Weise mit den NATO-Strukturen vergleichbar. So arbeiten in dem ‹militärischen EU-Hauptquartier› weniger als 10 Offiziere, die im Falle der Aktivierung auf etwa 90 aufgestockt werden können.

Insgesamt zeichnet sich also eine Art Arbeitsteilung zwischen EU und NATO ab: Die Allianz wäre für robuste Kampfeinsätze zuständig, bei denen die Beteiligung der USA erforderlich ist, während die EU vorwiegend kleinere bis mittlere Friedenssicherungseinsätze übernehmen würde. Eine Arbeitsteilung, nach der die USA für die militärische Initiierung von Regimewechseln und die anschließende Demokratieförderung zuständig sind und die Europäer dies öffentlich kritisieren, sich schlussendlich dann aber doch im Rahmen von NATO und EU an den folgenden Stabilisierungsmissionen beteiligen, kann gleichwohl kein Modell sein, das der Definition einer gemeinsamen transatlantischen Strategie förderlich ist. Vielmehr bedarf es einer genau abgestimmten Koordination der Aktivitäten von NATO und EU in allen Phasen.

Zum ersten Mal kamen die dauerhaften Arrangements bei der Operation Concordia zum Tragen, mit der die EU im März 2003 die NATO-Operation ‹Allied Harmony› in Mazedonien übernommen hatte. Dabei ist der europäische ‹Force Commander› in Skopje ‹co-located› mit dem ‹Senior Military Representative› der NATO, den die Allianz weiterhin in Mazedonien stationiert hat, um das Land auf dem Weg zum eventuellen NATO-Beitritt zu beraten. Der DSA-CEUR fungierte als ‹operation commander›. Auch bei der Operation Althea, die die NATO-Mission SFOR in Bosnien-Herzegowina im Dezember 2004 ablöste, wird nach dem Berlin-plus-Verfahren gearbeitet. Bis Mitte 2007 hat die ESVP vier Einsätze abgeschlossen (Concordia, Artemis, Proxima, Eujust Themis) und zehn Operationen durchgeführt (u. a. Althea, EUPM, EUPOL Kinshasa, Eujust Lex, EUSEC RD Congo und AMIS II Darfur), die noch andauern. Dabei reichte das Spektrum von kleineren Einsätzen zur Unterstützung der Rechtsstaatlichkeit in Georgien (Eujust Themis) bis hin zu mittleren Militäreinsätzen wie der Übernahme der zuvor von der NATO geführten SFOR-Mission in Bosnien-Herzegowina (Althea). Bemerkenswert ist dabei nicht nur die geographische Reichweite der Missionen (u. a. Mazedonien, Kongo, Georgien, Bosnien-Herzegowina), sondern auch die Tatsache, dass all diese Einsätze bisher als erfolgreich zu bezeichnen sind.

Gleichwohl ist das Berlin-plus-Verfahren bereits in mehreren Fällen missachtet worden. So hatte die EU im Dezember 2002 ohne Konsultationen mit der NATO angekündigt, die SFOR-Mission in Bosnien-Herzegowina übernehmen zu wollen, und auch im Falle des Kongo-Einsatzes der EU im Juni 2003 wie auch im Frühjahr 2006 gab es keine Konsultationen mit der NATO. Zu offener – wenngleich vergleichsweise harmloser – Konkurrenz zwischen NATO und EU kam es erstmals bei dem Darfur-Einsatz im Sommer 2005. Die USA drängten darauf, die Aktion unter NATO-Flagge durchzuführen, während insbesondere Frankreich und Deutschland auf einer EU-Mission bestanden. Im Ergebnis wurden beide Organisationen aktiv, amerikanische Transporthilfeeinheiten waren der NATO und französische und deutsche Soldaten der EU unterstellt (auf EU-Seite ‹EU-Unterstützungsaktion AMIS II›, auf NATO-Seite ‹NATOs Assistance to the African Union for Darfur›). Ein solcher ‹Schönheitswettbewerb› zwischen NATO und EU ist sicher wenig sinnvoll und eine schlechte Perspektive der interinstitutionellen Kooperation.

Das Problem ist aber, dass bei den wichtigen Akteuren der transatlantischen Sicherheitsbeziehungen ganz offensichtlich unterschiedliche Vorstellungen hinsichtlich des zukünftigen Verhältnisses von NATO und EU bestehen. Während etwa Großbritannien traditionell eine enge Anlehnung an die USA – für die die NATO allein als vetoberechtigter Partner einer Zwei-Pfeiler-Allianz akzeptabel scheint – bevorzugt und mit einem ‹bandwagoning› versucht, Einfluss auszuüben, ist es traditionelle französische Politik, eher im Sinne eines ‹balancing› eine Gegenmacht zu den USA aufzubauen. Polen tendiert eindeutig und unmissverständlich zur britischen Position. Die deutsche Präferenzordnung bestand traditionell in einer eher vermittelnden Rolle zwischen französischen und britischen Extrempositionen. Angesichts dieser innereuropäischen Differenzen ist die weitere Entwicklung der Beziehungen zwischen NATO und EU offen (siehe Kapitel IX).

Kapitel VIII: Die neuen Aufgaben der NATO: vom Verteidigungsbündnis zum Instrument globaler Stabilitätsprojektion

Die NATO befindet sich – und dies wurde bereits in Kapitel IV theoretisch begründet und sollte aus den vorangegangenen Kapiteln deutlich geworden sein – in einer Art Zwitterstellung. Sie ist noch immer Verteidigungsbündnis (also System kollektiver Verteidigung), sie ist aber zunehmend auch zum Instrument internationaler Krisenbeherrschung geworden (also zum System kollektiver Sicherheit). Den politischen Strukturveränderungen wurde einerseits mit der Schaffung neuartiger Mechanismen begegnet, wie etwa dem Euro-Atlantischen Partnerschaftsrat oder auch der Europäisierung. Der Fortbestand als bedeutsame internationale Organisation im gewandelten internationalen Umfeld wurde andererseits durch eine geradezu als radikal zu bezeichnende innere Reform gesichert, bei der der Funktionswandel vom Verteidigungsbündnis zum System kollektiver Sicherheit im Vordergrund stand. Das Ziel war nun nicht mehr, die NATO zu haben, um sie nicht einsetzen zu müssen, sondern vielmehr die NATO zu verändern, um sie einsetzen zu können.

Gleichwohl ist in der Wissenschaft wie in der praktischen Politik eine große Unsicherheit darüber festzustellen, was die ‹neue NATO› denn in erster Linie ausmacht. Hartgesottene Realisten lehnen die Ausweitung auf Funktionen kollektiver Sicherheit mit dem Argument ab, die NATO werde damit zu einem unverbindlichen ‹Debattierclub›, einer ‹Kommuniqué-Maschine›, die – wie in dieser Perzeption die OSZE – dann nicht mehr zu geschlossenem und glaubwürdigem Handeln fähig sei. Henry Kissingers Einwand, ‹wo jeder mit jedem verbündet ist, ist keiner mit keinem verbündet›, bringt das Problem auf eine griffige Formel. Bereits die erste Stufe der Osterweiterung trägt in dieser Sichtweise zur schleichenden Erosion des Bündnisses bei. ‹Abenteuer› wie Bosnien oder Kosovo sollten zudem nicht das Geschäft der NATO sein, vielmehr müsse sie sich auf ihre Kernaufgaben der kollektiven Verteidigung konzentrieren. Liberale Theoretiker argumentieren hingegen diametral entgegengesetzt. Nur ein gründlicher Funktionswandel könne die Legitimität und die Daseinsberechtigung der NATO erhalten.

VIII.1: ‹Out of area› und ‹humanitäre Intervention› – zum Aufstieg und Fall von Allianzstreitthemen

Hatte der Ost-West-Konflikt verhindert, dass für die NATO in den ersten vier Jahrzehnten ihres Bestehens seit 1949 das Thema eines Einsatzes außerhalb ihres Bündnisgebiets (‹out of area›) je relevant werden sollte und hatte die NATO sich selbst als ein passives, auf die Wahrung des politisch-militärischen Status quo ausgerichtetes Militärbündnis verstanden, so kann seit 1990 eine verstärkte Forderung nach Einsätzen außerhalb des Bündnisgebiets festgestellt werden. Die rapide Zunahme der operativen Aufgaben (siehe Übersicht 11 in Kapitel VIII.2) zeigt, wie sehr sich die Allianz verändert hat. Der republikanische Senator Richard Lugar (1993) machte dies mit dem bekannten Ausspruch «if NATO does not go out of area, it will go out of business» überaus deutlich.

Der Weg zu einer operativ tätigen NATO war aber steinig und vollzog sich unter heftigen Auseinandersetzungen zwischen den Mitgliedstaaten über die Richtigkeit dieses Kurses. Der zentrale Einwand gegen mögliche ‹out of area›-Einsätze zu Zeiten der ‹NATO I› (1949–1989) bestand darin, dass jede solche Aktion fast zwangsläufig eine unkalkulierbare Eskalation des Ost-West-Konflikts hätte bedeuten müssen. So wurde in der Öffentlichkeit wie auch in Expertenkreisen jahrzehntelang davon ausgegangen, dass die Aufgaben der Allianz auf die Verteidigung des im NATO-Vertrag definierten Bündnisgebietes «nahezu verfassungsrechtlich verbindlich» (Law/Rühle 1992: 439) geworden seien. Die Kriege am Golf 1991, auf dem Balkan seit 1991 sowie die Auflösung des ehemaligen kommunistischen Imperiums in Osteuropa und Asien sowie die damit einhergehende Veränderung des Sicherheitsbegriffs führten aber dazu, dass ein Eingreifen außerhalb des Bündnisgebiets immer dringlicher wurde. Die politische Führung der Bündnisstaaten wurde sich erst in einem längeren Lernprozess – der von 1990 bis zum Jahr 2001 andauerte – einig, dass die starren Grenzen für Einsätze, wie sie durch den Ost-West-Konflikt vier Jahrzehnte verlaufen waren, nicht mehr vorhanden seien. Gleichwohl bleibt politisch und rechtlich umstritten, ob militärische Einsätze, die nicht unmittelbar Verteidigungszwecken dienen, von den weiteren Sicherheitsfunktionen des Bündnisses gedeckt sein sollen (siehe Kapitel I.3).

Kritiker führen an, dass der NATO-Vertrag keinen rechtlich unbegrenzten Handlungsrahmen für beliebige politische und militärische Zwecke liefere und die Parlamente der NATO-Staaten die Organisation bei Ratifizierung des Vertrages ausdrücklich und ausschließlich zur kollektiven Selbstverteidigung ermächtigt hätten. Zudem sei für friedenschaffende Einsätze eine ausdrückliche und vertragliche Kompetenzzuweisung erforderlich. In der politischen Praxis hingegen hat sich die Interpretation durchgesetzt, dass der NATO-Vertrag durchaus hinreichend flexibel ist, was die Legitimierung der neuen Aufgaben anbelangt. Dies war im Übrigen von Anfang an die Position aller US-Regierungen. So erklärte der stellvertretende US-Außenminister, Strobe Talbott, im Frühjahr 1999: «Die Verfasser des Vertrages von Washington waren vorsichtig genug, dem, was die Allianz zum Schutz ihrer Sicherheit sollte tun können, keine willkürlichen funktionalen oder geografischen Grenzen aufzuerlegen. Lassen Sie mich ganz deutlich sein: Ich sage nicht, dass es keine Begrenzungen dessen gibt, was die NATO tun kann und sollte. Selbstverständlich gibt es sie. Die NATO ist eine Organisation, die auf Konsens aufbaut, und sie definiert ihre gemeinsamen Interessen dementsprechend – durch die Übereinstimmung ihrer Mitglieder. Wir würden als Allianz nicht einfach irgendwo hingehen, wenn nicht alle Mitglieder wollten, dass wir dorthin gehen. [...] Außerdem gibt es Grenzen in den militärischen Möglichkeiten der Alliierten selbst. Niemand schlägt vor, dass wir NATO-Kräfte, sagen wir, auf den Spratley Inseln einsetzen sollten» (zitiert nach Simma 2000: 36). Auch der damalige NATO-Generalsekretär Manfred Wörner (1993) erklärte: «the slogan, ‹out-of-area or out of business› is out of date. We are out-of-area and we are very much in business». Diese Debatte findet sich bereits im Harmel-Bericht aus dem Jahr 1967. Dort heißt es: «Das Gebiet des Nordatlantikvertrags kann nicht getrennt von der übrigen Welt behandelt werden. Krisen und Konflikte, die außerhalb des Vertragsgebiets entstehen, können seine Sicherheit entweder unmittelbar oder durch Änderung des globalen Kräftegleichgewichts beeinträchtigen» (Bericht über die künftigen Aufgaben der Allianz 1967: Ziff. 15).

Eine rechtliche Klärung der Umwandlung der NATO von einem Defensivbündnis zu einer Interventionsallianz mit globaler Reichweite hinsichtlich der Zulässigkeit des deutschen Mitwirkens an diesem Prozess nahm das deutsche Bundesverfassungsgericht in mehreren Urteilen vor (siehe Kapitel I.3). Zunächst hatte die PDS-Bundestagsfraktion im Jahr 2000 gegen die deutsche Zustimmung zur neuen NATO-Strategie geklagt, in der die Ausweitung der Aufgaben festgeschrieben wird Dies käme einer Vertragsänderung gleich, die nach Artikel 59 Absatz 2 des Grundgesetzes die Zustimmung des Deutschen Bundestags erfordere. Das Bundesverfassungsgericht lehnte die Klage im November 2001 als unbegründet ab (Bundesverfassungsgericht 2001). Wenn sich das Erscheinungsbild möglicher Friedensbedrohungen ändere, lasse der NATO-Vertrag Spielraum für anpassende Entwicklungen auch in Bezug auf den konkreten Einsatzbereich und Einsatzzweck. Eine Zustimmung des Bundestags zu dem strategischen Konzept sei daher nicht erforderlich.

In Kontinuität zu dieser Entscheidung steht auch das Bundesverfassungsgerichtsurteil bezüglich der Entsendung deutscher Tornados im Rahmen der ISAF-Operation in Afghanistan im Juli 2007, gegen die ebenfalls die Bundestagsfraktion PDS/Die Linke geklagt hatte. Der NATO-geführte ISAF-Einsatz diene der Sicherheit des euro-atlantischen Raums und bewege sich damit innerhalb des Integrationsprogramms des NATO-Vertrags, wie es der Deutsche Bundestag im Wege des Zustimmungsgesetzes zum NATO-Vertrag mitverantwortet habe. Nach Auffassung des Bundesverfassungsgerichts bedeute der regionale Bezug als Kernelement des NATO-Vertrags von Beginn an nicht, dass militärische Einsätze der NATO auf das Gebiet der Vertragsstaaten beschränkt sein müssten. «Mit dem Zweck der NATO als System mehrerer Staaten zur gemeinsamen Abwehr militärischer Angriffe von außen waren abwehrende militärische Einsätze außerhalb des Bündnisgebiets, nämlich auch auf dem Territorium eines angreifenden Staates, von vornherein impliziert. Insofern entspricht neben der militärischen Verteidigung gegen einen Angriff auch ein damit sachlich und zeitlich in Verbindung stehender komplementärer Krisenreaktionseinsatz auf dem Gebiet des angreifenden Staates noch der regionalen Begrenzung des NATO-Vertrags». Eine Lösung der NATO von ihrem regionalen Bezugsrahmen könne in dem ISAF-Einsatz in Afghanistan ebenfalls nicht gesehen werden. «Denn dieser Einsatz ist ersichtlich darauf ausgerichtet, nicht allein der Sicherheit Afghanistans, sondern auch und gerade der Sicherheit des euro-atlantischen Raums auch vor künftigen Angriffen zu dienen. Der ISAF-Einsatz hat von Beginn an das Ziel gehabt, den zivilen Wiederaufbau Afghanistans zu ermöglichen und zu sichern, um dadurch ein Wiedererstarken von Taliban, al-Qaida und anderen frie-

densgefährdenden Gruppierungen zu verhindern. Die Sicherheitsinteressen des euro-atlantischen Bündnisses sollten dadurch gewahrt
werden, dass von einem stabilen afghanischen Staatswesen in Zukunft
keine aggressive und friedensstörende Politik zu erwarten ist, sei es
durch eigenes aktives Handeln dieses Staates, sei es durch duldendes
Unterlassen im Hinblick auf terroristische Bestrebungen auf dem
Staatsgebiet. Die Verantwortlichen im NATO-Rahmen durften und
dürfen davon ausgehen, dass die Sicherung des zivilen Aufbaus
Afghanistans auch einen unmittelbaren Beitrag zur eigenen Sicherheit im euro-atlantischen Raum leistet» (Bundesverfassungsgericht
2007).

Diese Entscheidung hat zwar rechtliche Klarheit gebracht, die politische Debatte ist damit aber nicht beendet. So wird die Argumentation des Gerichts kritisiert, nach der die NATO stets nach eigener
Definition behaupten könne, eine Aktion sei friedenssichernd und
damit vom NATO-Vertrag gedeckt. Die NATO verpflichte sich damit zu nichts, «ermächtigt sich aber zu allem» (Hippler 2006: 25).
Dies eröffne eine Rolle, nach der die NATO nach eigenem Gutdün-
ken als ‹Weltpolizist› agieren könne. In dieser Sichtweise liefert der
NATO-Vertrag für einen Einsatz außerhalb des territorial festgelegten Einsatzgebiets keine hinreichende Grundlage, so dass sich die
Frage stellt, ob sich die NATO in einer bedenklichen Entwicklung
von ‹out of area› zu ‹out of treaty› – also der nicht vertragskonfor-
men Umdefinition des Washingtoner Vertrages befinde. Eine formal-
rechtliche Klärung, d. h. eine formelle Ausweitung des Aufgaben-
spektrums sowie eine Ausdehnung des Bündnisgebiets und damit
eine Änderung des NATO-Vertrags wäre sicherlich eine politisch
korrekte Lösung gewesen, dürfte aber auch weiterhin am Widerstand
der Mehrheit der Bündnisstaaten scheitern. Sie ist auch deshalb kaum
durchsetzbar, da jede Veränderung der Einstimmigkeit bedürfte und
darüber hinaus von den Parlamenten aller Mitgliedstaaten ratifiziert
werden müsste. Es ist daher eher von einer Dehnung bzw. rechtlichen
Neudefinition des Washingtoner Vertrags auszugehen (‹informeller
Vertragswandel›), indem unter Bezugnahme auf Artikel 4 des Vertrags die Rolle der NATO als Konsultativorgan stärker betont wird.

Jedenfalls ist die ‹out-of-area-Debatte›, die in den 1990er Jahren
hohe Welle geschlagen hatte, inzwischen beendet. So erklärte etwa
der damalige deutsche Verteidigungsminister Peter Struck (2000: 6)
auf die Frage, ob es räumliche Grenzen für künftige Einsätze gebe, es

habe keinen Sinn mehr, Einsätze auf das NATO-Gebiet zu beschränken. «Die Frage, ob sich die NATO auf das Bündnisgebiet beschränkt, ist mit dem 11. September 2001 erledigt». Die Allianz selbst hatte erstmals auf dem Ministertreffen von Reykjavik im Mai 2002 in einem offiziellen Kommuniqué davon gesprochen, dass die Truppen dort eingesetzt werden müssten, «wo immer sie gebraucht werden» (Ziff. 5). In der Prager Gipfelerklärung vom November 2002 heißt es u. a.: «Um das volle Spektrum ihrer Aufgaben zu erfüllen, muss die NATO in der Lage sein, Streitkräfte einzusetzen, die schnell dorthin verlegt werden können, wo sie nach Entscheidung durch den Nordatlantikrat benötigt werden und die Fähigkeit besitzen, Operationen über Zeit und Raum zu führen [...] und ihre Ziele zu erreichen» (Ziff. 4). Die Frage des Aktionsradius der NATO ist so im amerikanischen Sinne entschieden worden.

Die Bereitschaft der NATO zur Durchführung von Militäreinsätzen stellt eine erhebliche Veränderung im Aufgabenfeld des Atlantischen Bündnisses dar. Seit 1992 hat sich die NATO im Bosnienkrieg engagiert, u. a. um das Embargo der VN in der Adria mit Seestreitkräften zusammen mit Einheiten der WEU zu überwachen. Auch bot die NATO an, der VN-Schutztruppe in Bosnien-Herzegowina Luftunterstützung zu gewähren. Einen entscheidenden Meilenstein bildet das NATO-Gipfeltreffen von Brüssel im Januar 1994, als die Staats- und Regierungschefs der damals 16 NATO-Staaten – wie bereits die Verteidigungsminister der NATO auf ihrer Tagung in Oslo im Juni 1992 – bekräftigten, friedenserhaltende Operationen der Vereinten Nationen zu unterstützen. So heißt es in Ziff. 7 des Brüsseler Kommuniqués: «Wir bekräftigen unser Angebot, von Fall zu Fall in Übereinstimmung mit unseren eigenen Verfahren friedenswahrende und andere Operationen unter der Autorität des VN-Sicherheitsrates oder der Verantwortung der KSZE zu unterstützen, unter anderem auch dadurch, dass wir Ressourcen und Fachwissen der Allianz zur Verfügung stellen. Eine Teilnahme an solchen Operationen oder Aufträgen bleibt den Entscheidungen der Mitgliedstaaten in Übereinstimmung mit ihrer jeweiligen nationalen Verfassung vorbehalten».

Auf der Berliner Ratstagung im Juni 1996 wurde ein seit 1994 diskutiertes Konzept angenommen, das die Grundlagen für Friedenseinsätze der NATO regelt. Dort werden Prinzipien formuliert, die die NATO bei solchen Operationen zugrunde legt. Es wird u. a. verlangt, dass ein einheitliches Kommando für alle Bereiche der Mission sichergestellt und die Truppe in der Lage sein muss, falls notwendig, von der Friedenserhaltung (‹peace keeping›) zur Friedenserzwingung (‹peace enforcement›) übergehen zu können. Diese Fähigkeit soll sich insbesondere in Konzeption und Bewaffnung der Truppen niederschlagen. Damit unterscheidet sich eine eventuelle NATO-Mission von klassischen Friedenseinsätzen der Vereinten Nationen nach Kapitel VI der VN-Charta (sogenannte ‹Blauhelmmissionen›), die eher leicht bewaffnete Einheiten umfassen und eine Zustimmung aller Konfliktparteien voraussetzen (Gareis/Varwick 2006: 113–146). Insofern hat die NATO konzeptionelle Folgerungen aus den Schwächen einiger VN-Missionen gezogen. Die Gefahr bei dieser Entwicklung liegt in einem möglicherweise entstehenden Konkurrenzverhältnis zwischen VN und NATO. Eine solche Entwicklung wäre beklagenswert. In den Worten des damaligen VN-Generalsekretärs Kofi Annan: «Friedenssicherung ist nicht eine Arena der Rivalität zwischen Vereinten Nationen und NATO und darf dies auch nicht werden. Für beide gibt es eine Menge Arbeit zu tun. Und wir arbeiten am besten, wenn wir unsere Kompetenzen gegenseitig respektieren und vermeiden, uns gegenseitig in den Weg zu geraten» (Simma 2000: 48).

Zu der ‹out of area›-Problematik gesellt sich ein weiteres Problem. Nicht erst das Eingreifen der NATO im Kosovo 1999, sondern bereits zahlreiche Kriege zuvor (Kambodscha 1991, Nordirak ab 1991, Somalia 1992, Ruanda 1993, Haiti 1994, Bosnien 1995) haben einen schillernden Begriff an die Spitze der internationalen sicherheitspolitischen Agenda gebracht: die ‹humanitäre Intervention› (Hinsch/Janssen 2006). Unter einer humanitären Intervention ist die Anwendung von Waffengewalt zum Schutze der Bevölkerung eines Staates vor schweren Menschenrechtsverletzungen zu verstehen. In seiner derzeitigen Struktur lässt das Völkerrecht solche Interventionen formal nicht zu. Theoretisch sind drei Strategien zur Durchführung von humanitären Interventionen denkbar: die ‹Status-quo-Strategie›, nach der humanitäre Interventionen nur aufgrund einer Ermächtigung des VN-Sicherheitsrates stattfinden dürfen, die ‹Ad-hoc-Strategie›, nach der humanitäre Interventionen als Notausgang von den Normen des Völkerrechts betrachtet werden und dementsprechend nur in gut begründeten Einzelfällen praktiziert werden dürfen, sowie die ‹Rechtanpassungs-Strategie›, nach der humanitäre Interventionen Bestandteil des Völkerrechts werden sollten.

Die VN-Charta enthält ein generelles Gewaltverbot, von dem es nur zwei Ausnahmen gibt: zum einen die individuelle oder kollektive Selbstverteidigung gegen einen bewaffneten Angriff und zum anderen eine vom VN-Sicherheitsrat autorisierte Gewaltanwendung, ursprünglich unter Verantwortung des Sicherheitsrates konzipiert, faktisch jedoch als Ermächtigung an einzelne Staaten, Organisationen oder Koalitionen. Das Völkerrecht untersagt insbesondere die sogenannte Einmischung in ‹innere Angelegenheiten› eines souveränen Staates. Wo aber die staatliche Gewalt noch nicht einmal im Ansatz ihre primäre Funktion des Schutzes der elementaren Rechte der Bevölkerung erfüllt, «sondern selbst zur Quelle für Entwürdigung, Gewalt, Unterdrückung, Mord und Vertreibung wird, dort entfällt die ungeschriebene Voraussetzung der internationalen Achtung der Unabhängigkeit und Integrität des Staates» (Preuß 1999: 820). Wenn auch die bisherige Bilanz der humanitären militärischen Interventionen hinsichtlich der erreichten Ziele eher bescheiden ausfällt, stellt sich die Frage, wo und nach welchen Kriterien dann zu intervenieren wäre.

Diskutiert wird auch das Selbstverteidigungsrecht nach Artikel 51 der VN-Charta. Die zentrale Frage ist, was im Zeitalter von Terrorismus und der Verbreitung von Massenvernichtungswaffen Selbstverteidigung ist. Die Grenzen des Selbstverteidigungsrechtes sind bereits seit Längerem unscharf. Seit dem 11. September 2001 ist aber deutlich geworden, dass existentielle Bedrohungen für Staaten nicht dem klassischen Bild eines bewaffneten Überfalls von Staat A auf Staat B entsprechen müssen. Voraussetzung für ein legitimes Handeln ist immer, dass Gefahren nicht nur instrumentell behauptet werden, sondern deren Existenz mit hoher Plausibilität dargelegt wird Auch wenn Präventivkriege im Einzelfall legitim sein können, stellt dies unter den Vorzeichen einer möglichen Bedrohung durch einen amorphen terroristischen Gegner, der zudem möglicherweise im Besitz von Massenvernichtungswaffen ist, die internationale Ordnung gleichwohl vor fundamentale Herausforderungen. Der damalige Generalsekretär der Vereinten Nationen formulierte daher die Sorge, dass diese Logik, falls sie übernommen wird, «zur Ausbreitung einer einseitigen und gesetzlosen Anwendung von Gewalt führen könnte, egal ob mit oder ohne Rechtfertigung» (Annan 2003: 117). Denn es bleibt offen, wer über die Angemessenheit von solchen Militäreinsätzen entscheidet, auf welcher völkerrechtlichen Grundlage sie durchgeführt werden, ob tatsächlich ein Ausnahmetatbestand vom Allgemeinen Gewaltverbot der VN-Charta vorliegt. Es stellt sich die Frage, ob mehr Stabilität erreicht werden kann oder aber ob die Unberechenbarkeit in der internationalen Politik zunimmt, wenn jeder Staat, der sich in irgendeiner Weise bedroht fühlt, bereits im Vorfeld eines vermuteten Angriffs Zeitpunkt und Ausmaß seiner militärischen Maßnahmen bestimmen kann.

Bedacht werden müssen andererseits jedoch die möglichen Folgen, wenn in jedem Fall auf der Sanktionierung von Gewaltanwendung durch den VN-Sicherheitsrat bestanden wird So sind durchaus Fälle vorstellbar, in denen der Sicherheitsrat aufgrund von – nicht zwangsläufig rationalen – Vetodrohungen blockiert ist, aber dennoch unmittelbarer Handlungsbedarf besteht. Um es dann aber nicht nur der Willkür oder der Interessendefinition einzelner Staaten zu überlassen, was eine sicherheitsrelevante Bedrohung ist und was nicht, wird u. a. diskutiert, das Völkerrecht im Lichte der neuen Bedrohungen fortzuentwickeln (Varwick 2005 a). Denkbar wäre etwa eine Debatte darüber zu führen, wo die Toleranzgrenze bei der Verbreitung von Massenvernichtungswaffen, der Unterstützung des internationalen Terrorismus oder aber auch der systematischen Verletzung von Menschenrechten liegt. Es müsste dann ein nachvollziehbarer Kriterienkatalog entwickelt werden, bei dessen Erfüllung ein Eingreifen gerechtfertigt sein kann. Solche Definitionsversuche sind mit zahlreichen Schwierigkeiten verbunden, und es ist zudem eher unwahrscheinlich, dass sie gelingen werden. Die Alternative ist aber, den Status quo zu erhalten, der ebenfalls unbefriedigend ist. Im Falle von Massenvernichtungswaffen ist die Chance aufgrund der allumfassenden Bedrohung wohl noch am größten. Es sollte möglich sein, dass sich der VN-Sicherheitsrat darüber verständigt, unter welchen Voraussetzungen und bei welchen Akteuren die Verfügungsgewalt über solche Waffen eine unmittelbare Bedrohung darstellt. Im Falle von Terrororganisationen und ‹failed states› ist dies ganz offensichtlich, im Falle von Diktaturen oder totalitären Regimen bestünde wahrscheinlich schon intensiverer Diskussionsbedarf. Schwierig wird es spätestens dann, wenn aus dem Verhalten von Staaten bei der versuchten Herstellung bzw. dem Erwerb von Massenvernichtungswaffen bereits auf eine Bedrohung geschlossen wird Im Falle von massiven Menschenrechtsverletzungen hingegen bestehen nur geringe Aussichten auf die Entwicklung eines verbindlichen Kriterienkatalogs. Die Selektivität bisheriger ‹humanitärer Interventionen› und die oft willkürliche, interessengeleitete Einmischung der westlichen Staaten lassen es auch in der Zukunft nicht erwarten, dass mehr als jeweils angreifbare Einzelfallentscheidungen erreichbar sind.

Die neuen Sicherheitsprobleme sind derart vielschichtig, dass eine automatische Reaktion der NATO wie im Falle einer Verletzung der territorialen Integrität des Bündnisgebietes nicht denkbar ist. Daraus resultieren zwei Konsequenzen: Zum einen ist eine geschlossene Haltung aller Bündnispartner eher unwahrscheinlich, und die künftigen NATO-Operationen müssten dann durch eine gewisse Form der Flexibilisierung und unterschiedliches Engagement der Mitgliedstaaten gekennzeichnet sein. Wenn es zum anderen eine Art Verpflichtung zur Intervention geben würde, wäre die NATO (und auch die VN) also nicht nur rein materiell völlig überfordert; auch politisch ergäbe dies einen enormen Sprengsatz. Je schwächer ein Land ist, desto mehr wird ihm tendenziell an der Fixierung des Nichteinmischungsgebotes liegen. Insbesondere die Länder des Südens, die sich als potentielle Objekte solcher Aktionen ansehen, wehren sich gegen derartige aus ihrer Sicht neokolonialistische Absichten des Nordens.

VIII.2: Operationen der NATO: ‹missions redefined›

Das Spektrum der NATO-Operationen reicht heute von robusten Friedenssicherungsoperationen über maritime Anti-Terroroperationen, Ausbildungsmissionen, humanitären Hilfseinsätzen, Unterstützungsmissionen anderer Organisationen bis hin zu bisher einer Operation nach Artikel 5 als einem Beitrag zur Terrorbekämpfung. Zur Koordinierung der Hilfe bei Naturkatastrophen, aber auch bei der Unterstützung nach Terroranschlägen im euro-atlantischen Raum arbeitet im NATO-Hauptquartier seit 1998 das ‹Euro-Atlantic Disaster Response Coordination Centre›. In bisher rd. 20 Fällen (u. a. Hurrikan Katrina, Erdbeben in Pakistan, Waldbrände in Bosnien-Herzegowina) kam das Zentrum zum Einsatz. Hinzu kommt, dass neben ihrer schieren Zahl auch die Komplexität der Einsätze beständig ansteigt. So werden seit einigen Jahren Einsätze im Bereich des ‹post-conflict peacebuilding›, also bei der Friedenskonsolidierung nach meist innerstaatlichen Gewaltkonflikten, immer häufiger. Zu den primären Aufgaben dieser Missionen gehören neben der Schaffung eines sicheren Umfeldes durch Umsetzung eines robusten militärischen Mandats und die Entwaffnung, Demobilisierung und Reintegration von Kombattanten auch der Wiederaufbau von Institutionen in Verwaltung, Rechtspflege, Schulen, Medien, die Schaffung tragfähiger politischer, gesellschaftlicher, und nicht zuletzt ökonomischer sowie infrastruktureller Bedingungen, kurz die (Wieder-) Errichtung eines funktionierenden Gemeinwesens zugunsten eines dauerhaften Friedens.

Übersicht 11: Operationen der NATO 1991–2007

Zeitraum	Bezeichnung	Land/Region	Zweck
01/1991–03/1991	Operation Southern Guard	Türkei/ Mittel- meerraum	Schutz der Türkei vor einem möglichen Angriff des Iraks
06/1992–03/1993	Operation Maritime Monitor/ Maritime Guard/ Sky Monitor	Balkan/ Adria	Überwachung des Waffenembargos gegen Jugoslawien
04/1993–12/1995	Operation Deny Flight	Balkan	Durchsetzung der Flug- verbotszone und Schutz der VN-Friedenstruppen
06/1995–06/1996	Operation Shape Guard	Adria	Überwachung Handels-/ Waffenembargo
12/1995–12/1996	Implemen- tation Force (IFOR)	Kroatien/ Italien	Unterstützung IFOR, Überwachung Seetrans- porte in der Adria
12/1996–12/2004	Stabilisation Force (SFOR)	Bosnien- Herzego- wina	Friedenssicherung, Überwachung Rüstungs- kontrolle, Unterstützung ziviler Implementierung
12/1998–03/1999	NATO Koso- vo Air Verifica- tion Mission	Maze- donien	Überwachung von Ver- einbarungen mit der Bun- desrepublik Jugoslawien
12/1998–06/1999	Extraction Force	Maze- donien	Notfalltruppe zum Schutz und zur Her- auslösung der OSZE- Beobachter im Kosovo
03/1999–06/1999	Allied Force	Bundes- republik Jugoslawien	Abwehr humanitärer Katastrophe im Kosovo
04/1999–08/1999	NATO Forces in Albania (AFOR)	Albanien	Humanitäre Hilfeleis- tungen im Zusammen- hang mit dem Kosovo- konflikt
06/1999 – heute	Kosovo Force (KFOR)	Kosovo/Ma- zedonien	Umsetzung eines Friedensabkommens für das Kosovo

08/2001–11/2001	Operation Essential Harvest	Mazedonien	Entwaffnung der albanischen Truppen; Unterstützung der internationalen Beobachter, Stabilisierung in Mazedonien
09/2001–12/2001	Operation Amber Fox	Mazedonien	
10/2001–05/2002	Operation Eagle Assist	Nordamerika	Luftraumüberwachung
10/2001 – heute	Operation Enduring Freedom (OEF)	Horn von Afrika	Beitrag zum Kampf gegen den internationalen Terrorismus
10/2001– heute	Operation Active Endeavour	Mittelmeer	Beitrag zum Kampf gegen den internationalen Terrorismus auf der Basis von Artikel 5 NATO-Vertrag
12/2002–03/2003	Operation Allied Harmony	Mazedonien	Stabilisierung in Mazedonien
02/2003–04/2003	Operation Display Deterrence	Türkei	Bereitstellung von Luftunterstützung und Raketenabwehrsystemen auf Ersuchen der türkischen Regierung auf der Basis von Artikel 4 NATO-Vertrag
08/2003 – heute	International Security Assistance Force (ISAF)	Afghanistan	Unterstützung der afghanischen Regierung bei der Herstellung der Wahrung der Sicherheit
06/2004–09/2004	Operation Distinguished Games	Griechenland	Sicherung der olympischen Sommerspiele auf Ersuchen der griechischen Regierung
07/2004 – heute	NATO's Assistance to Iraq	Irak	Unterstützung bei der Ausbildung der irakischen Sicherheitskräfte auf Ersuchen der irakischen Regierung
07/2005 – heute	NATO's Assistance to the African Union for Darfur	Sudan	Unterstützung beim Aufbau einer Friedenstruppe Bereitstellung von Lufttransport auf Ersuchen der Afrikanischen Union
10/2005–02/2006	Pakistan Earthquake Relief Operation	Pakistan	Lufttransportunterstützung auf Ersuchen der pakistanischen Regierung infolge des Erdbebens

Quelle: eigene Recherchen nach Angaben der NATO und des Bundesministeriums der Verteidigung, Stand: September 2007

Der Balkanraum wurde zum ersten aktiven Einsatzgebiet der NATO. Zwar hatte die Allianz bereits im Golfkrieg 1990/1991 logistische Unterstützung für die US-geführten Operationen ‹Desert Storm› bzw. ‹Desert Shield› (August 1990 – Februar 1991) geleistet und war auch mit einer eigenen Operation am Schutz der Türkei vor einem möglichen Angriff des Iraks beteiligt (‹Operation Southern Guard›). Im Jugoslawienkonflikt wuchs die NATO jedoch in eine operative Rolle hinein. Mit der ‹Operation Maritime Monitor› ab Juni 1992 leistete die Allianz Unterstützung für die ab Februar 1992 stationierte VN-Schutztruppe in Jugoslawien (UNPROFOR). Obgleich die politischen Bemühungen zur Lösung der Jugoslawienkriege vornehmlich – ohne Erfolg – im Rahmen der Europäischen Gemeinschaft bzw. der Vereinten Nationen liefen und sich die NATO nicht als zentraler Akteur verstand, kam dieser sukzessive eine wichtige Rolle im militärischen Krisenmanagement zu. Sie wurde vom zögerlichen Subunternehmer der Vereinten Nationen zu einem aktiven militärpolitischen Akteur, der seine eigenen Missionen und Mandate definierte. Der Grund ist in erster Linie darin zu sehen, dass die Vereinten Nationen zum damaligen Zeitpunkt völlig überfordert waren und das militärpolitische Instrument der VN – die Blauhelmmissionen – für die Einsätze in Jugoslawien konzeptionell falsch angelegt waren. Die damalige Europäische Gemeinschaft verfügte zudem, ungeachtet der Uneinigkeit hinsichtlich der Einschätzung der Konfliktursachen und geeigneten Lösungsstrategien, über keine Instrumente des militärischen Krisenmanagements.

Auf der Grundlage dieser Überlegungen beteiligte sich die NATO seit Februar 1994 mit Luftwaffenkampfeinsätzen zur Durchsetzung von VN-Sanktionen im Bosnienkrieg. Im Dezember 1995 ermächtigte der VN-Sicherheitsrat die NATO, mit einer etwa 60 000 Mann starken Truppe das Friedensabkommen von Dayton umzusetzen. Die ‹Implementation Force› (IFOR) genannte Einheit sollte die Überwachung der Einhaltung des Waffenstillstands und der Truppenentflechtung, notfalls auch unter Einsatz militärischer Gewalt, übernehmen. Die IFOR, gebildet von Soldaten aus 27 Staaten, stand unter NATO-Kommando und war von den Vereinten Nationen mandatiert. Besonders bemerkenswert an der IFOR war die Beteiligung sowohl französischer als auch russischer Soldaten. Erstmals kehrten damit französische Einheiten unter den NATO-Einsatzbefehl zurück. Im Dezember 1996 wurde die SFOR (‹Stabilisation Force›) gebildet, die die IFOR ablöste. Aus rund 30 000 Soldaten bestehend, soll sie ein sicheres Umfeld zur Friedenserhaltung in Bosnien-Herzegowina schaffen. Die SFOR wurde Anfang Dezember 2004 an die EU übergeben, die seitdem die Operation ‹EUFOR Althea› in eigener Regie führt. Allerdings bleibt die NATO in Bosnien in Gestalt eines Hauptquartiers mit Sitz in Sarajewo präsent. Zu dessen Hauptaufgaben gehört die Unterstützung bei der Verteidigungsreform. Als weiteres Balkanengagement der NATO sind die Mazedonien-Einsätze zu nennen. Durch insgesamt drei NATO-Operationen (Essential Harvest, Amber Fox und Allied Harmony) mit starker militärischer Präsenz wurde in den Jahren 2001 bis 2003 ein sich abzeichnender Bürgerkrieg in Mazedonien verhindert. Seit März 2003 führt die EU die NATO-Operationen weiter.

Der wohl neben dem Afghanistaneinsatz (s. u.) bisher umstrittenste Einsatz der NATO war die ‹Operation Allied Force› im Frühjahr 1999. Der VN-Sicherheitsrat hatte in zwei Resolutionen vom März und September 1998 das serbische Vorgehen im Kosovo als Bedrohung des Friedens verurteilt und ein Waffenembargo gegen die Bundesrepublik Jugoslawien verhängt. Im Oktober 1998 entschied die NATO, sich mit einer Truppe an der Mission zur Überwachung der Kosovoresolution zu beteiligen. Außerdem wurde der NATO-Generalsekretär ermächtigt, im Falle eines Abkommens zwischen Serben und Kosovo-Albanern im Zuge der Verhandlungen von Rambouillet vom Februar/März 1999 dieses mit Hilfe der NATO militärisch durchzusetzen oder auch ein Abkommen militärisch zu erzwingen. Nach dem Scheitern der mehrmals verlängerten Verhandlungen von Rambouillet flog die NATO, beginnend mit dem 24. März 1999, 78 Tage und Nächte massive Angriffe gegen Stellungen in Jugoslawien. Eine formale Kriegserklärung gab es nicht. Russland und die Volksrepublik China verurteilten die Intervention der NATO scharf. Mit der Bombardierung Jugoslawiens hatte sich die NATO selbst das Mandat erteilt, zugunsten der Kosovo-Albaner zu intervenieren. Die NATO-Operation wurde nicht durch einen Angriff Jugoslawiens auf einen NATO-Staat hervorgerufen, sondern mit massiven Menschenrechtsverletzungen im Kosovo begründet.

In der NATO war man davon überzeugt, dass ein militärisches Eingreifen unausweichlich und legitim war, auch wenn der VN-Sicherheitsrat kein Mandat erteilt hatte. General Klaus Naumann, Vorsitzender des NATO-Militärausschusses zur Zeit des Krieges, beantwortete die Frage nach der Legitimation wie folgt: «Die Entscheidung zum Handeln, in der Regel auf der Grundlage eines VN-Mandates, und nur dann ohne, wenn anders zum Beispiel eine humanitäre Katastrophe nicht abwendbar wäre, ist immer eine Fall-zu-Fall-Entscheidung von 19 demokratischen Regierungen und Parlamenten. Ich meine, es ist sicher eine ausreichende Legitimation, wenn 19 demokratische Staaten unabhängig voneinander und übrigens mit sehr unterschiedlichen Begründungen zu einer gemeinsamen Entscheidung kommen» (Süddeutsche Zeitung vom 23. 4. 1999: 7). Völkerrechtler sind hingegen unterschiedlicher Auffassung, ob der NATO-Einsatz völkerrechtlich zulässig war. Auch wenn man den Krieg für moralisch gerechtfertigt hält, gibt es doch eine Normenkollision zwischen Legitimität und Legalität der Aktion. Es war, wie es Jürgen Habermas (1999) formulierte, ein «Krieg an der Grenze zwischen Recht und Moral». Mit der Selbstmandatierung der Intervention hatte die NATO nach Einschätzung zahlreicher Völkerrechtler gegen geltendes Völkerrecht verstoßen. Ein Mandat des Sicherheitsrats wäre nach herrschender Lehre zwingend erforderlich gewesen, um eine Intervention auch gegen den Willen eines betroffenen Staates vornehmen zu können. Demgegenüber bekennt sich die NATO dazu, gewissermaßen aus eigenem Recht militärisch zu intervenieren.

Es stellt sich also die Frage, ob – wenn es schon keine völkerrechtliche Legitimation des NATO-Einsatzes gegeben hat – nicht eine moralische Rechtfertigung herangezogen werden kann (Mayer 1999) und ob nicht das Völkerrecht so weiterentwickelt werden muss, dass eklatante Verletzungen von Menschenrechten eine Einmischung unmittelbar betroffener Nachbarstaaten auch ohne VN-Mandat möglich machen. Allerdings könnte dies die Büchse der Pandora öffnen, so dass mit guten Argumenten dafür plädiert werden kann, dass die gefestigten völkerrechtlichen Regeln nicht geändert werden sollten. «Wir sollten keine neuen rechtlichen Standards setzen, nur um in einem singulären Fall das moralisch Richtige zu tun» (Simma 2000: 33). Es wird in Zukunft insbesondere darauf ankommen, das Missbrauchpotential humanitärer Interventionen zu verringern. Wenn es gelingen könnte, «eine Umschreibung des Ausnahmefalles der humanitären Intervention zu finden, welche nach menschlichem Ermessen nur ein begrenztes Missbrauch- und Eskalationspotential eröffnet, dann könnte man die Anerkennung einer solchen Ausnahme vielleicht als Ausdruck einer Konstitutionalisierung des universellen

Rechtssystems betrachten und nicht als einen Rückschritt» (Nolte 1999: 952).

Abgesehen von dieser rechtlichen Seite war die ‹Operation Allied Force› auch in anderer Hinsicht prägend für die Zukunft der Allianz (Krause 2000). Es wurde nicht nur deutlich, dass es in demokratischen Staaten sehr schwer möglich ist, öffentliche Unterstützung selbst für gut begründbare Kriege zu finden, sondern dass zusätzlich eine heterogene Allianz wie die NATO strukturell zur Kriegsführung wenn nicht untauglich, so doch zumindest nur eingeschränkt geeignet ist. Der hohe diplomatische und zeitliche Aufwand der Entscheidungsprozesse in Brüssel stand jedenfalls in einem gewissen Widerspruch zu militärischen Effizienzerfordernissen. Nicht zuletzt waren, jedenfalls in der Interpretation der USA, die Erfahrungen mit ‹Koalitionskriegen› (Clark 2001) vorwiegend negativ. Bündnispartner verlangen selbstverständlich ein Mitspracherecht bei Konzeption und Durchführung von Operationen, was zu zeitraubenden Diskussionen führen kann und möglicherweise die Legitimität eines Einsatzes erhöht, die Effektivität jedoch mindern kann (Binnendijk/Kugler 2002: 121). Andererseits wurden aufgrund nicht vorhandener Kapazitäten der europäischen Partner mehr als 80 Prozent der Kampfeinsätze von der US-Luftwaffe geflogen, und den Europäern wurde ihre Abhängigkeit von den USA deutlich vor Augen geführt. Dies kann als ein Ausgangspunkt für die Entwicklung eigener EU-Fähigkeiten verstanden werden (siehe Kapitel VII.2).

Nach Beendigung der Kampfhandlungen wurden die NATO-Operationen wieder in einen völkerrechtlich eindeutigen Zusammenhang gestellt. Der VN-Sicherheitsrat mandatierte mit der Resolution 1244 im Juni 1999 nicht nur eine zivile VN-Mission (UNMIK), sondern auch eine von der NATO geführte militärische Operation zur Implementierung des Friedensabkommens, die ‹Kosovo Force› (KFOR). Ihr Auftrag war es, im Kosovo ein multiethnisches, friedliches, rechtsstaatliches und demokratisches Umfeld mit autonomer Selbstverwaltung aufzubauen und militärisch abzusichern. Mehr als 50 000 Soldaten aus über 40 Nationen waren zeitweise im Kosovo stationiert. Zwar stellten die NATO-Staaten mit über 40 000 Soldaten die Mehrzahl der Truppen, die umfassende Beteiligung anderer Staaten – darunter auch Russland – zeigt aber, dass es sich nicht um eine reine NATO-Operation handelte. Im September 2007 bestand die KFOR immer noch aus 16 000 Soldaten aus mehr als 35 Staaten. Nach einer Statuslösung für den Kosovo, die bis Ende 2007 erreicht werden soll, ist geplant, dass die KFOR an die Europäische Union übergeben wird.

Eine vollkommen neue operative Dimension eröffnete sich für die Allianz in Folge der Terroranschläge vom 11. September 2001 und des daraufhin beginnenden amerikanischen ‹war on terrorism›. Zwar wurden bereits in dem gültigen strategischen Konzept der NATO vom April 1999 – im Übrigen auf Druck der USA und gegen teilweise heftigen Widerstand der Bündnispartner – sowohl die Verbreitung von Massenvernichtungswaffen als auch der Terrorismus als Bedrohung der Sicherheitsinteressen der Allianz definiert, vorbereitet war die NATO auf diese Aufgabe aber nicht. Mit der Wandlung des Terrorismus von einem innerstaatlichen zu einem internationalen Sicherheitsproblem erster Ordnung veränderte sich auch die Einstellung der Allianz zu diesem Thema (Lansford 2002). War in den 1990er Jahren der zentrale Streitpunkt wie auch der Gradmesser für die Relevanz die ‹out of area›-Debatte, so geriet in der Folge des 11. September die Frage nach der Beteiligung am ‹war on terrorism› zu einer ähnlich wichtigen Existenzfrage für die NATO. Da die USA wie kein anderer Staat die Definitionsmacht darüber besitzen, was relevante Bedrohungen sind und was nicht, musste die Allianz eher früher als später zu einer einheitlichen Position finden oder aber ihre Bedeutung für die USA verlieren.

Was war nun die unmittelbare Reaktion der Allianz auf die Anschläge vom 11. September 2001? Zunächst kam bereits am folgenden Tag der Nordatlantikrat zusammen und beschloss – allerdings unter Vorbehalt und anfänglichem amerikanischen Zögern – die Ausrufung des Bündnisfalles gemäß Artikel 5 des Washingtoner Vertrags, dies jedoch unter dem Vorbehalt, dass die Angriffe von außen gekommen waren. Nachdem die USA diesen Nachweis geführt hatten, wurde am 2. Oktober die Ausrufung bekräftigt und der Vorbehalt aufgehoben. Am 12. September verurteilten alle 46 Mitglieder des Euro-Atlantischen Partnerschaftsrates die Anschläge vorbehaltlos und erklärten ihre Solidarität mit den USA. Am 13. September trat der Ständige Gemeinsame NATO-Russland-Rat zusammen und verurteilte die Anschläge, darüber hinaus wurde eine Verpflichtung zur gemeinsamen Terrorbekämpfung eingegangen. Einen Tag später schloss sich die NATO-Ukraine-Kommission diesem Vorgehen an. Auf Ersuchen der USA vereinbarten die NATO-Mitglieder am

4. Oktober insgesamt acht Maßnahmen zur Konkretisierung des Bündnisfalls. Dazu gehörten eine bessere Zusammenarbeit der Nachrichtendienste, eine bessere Weiterleitung diesbezüglicher Erkenntnisse, die engere Zusammenarbeit in der Terrorbekämpfung sowie der verbesserte Schutz von Einrichtungen der Bündnispartner, die Gewährung von Überflugrechten für Antiterroroperationen der USA und ihrer Bündnispartner sowie der freie Zugang zu Häfen und Flugplätzen im Hoheitsgebiet der NATO-Staaten. Vereinbart wurden ebenfalls die Dislozierung eines Teils der ständigen Flottenverbände der Allianz in den östlichen Mittelmeerraum und die Verlegung von fünf AWACS-Flugzeugen zur Unterstützung von Antiterroroperationen in die USA für zunächst sechs Monate. All dies waren aber mehr oder weniger sekundäre militärische Hilfsleistungen und symbolische politische Solidaritätsbekundungen.

Der erste größere militärische Einsatz der US-geführten Koalition im ‹war on terrorism› begann am 7. Oktober 2001 mit einem Angriff gegen Afghanistan, wo Grund zur Annahme bestand, dass das Taliban-Regime der ‹al Qaida›-Terrororganisation Zuflucht und Unterstützung gewährte. In der ‹Operation Enduring Freedom›, an der sich nach US-Angaben 90 Nationen direkt oder indirekt beteiligten, spielte die NATO als Organisation keine Rolle. Zwar beauftragte der Nordatlantikrat die militärischen Stellen am 13. November 2001 mit der Vorbereitung von Notfallplänen für eventuelle humanitäre Operationen in Afghanistan und seiner Umgebung, an konkreten militärischen Einsätzen beteiligte sich die NATO jedoch ausdrücklich nicht. Washington beabsichtigte nicht, der NATO eine militärische Rolle zuzuweisen, sondern setzte vielmehr auf viele verschiedene Ad-hoc-Koalitionen in den unterschiedlichsten Teilen der Welt. Die von zahlreichen NATO-Staaten entsandten Truppen wurden nicht vom Alliierten Oberkommando SHAPE in Belgien geführt, sondern vom ‹U.S. Central Command› in Florida. Zudem war die Initiative zur Ausrufung des Bündnisfalls nicht von den USA, sondern vom NATO-Generalsekretär George Robertson ausgegangen. Dieser versprach sich davon, die Allianz nicht ins Abseits geraten zu lassen.

In der Bundestagsdebatte vom 19. September 2001 stimmte eine breite Mehrheit für einen gemeinsamen Entschließungsantrag, der festlegte, den Bekundungen der uneingeschränkten Solidarität mit den Vereinigten Staaten konkrete Maßnahmen des Beistands folgen zu lassen. Im Deutschen Bundestag bedurfte es dann allerdings zur

Umsetzung dieser Solidarität und der Bereitstellung deutscher Streitkräfte im Rahmen der ‹Operation Enduring Freedom› aufgrund einiger Abweichler in der knappen rot-grünen Parlamentsmehrheit der Verknüpfung mit der Vertrauensfrage. Der damalige Vorsitzende der SPD-Bundestagsfraktion, Peter Struck (2001), verwies in der Bundestagsdebatte vom 16. November 2001 auf die deutschen Nachkriegserfahrungen. Deutschland könne nun einen Teil der nach dem Zweiten Weltkrieg erfahrenen Solidarität zurückgeben: «Die Bundesrepublik hat in mehr als 50 Jahren mit verschiedenen Regierungen und unterschiedlichen Koalitionsregierungen gelebt. Aber sie hat nur gelebt und sich in Freiheit entfalten können, weil sie sich der Bündnissolidarität ihrer NATO-Partner als Konstante sicher sein durfte. Diese Konstante darf man nicht aufgeben, wenn erstmals von uns Bündnissolidarität eingefordert wird». Struck betonte auch das normative Verständnis des westlichen Bündnisses als Wertegemeinschaft. Die Solidarität mit dem Bündnis und den westlichen Partnern sei auch aus diesem Grund mehr als eine rein formale oder vertragliche Verpflichtung. Die Beteiligung der Bundeswehr an ‹Enduring Freedom› sei zugleich ein Beitrag zur Verteidigung der gemeinsamen Werte und der ideellen Grundlagen deutscher Politik. Der Beitrag von Bundeskanzler Schröder in der Bundestagsdebatte vom 8. November 2001 hebt diesen Aspekt deutlich hervor. Die Ausrufung des Bündnisfalls sei «eine Entscheidung von großer Tragweite, die uns übrigens nicht nur formal […] verpflichtet. Nein, ich denke, unsere Verpflichtung geht weiter, als lediglich eine Bündnispflicht zu erfüllen. Wir haben gemeinsam immer wieder darauf verwiesen, dass insbesondere die Angriffe auf New York und Washington […] nicht nur Angriffe auf die Werte waren, nach denen sich die Amerikaner politisch konstituieren, sondern auch Angriffe auf jene Werte, die für uns politisch konstitutiv sind, nämlich die Werte des Grundgesetzes. […] Wir haben über Jahrzehnte Solidarität erfahren. Deshalb ist es schlicht unsere Pflicht – das entspricht unserem Verständnis von Selbstachtung –, wenn wir in der jetzigen Situation Bündnissolidarität zurückgeben».

Nach dem vorläufigen Ende der ersten Kampfhandlungen in Afghanistan und dem Abschluss der Verhandlungen über eine afghanische Interimsregierung verabschiedete der VN-Sicherheitsrat am 20. Dezember 2001 ein Mandat für den Einsatz einer internationalen Sicherheitstruppe. Die ‹International Security Assistance Force› (ISAF) sollte die Arbeit der neuen afghanischen Übergangsregierung absichern und in der Hauptstadt Kabul sowie der näheren Umgebung eingesetzt werden. Auf deutschen Wunsch beschloss der NATO-Rat am 16. April 2003 einstimmig, ab Sommer 2003 die militärische Führung der ISAF-Operation in Afghanistan von Deutschland und den Niederlanden zu übernehmen. Zudem wurde die Allianz Ende Mai 2003 beauftragt, Pläne zu erarbeiten, wie der Bündnispartner Polen bei der Führung einer Stabilisierungstruppe im Nachkriegsirak unterstützt werden könnte. Gleichwohl waren die Operationen gegen den internationalen Terrorismus keine NATO-Angelegenheit. Die Diskrepanz zwischen der Ausrufung des Bündnisfalles und der Zurückhaltung Washingtons, Gebrauch von den institutionellen und militärischen Fähigkeiten der Allianz zu machen, spiegelte die amerikanische Einschätzung wider, dass das Bündnis in dieser Situation wenig nützlich sei. Die Gründe dafür sind vielfältig. So waren die USA die Ziele der Terrorangriffe, und dementsprechend direkt wurden US-Sicherheitsinteressen berührt. In einer solchen Situation gibt ein mächtiger Staat wohl nur dann das Heft des Handelns aus der Hand und agiert mit seinen Partnern, wenn er muss.

Zum anderen waren und sind die USA nicht auf die NATO angewiesen, weil sie auch allein militärisch stark genug sind, weltweite Militäroperationen durchzuführen. Nicht zuletzt waren, jedenfalls in der Interpretation der USA, die Erfahrungen mit ‹Koalitionskriegen› und dem ‹war by committee› wie etwa im Kosovo vorwiegend negativ (s. o.). Für eine Nation, die sich im Krieg sieht, war in dieser Situation und unter den gegebenen Voraussetzungen eine Beteiligung der NATO weder erforderlich noch hilfreich. Schließlich spielte sicherlich eine Rolle, dass die NATO und ihre Mitgliedstaaten mit Ausnahme Großbritanniens nicht die militärischen und technologischen Fähigkeiten besitzen, die für die moderne Kriegführung à la USA als erforderlich betrachtet werden. Allerdings sind die Interpretationen hinsichtlich der Rolle der NATO keineswegs einheitlich. So verweist etwa der damalige deutsche NATO-Botschafter darauf, dass die Allianz im Antiterrorkampf schließlich deshalb keine zentrale Rolle für sich reklamiert habe, weil sie dazu nicht in der Lage gewesen sei (Altenburg 2002: 52). Die Ausrufung des Bündnisfalles sei immer bewusst vorwiegend als politisches Signal dafür zu verstehen gewesen, dass die europäischen Verbündeten mit den USA solidarisch seien. Andererseits wären damit wichtige politische und militärische Weichen gestellt worden, um längerfristig die Relevanz der NATO auch bei neuen Bedrohungsformen zu erhalten. Von einer Marginalisierung der NATO könne jedenfalls keine Rede sein.

Fast zeitgleich mit der Übernahme der NATO-Verantwortung für den Afghanistan-Einsatz hat die Irak-Frage 2002/2003 alte inneratlantische Konflikte wieder aufleben lassen. Ein Konsens zwischen Europa und den USA hinsichtlich der künftigen Rolle der Allianz dürfte in Zukunft zunehmend schwerer zu erreichen sein. Von der Spaltung, die durch die US-geführte Intervention im Irak im Frühjahr 2003 ausging, war – wie alle anderen internationalen Organisationen – auch die Allianz betroffen. Wenngleich die Hauptauseinandersetzung nicht innerhalb der NATO, sondern vielmehr im VN-Sicherheitsrat stattfand, hat die Irakfrage die NATO dennoch in die wohl schwerste Krise seit ihrer Gründung im April 1949 gestürzt. Eine unmittelbare militärische Beteiligung der NATO am militärischen Sturz des irakischen Regimes stand dabei nicht zur Debatte, schon deshalb nicht, weil die NATO militärisch dazu wenig hätte beitragen können. Die USA strebten dennoch neben den als wertvoll erachteten Beiträgen einzelner Mitgliedstaaten (Großbritannien, Polen, Spanien) insbesondere eine politische Unterstützung durch die Allianz an, die aber ausdrücklich nicht erfolgte. Die NATO als internationale Organisation hat sich zwar mit der Irakfrage auf allen Ebenen beschäftigt, war aber aufgrund unterschiedlicher Sichtweisen der damals 19 Mitgliedstaaten und des Einstimmigkeitserfordernisses zu keiner einheitlichen Bewertung im Detail gekommen. Eine Ausnahme bildete lediglich die Nutzung der militärischen Infrastruktur der NATO bzw. eingespielter Verfahren im Sinne von Kommunikationswegen, Überflugrechten, Nachschubsicherung etc.

Die knappe Erklärung zum Irak auf dem Prager Gipfeltreffen vom November 2002 ließ Interpretationen offen und stellte ein klassisches diplomatisches Produkt dar, hinter dem sich alle wiederfinden konnten. Die NATO bekräftigt darin ihre Entschlossenheit, effektive Maßnahmen zu ergreifen, falls sich der Irak nicht ‹vollständig und umgehend› an die Resolution 1441 des Sicherheitsrates hält. Im Falle einer Missachtung seitens des Iraks wird daran erinnert, dass Resolution 1441 ‹ernste Konsequenzen› einschließt. In die konkrete militärische Planung war die NATO als Organisation jedoch – nach allem, was bekannt ist – nicht eingebunden. Da etwa 90 Prozent des amerikanischen Militärpotentials außerhalb der NATO-Verwendung liegen und für alle anderen in Europa stationierten amerikanischen NATO-Kräfte nationale Vorrangaufgaben außerhalb des Allianzrahmens vorgesehen sind, war diese Frage aus amerikanischer Sicht auch militärisch nicht relevant. Dennoch hatten die USA erstmals im November 2002 bei rund 50 Staaten (darunter allen NATO-Mitgliedern) um bilaterale Unterstützung unterschiedlichster Art ersucht. Im Januar 2003 wurde ein im NATO-Rat vorgetragener Forderungskatalog der USA bekannt, wie das Bündnis im Falle eines Irakkrieges Unterstützung leisten könnte. Die USA erwarteten demnach eine Beteiligung der NATO an der Kontrolle von Seewasserstraßen, den Einsatz von AWACS-Flugzeugen – die sowohl als großflächiges Aufklärungsinstrument als auch als Einsatzleitstelle zur Unterstützung von Kampfeinsätzen dienen können –, den verstärkten Schutz der Türkei durch Luftabwehrraketen und von US-Basen in NATO-Ländern. Zudem wurde die Reduzierung von US-Truppen auf dem Balkan angekündigt, die dann durch Einheiten aus anderen NATO-Staaten ersetzt werden müssten. Schließlich wünschten die USA eine Beteiligung der NATO an einer Friedenstruppe im Nachkriegsirak. Infolge dieser Auseinandersetzung bezeichnete US-Außenminister Donald Rumsfeld Deutschland und Frankreich als das ‹alte Europa›, währenddessen die anderen Länder in Europa, die auf der Seite der Vereinigten Staaten standen, das ‹neue Europa› seien.

In der Tat waren die NATO und Europa in der Irakfrage tief gespalten. Während sich die NATO-Mitglieder Dänemark, Großbritannien, Italien, Niederlande, Norwegen, Polen, Portugal, Spanien, Tschechien und Ungarn deutlich an die Seite der USA stellten, opponierten Belgien, Deutschland und Frankreich offen gegen den Kurs der USA und verhinderten ein gemeinsames Vorgehen im Rahmen der Allianz. Von den Beitrittskandidaten erklärten alle sieben Staaten (Bulgarien, Estland, Lettland, Litauen, Rumänien, Slowakei und Slowenien) und auch die drei Kandidaten für die nächste Erweiterungsrunde (Albanien, Kroatien, Mazedonien) offen ihre Unterstützung für die USA.

Wieder stärker ins Rampenlicht rückte die NATO in Afghanistan. Nach der Übernahme der ISAF-Führung durch die NATO im August 2003 wurde die ISAF-Operation sukzessive ausgeweitet. Die ursprünglich geplante Begrenzung auf den Raum Kabul hatte sich als wenig wirksam erwiesen. Zudem drängten die USA die ISAF-Partner dazu, die von den USA seit 2003 aufgestellten ‹Provincial Reconstruction Teams› konzeptionell zu übernehmen und auszuweiten. Im Oktober 2003 mandatierte der VN-Sicherheitsrat die Ausweitung der Operation, die in vier Schritten stattfand, so dass sich das NATO-Kommando ab Oktober 2006 auf alle 34 Provinzen Afghanistans erstreckte und die Zahl der von der NATO befehligten Soldaten auf 33 000 stieg. Der Afghanistaneinsatz wird von der NATO als Schlüsselpriorität betrachtet. Sicherlich ist es zugleich die problematischste NATO-Operation. Denn die Mitgliedstaaten sind sich über die angemessene Strategie nicht immer einig. Ein besonderer Streitpunkt ist dabei die Gewichtung zwischen zivilen und militärischen Komponenten. Während auf der einen Seite argumentiert wird, dass ohne Sicherheit eine Entwicklung des Landes nicht möglich sei, wird auf der anderen Seite die Annahme für plausibler gehalten, nach der die Entwicklung des Landes Voraussetzung für Sicherheit sei. Diese unterschiedlichen Auffassungen spiegeln sich auch in unterschiedlichen Mandaten wider.

Während die ISAF den Auftrag hat, die afghanischen Sicherheitsbehörden dabei zu unterstützen, auf dem Staatsgebiet des Landes Sicherheit herzustellen und den Wiederaufbau zu ermöglichen, wird zeitgleich mit der US-geführten ‹Operation Enduring Freedom› (OEF) außerhalb der NATO eine Bekämpfung des harten Kerns terroristischer Kräfte in Afghanistan angestrebt. Eine insbesondere von den USA geforderte Verschmelzung beider Operationen wird von der Mehrzahl der NATO-Staaten abgelehnt. Dies führt letztlich zu einer unterschiedlichen Verteilung der Lasten und Risiken im Bündnis, wenn etwa im Süden des Landes britische, kanadische, niederländische und amerikanische Soldaten in harten Kampfeinsätzen ihr Leben verlieren, während im Norden des Landes deutsche Soldaten den zivilen Wiederaufbau absichern, ohne in Kampfeinsätze verwickelt zu werden. Andererseits zeigt sich immer wieder, dass der NATO von den Mitgliedstaaten weder quantitativ noch qualitativ die zur Umsetzung des Mandats erforderlichen Kräfte zur Verfügung gestellt werden. Zudem haben zahlreiche NATO-Staaten ihren nationalen Kontingenten nationale Einsatzvorbehalte (‹caveats›) auferlegt, die die Effektivität der ISAF erheblich beeinträchtigen. Nach NATO-Angaben gibt es etwa 100 verschiedener solcher Vorbehalte, die sich entweder auf geographische oder operative Fragen beziehen. Insgesamt ist Afghanistan damit zu einer potentiellen Bruchstelle innerhalb des Bündnisses geworden. Wie immer sich die ISAF-Operation der NATO entwickeln wird, sie dürfte «nicht nur für die innere Kohäsion der Allianz, sondern auch für ihre äußere Leistungsfähigkeit ein Lackmustest werden. Denn sie verkörpert in besonderer Weise den Anspruch der NATO, als globaler Anbieter von Sicherheit aufzutreten. Scheitert ISAF, darf bezweifelt werden, dass sich die Allianz in Zukunft zu vergleichbaren Einsätzen bereitfinden wird» (Kupferschmidt/Kaim 2006: 2).

Was sind nun die zentralen Lehren aus den bisherigen NATO-Operationen nach dem Ende des Ost-West-Konflikts? Aus der Breite der operativen NATO-Aktivitäten entstehen zahlreiche neue Herausforderungen, insbesondere die Frage nach den Prioritäten für NATO-Operationen. Nach dem Selbstverständnis der Allianz hat sich die Anpassungsfähigkeit insbesondere darin gezeigt, dass sie sich neuen Aufgaben zugewandt hat und zunehmend operativ tätig geworden ist. Kritisch betrachtet, ist die NATO «der Versuchung erlegen, ihre Existenzberechtigung mit einem bunten Katalog von möglichen und wünschbaren Zielen und Absichten nachweisen zu wollen» (Hippler 2006: 30). Zu diesem bunten Spektrum gehören heute Friedenssicherungsoperationen im Kosovo, Kampfeinsätze am Hindukusch, maritime Anti-Terroroperationen im Mittelmeer bis hin zu humanitären Hilfseinsätzen (siehe Übersicht 11). Die Erfahrungen aus diesen überaus unterschiedlichen Einsätzen lassen sich nicht über einen Kamm scheren, es können jedoch drei Trends ausgemacht werden, die die zukünftige Entwicklung beeinflussen dürften (siehe auch Kapitel IX).

– Erstens dürften Kampfeinsätze ohne Mandat des Sicherheitsrates der Vereinten Nationen nach dem Muster der ‹Operation Allied Force› aus dem Jahr 1999 weiterhin die Ausnahme bleiben. Dies liegt zum einen daran, dass es unwahrscheinlich sein dürfte, dass sich 26 Staaten auf kontroverse Einsätze einigen, zum anderen dürfte die Entwicklung mit den Erfahrungen des ‹war on committee› zusammenhängen, der insbesondere in den USA als wenig effektiv wahrgenommen wurde. Die NATO sei strukturell ungeeignet zur klassischen Kriegsführung, weil es innerhalb der Allianz dafür keinen Konsens gäbe und diese, wenn überhaupt notwendig, den USA oder Koalitionen der Willigen überlassen werden sollte. So argumentiert Christoph Bertram (2006), langjähriger Direktor der Stiftung Wissenschaft und Politik und hervorragender Kenner der transatlantischen Sicherheitspolitik, dass die Allianz fälschlicherweise «an dem Mythos fest[hält], die Hauptaufgabe des Bündnisses bestehe unverändert darin, jede direkte militärische Bedrohung der territorialen Unversehrtheit seiner Mitglieder abwehren zu können».

– Zweitens haben insbesondere die Operationen in Bosnien-Herzegowina und in Afghanistan die Frage aufgeworfen, ob die Allianz bei der zunehmenden Involvierung in Stabilisierungsoperationen den Aufbau von spezifischen Fähigkeiten für solche Konfliktformationen vorantreiben sollte. Es fehlen jedoch Unterstützungskräfte und NATO-Fähigkeiten, die die Erfüllung eines militärischen Auftrags auch dann gewährleisten können, wenn vor Ort wenig Unterstützung zur Verfügung steht. Pläne zum Aufbau einer Art ‹NATO Stabilization and Reconstruction Force› (Binnendijk/Kugler 2004) gehen von der Überlegung aus, dass der NATO zwar eine große Zahl an Kampftruppen zur Verfügung steht, die für diese Einsatzarten erforderlichen Truppen aber nicht in Form von schnell einsetzbaren Kräften bereitgehalten werden. Die Erfahrungen auf dem Balkan und in Afghanistan haben zudem verdeutlicht, dass sich die intervenierenden Staaten auf längerfristige Engagements einstellen müssen, es aber den Nationen offenkundig schwer fällt, die benötigten Kräfte der Allianz dann auch tatsächlich bereitzustellen.

– Drittens ist ein weiteres Element dieses längerfristigen Engagements die Anpassung der Konzeption von NATO-Operationen, die insbesondere der Vielschichtigkeit von Einsätzen gerecht wird. Die militärische Komponente ist bei den meisten Einsätzen zwar ein zentrales Element, ohne einen Instrumentenmix, der auch zivile, politische und ökonomische Elmente enthält, wird sich jedoch kein längerfristiger Erfolg einstellen. Ob dies die NATO selbst machen oder über eine stärkere Zusammenarbeit mit anderen Organisationen wie EU oder VN erreichen soll, ist eine offene Frage (siehe Kapitel VI.3).

Kapitel IX: Die Zukunft der NATO

Die Analyse der unterschiedlichen Entwicklungsetappen der NATO in den vorangegangenen Kapiteln hat gezeigt, dass die Allianz eine erhebliche Wandlungsfähigkeit unter Beweis gestellt hat. Sie hat sich in den vergangenen zehn Jahren von einem Bündnis der kollektiven Verteidigung gegen einen klar definierbaren Gegner zu einer «multipurpose international security organisation» (Forster/Wallace 2002: 111) entwickelt. Sie ist nicht nur die einzige vertragliche Grundlage zwischen den Partnern auf den verschiedenen Seiten des Atlantiks, sondern sie bildet trotz aller Unterschiede der Mitgliedstaaten auch eine Wertegemeinschaft. Sie ist zudem einer der wenigen handlungsfähigen sicherheitspolitischen Akteure, die zu komplexen militärischen Operationen im gesamten Aufgabenspektrum in der Lage sind. Durch die Absicherung der strukturellen Nichtangriffsfähigkeit und Transparenz nach innen, die durch den militärischen Planungsprozess und die integrierte Militärstruktur sichergestellt werden, kann die NATO zudem einer Renationalisierung der Sicherheits- und Verteidigungspolitik entgegenwirken.

Im Zuge des amerikanischen ‹war on terrorism› hat sich die Allianz nochmals rasant verändert. Die auffälligsten Veränderungen beziehen sich auf die alles in allem erstaunlich problemlose Erweiterung um sieben Staaten, darunter mit den baltischen Staaten drei ehemalige Sowjetrepubliken, sowie auf die Ausdehnung des Aktionsradius der Allianz weit über das Bündnisgebiet bzw. seine unmittelbare Umgebung hinaus. Bestätigt hat sich die enorme Macht der USA, Veränderungen in der Allianz durchzusetzen und das sicherheitspolitische ‹agenda-setting› zu bestimmen. Dass sich die Allianz in den amerikanischen Planungen als irrelevant erwiesen habe, bestätigt die Analyse nicht. Sie ist sicherlich in der ersten Phase des US-Antiterrorkampfes übergangen worden und konnte auch im Streitfall Irak 2002/2003 zunächst keine Rolle spielen. Andererseits kann von einer grundsätzlichen und systematischen Marginalisierung keine Rede sein. Dies zeigt sich u. a. in der Übernahme der ISAF-Operation in Afghanistan.

In theoretischer Hinsicht kann der Institutionalismus, der auf die Anpassungsleistung der Allianz auf veränderte sicherheitspolitische

Rahmenbedingungen abhebt, Erklärungskraft für den Fortbestand der NATO beanspruchen. Zentrale Fragen der Allianztheorie sind damit jedoch noch nicht beantwortet: Stimmen die Allianzmitglieder hinsichtlich der Einschätzung der sicherheitspolitischen Probleme überein? Werden die Bedrohungen in gleicher Weise wahrgenommen? Was bedeutet die Veränderung des sicherheitspolitischen Umfeldes für die Kohäsion im Bündnis? Denn trotz der wichtigen klassischen und der nicht weniger wichtigen neuen Aufgaben befindet sich die NATO in einem vielschichtigen Dilemma. Der Außendruck, der vier Jahrzehnte wichtiges Bindeglied zwischen den Mitgliedstaaten war, ist weggefallen und die Ausweitung des Aktionsradius des Bündnisses – die die Allianz noch nicht zum Weltpolizisten, sehr wohl aber zu einem globalen Ordnungsfaktor macht – stellt bei jedem einzelnen Einsatz eine enorme Herausforderung für die strategische Konsensbildung dar. Diese Entwicklung könnte dazu führen, dass bei wachsender unmittelbarer Gefahrenabschwächung die Nutzung der Allianz als wichtigster sicherheits- und verteidigungspolitischer Bezugspunkt oder gar die Mitgliedschaft in der NATO von den Mitgliedstaaten nicht länger als sinnvoll bzw. erforderlich angesehen werden.

Die Zukunft der Allianz als handlungsfähiges Bündnis und sicherheitspolitischer Kristallisationspunkt ihrer Mitgliedstaaten ist mithin so offen wie nie. Der Grund für diese Prognose liegt in drei zentralen Strukturproblemen der Allianz begründet, die bereits in den vorangegangenen Kapiteln analysiert wurden, auf die jedoch abschließend noch einmal systematisch zurückzukommen ist.

– ‹Strukturproblem Bedrohungsperzeption›: An erster Stelle steht die Frage, ob es noch eine gemeinsame oder zumindest eine vorherrschende Bedrohungswahrnehmung in der Allianz gibt. Unterschiedliche Einschätzungen bei zentralen Themen wie Terrorismus, Proliferation von Massenvernichtungswaffen oder Raketenabwehr lassen es fragwürdig erscheinen, ob die Bündnispartner noch ein gemeinsames Verständnis von Sicherheit haben, was aber entscheidend für eine gemeinsame Sicherheitspolitik ist. Generell lässt sich sagen, dass zwischen den Mitgliedstaaten nicht nur unterschiedliche Auffassungen darüber herrschen, ob eine Bedrohung vorliegt oder nicht, sondern auch die Wahl der Mittel höchst unterschiedlich beurteilt wird Während eine Reihe der europäi-

schen Staaten in ‹weichen› Bedrohungskategorien wie dem Klima-
wandel oder großflächigen Umweltzerstörungen heute harte Sicherheitsbedrohungen sieht – die natürlich nicht mit militärischen
Mitteln zu beeinflussen sind –, beurteilen insbesondere die USA
dies anders und verstehen Sicherheit vorwiegend – wenn auch nicht
ausschließlich – nach dem Motto ‹wer einen großen Hammer hat,
sieht in jedem Problem einen Nagel› als militärisches Problem.
In diesen unterschiedlichen Wahrnehmungen liegt auch ein Er-
klärungsschlüssel für die unterschiedliche Bereitschaft zur finanziellen Ausstattung der Streitkräfte und den Aufwendungen für
militärische Sicherheitspolitik, die in den USA deutlich anders ausfällt als in anderen Staaten – der ‹Hammer› der USA, um im Bild zu
bleiben, ist also sehr groß. Wenn der Zusammenhang zwischen
dem geeigneten Zeitpunkt für ein Eingreifen in Konflikte und dem
davon abweichenden öffentlichen Zustimmungsgrad dazu richtig
ist und die daraus abgeleiteten Herausforderungen unter dem
Schlagwort der ‹präemptiven Sicherheitspolitik› ebenfalls richtig
erfasst sind, dann bedeutet dies zweierlei: Erstens kann ein Bündnis wie die NATO zwar solchen Debatten nicht ausweichen, es
resultieren daraus jedoch neue Risiken für den Stellenwert, den die
Staaten der NATO in ihren jeweiligen sicherheitspolitischen Strategien beimessen, und damit die Möglichkeiten der Nutzung der
NATO als Instrument in solchen Krisensituationen. Denn wenn
zweitens absehbar ist, dass es keinen Konsens für solche Art von
Einsätzen gibt, dann werden diejenigen Staaten, die sich dennoch
Handlungsoptionen in diesem Sinne erhalten wollen, die Allianz
lediglich als nachrangiges Gremium betrachten und Vorkehrungen
für eigenständiges Handeln schaffen oder erhalten.

– ‹*Strukturproblem Entscheidungsprozesse*›: Eine zweite – und eng
mit dem ersten Punkt verbundene – Strukturfrage der Allianz ist
die Frage, was die Mitgliedstaaten der NATO gemeinsam machen
können bzw. wollen und was sie gemeinsam finanzieren möchten.
Insbesondere wird vielfach die Forderung erhoben, dass allen
Mitgliedern verstärkt die Möglichkeit einer flexiblen Teilnahme an
NATO-Missionen eingeräumt werden soll. Dies würde eine drastische Änderung des Bündnisvertrags bedeuten: Das Konsensprinzip müsste aufgegeben, die integrierte Militärstruktur modifiziert
und Nichtmitglieder müssten stärker am Entscheidungsprozess
der Allianz beteiligt werden. Möglicherweise wäre dies aber der

einzige Weg, dem Bündnis die Flexibilität einzuräumen, die es für die wahrscheinlichen künftigen Konfliktszenarien benötigt. Aus solchen Ad-hoc-Koalitionen, die die NATO-Ressourcen nutzen möchten, können aber – so notwendig sie im Einzelfall sein mögen – gleichwohl unerwünschte Konsequenzen entstehen. Der ‹casus foederis› wird damit unscharf. Daraus resultiert jedoch, dass die konstatierte ‹kollektive Rationalität› von Bündnisentscheidungen kein stabilisierendes Element der internationalen Ordnung mehr ist, sondern vielmehr das Sicherheitsdilemma verschärft wird. Denn die Art der Entscheidungsfindung in der NATO sichert ein hohes Maß an kollektiver Rationalität und lässt hegemonialen Missbrauch wenig wahrscheinlich werden – so hat sich bekanntlich nicht die NATO, sondern haben sich lediglich einzelne NATO-Staaten am Irakkrieg 2003 beteiligt. Wenn aber Ad-hoc-Handeln nicht nur im Einzelfall denkbar, sondern bereits konzeptionell eingeplant ist, resultiert daraus bei anderen Akteuren außerhalb des Bündnisses Misstrauen, wodurch möglicherweise neue Konfliktformationen gefördert werden können. Zum anderen könnte mit Ad-hoc-Koalitionen zusätzlich der innere Zusammenhalt der Allianz untergraben werden. Bis zu einem gewissen Grad dürften sie unumgänglich sein, wenn aber eine Entwicklung hin zu einem amerikanischen Werkzeugkasten für Ad-hoc-Koalitionen erfolgen würde, wäre der Zusammenhalt des Bündnisses extrem gefährdet. Denn ein Entscheidungsprozess, an dem alle Mitglieder – zumindest im Grundsatz – mitwirken können, ist die Voraussetzung dafür, dass sich Staaten an dem Bündnis beteiligen und ihre Politik an ihm ausrichten. Sinnvoll wäre es, die Bedingungen für das Handeln in wechselnden Koalitionen der Willigen genauer zu definieren und damit einen verbindlichen Handlungsrahmen zu schaffen. So wäre es denkbar, einen Mechanismus zu entwickeln, bei dem der Nordatlantikrat einzelnen Staaten oder Staatengruppen die Nutzung von NATO-Ressourcen gestattet oder aber einen Einsatz politisch absegnet, ohne dass sich alle Staaten beteiligen müssen. Vorstellbar wäre auch die Einführung von Verfahren der konstruktiven Enthaltung oder der verstärkten Zusammenarbeit einzelner unter dem Dach der NATO. Neben den politischen Problemen, die damit zusammenhängen stellt sich auch die Frage der Finanzierung.

– ‹*Strukturproblem Europäisierung*›: Als drittes zentrales Strukturproblem erweist sich in zunehmendem Maße die Frage nach der

167

Rolle der EU-Staaten im Bündnis. Der Grad der europäischen Eigenständigkeit in der NATO bzw. der Europäer insgesamt gehört zu den schwierigsten strukturellen sicherheits- und bündnispolitischen Fragen. Dabei geht es im Wesentlichen darum, inwieweit die EU Aufgaben, die bisher die NATO wahrgenommen hat, übernehmen kann und will. Mit der Konkretisierung der ESVP stellt sich die Frage nach ihrem Verhältnis zur NATO neu. Die zentrale Frage ist, ob die EU eine Art ‹Zweigstelle› der Allianz für besondere Aufgaben wird oder ob ein großer Teil dessen, was an sicherheitspolitischen Aufgaben auf eine um die ESVP bereicherte EU zukommt, nicht doch besser, schneller und effizienter von der NATO geleistet werden kann. Diese Frage kann nach heutigem Stand noch nicht endgültig beantwortet werden, denn es ist offener denn je, ob es die EU schafft, sich zu einem einheitlichen politischen Akteur zu entwickeln. Auch ist noch nicht ausgemacht, ob die USA eine ‹europäische Macht› bleiben wollen und an formalen Allianzen mit ihren europäischen Partnern interessiert sind. Die Beziehungen zwischen NATO und EU dürften also auch in Zukunft nicht einfach und auch nicht konfliktfrei sein. Allerdings wäre es angesichts der weitgehenden Mitgliederkongruenz beider Organisationen, der Tatsache des ‹single set of forces› wie auch der anspruchsvollen internationalen sicherheitspolitischen Problemagenda völlig unangemessen, wenn sich beide in einer Art Schönheitswettbewerb in Selbstbeschäftigung übten, anstatt wirksame Impulse zur Stabilisierung des internationalen Systems wie auch effektive Beiträge zur Lösung sicherheitspolitischer Probleme zu leisten.

Insgesamt ergeben sich aus der Analyse der komplizierten Beziehungen zwischen NATO und EU drei zentrale Konsequenzen für die transatlantischen Sicherheitsbeziehungen:

– Erstens wird Europa und die Europäische Union mehr für seine eigene Sicherheit verantwortlich sein als jemals zuvor, und die europäische Politik muss die Voraussetzungen dafür verbessern, diese Rolle auch auszufüllen. Um die Gestaltungskraft der EU in der Welt des 21. Jahrhunderts sieht es aller Wahrscheinlichkeit nach unter den gegebenen Voraussetzungen europäischer Politik zumindest ambivalent aus. Denn ein Bedeutungsverlust des EU-Rahmens ist im Zuge der erfolgten und noch bevorstehenden Erweiterungen ebenso wenig auszuschließen wie die Entwicklung einer völlig neuen Integrationsform jenseits der bestehenden Verträge (Varwick/Koops 2007). Ein einheitliches Integrationsmodell für alle demnächst 30 oder mehr EU-Mitgliedstaaten wird jedenfalls immer schwieriger zu finden sein. Obgleich sich der Bereich Außen- und Sicherheitspolitik wie kaum ein anderes Politikfeld für gemeinschaftliche Lösungen geradezu aufdrängen würde, steht nicht zu erwarten, dass mit 27 oder gar 30 Mitgliedstaaten das gelingen könnte, was schon mit 15 Staaten nicht erreicht werden konnte: die wirksame Einbringung einer gemeinsamen europäischen Stimme in die internationale Politik. Dabei wird den Europäern, die im Übrigen von außen schon sehr viel stärker als ein gemeinsamer Akteur wahrgenommen und nachgefragt werden, als dies von innen erkennbar wäre, schon lange nicht mehr gestattet, sich auf eine interne Nabelschau und innere Streitereien zu beschränken. Die schwierigen Debatten über die Zukunft der Integration wie auch der europäischen Außen- und Sicherheitspolitik stehen der EU erst noch bevor.

– Wenn diese Analyse stimmt, dann wären die EU und die sie tragenden Mitgliedstaaten zweitens gut beraten, nach Kräften daran zu arbeiten, dass die USA eine ‹europäische Macht› bleiben, und sich bei der – notwendigen und sinnvollen – Entwicklung ihrer sicherheitspolitischen Rolle auf eine Weise zu verhalten, die die USA nicht weiter von Europa entfernt. Das dürfte neben zahlreichen inhaltlichen Fragen zu den zentralen bündnispolitischen Herausforderungen der Zukunft gehören.

– Drittens ist trotz aller bereits existierenden offiziellen Bekundungen und formalen Arrangements eine Debatte über eine transatlantische Arbeitsteilung dringend notwendig. Die EU sollte sinnvollerweise ihre Schwerpunkte dort ausbauen, wo ein über rein militärische Fähigkeiten hinausgehender Ansatz im Vordergrund steht. Das heißt nicht, dass auf die militärische Dimension auf EU-Ebene verzichtet werden soll. Die EU ist aber auch auf absehbare Zeit im besten Fall eine «Zivilmacht mit Zähnen» (Schmalz 2005: 57) und sollte der NATO Einsätze überlassen, bei denen Eskalationsdominanz und Mittel hoher Intensität erforderlich sind. Dass dazu eine Bereitstellung europäischer Fähigkeiten unter die Verfügungsgewalt der Allianz (oder genauer gesagt: Beiträge einzelner europäischer Staaten) erforderlich ist, sollte selbstverständlich sein.

Nicht zuletzt angesichts des analysierten Spannungsverhältnisses zwischen dem Ausbau der ESVP und dem Bestand der NATO sind im Grundsatz zwei Modelle für die zukünftige Entwicklung der transatlantischen Sicherheitsbeziehungen denkbar: eine gleichberechtigte Zwei-Pfeiler-Allianz oder ein Konkurrenzverhältnis zwischen EU und USA, das eher früher als später zum Zerfall der NATO führen müsste.

– Im ersten Modell würde sich zwischen den USA und Europa – wie im Übrigen schon seit den 1960er Jahren angedacht und seitdem in zahllosen Dokumenten und Strategiepapieren gefordert – eine (aufgrund unterschiedlicher Machtpotentiale) asymmetrische, aber gleichberechtigte Zwei-Pfeiler-Allianz entwickeln. Der europäische Pfeiler würde Sicherheitsprobleme im eigenen regionalen Umfeld eigenständig lösen können, für den Notfall stünden aber US-Kräfte bereit, um unterstützend eingreifen zu können. Friedenssicherungseinsätze wie im Kosovo oder in Bosnien-Herzegowina könnten von dem europäischen Pfeiler nach einem vereinbarten Verfahren ohne US-Beteiligung übernommen werden. Bei globalen Sicherheitsproblemen würde von Fall zu Fall entschieden, ob ein gemeinsames Vorgehen konsensfähig ist oder nicht. In diesem Sinne lässt insbesondere die deutsche Politik unabhängig von der Zusammensetzung der jeweiligen Bundesregierung keinen Zweifel am Wert des transatlantischen Bündnisses. Das heutige Europa beruht geradezu auf der Grundentscheidung der USA, nach 1945 politisch und militärisch in Europa präsent zu bleiben. Auch heute sind Europa und die USA aufeinander angewiesen. «Die NATO ist die zentrale Institution des transatlantischen Bündnisses. Niemand will und kann ihre grundlegende Bedeutung als Garant unserer Sicherheit in Frage stellen. Vielmehr wird eine gestaltungs- und handlungsfähige ESVP das – im Übrigen von den USA entwickelte – Konzept des europäischen Pfeilers in der NATO mit Leben füllen. Dazu müssen auch die Planungs- und Führungsfähigkeiten der EU verbessert werden. Was wir wollen, ist Komplementarität, keine Konkurrenz» (Fischer 2003). Welche Organisation – NATO oder EU – die Vorrangstellung hätte, würde nicht grundsätzlich, sondern vielmehr pragmatisch im Geist der Partnerschaft und Solidarität entschieden. Gleichwohl würden auch bei diesem Modell zahlreiche Konfliktpunkte bestehen bleiben: Welche Form soll die integrierte Militärstruktur der Allianz einnehmen, welchen Grad der militärischen Zusammenarbeit soll es geben, wie soll die Arbeitsteilung zwischen EU und NATO konkret aussehen, wie ist die operative Zusammenarbeit zu gewährleisten, wie kann die Kohäsion im Bündnis aufrechterhalten werden, und ist ein VN-Mandat – wie ja bereits im Washingtoner NATO-Vertrag vom April 1949 festgelegt – für gemeinsames Handeln erforderlich?

Voraussetzung wäre in diesem Modell einerseits, dass die EU mit ihrem Projekt ESVP erfolgreich ist und größere eigene Anstrengungen (auch finanzieller Art) für ihre Sicherheit unternimmt. Eine gewisse Duplizierung militärischer Fähigkeiten und Entscheidungsstrukturen ist dabei unvermeidlich, sie erfolgt aber in Absprache mit den USA. Ungeklärt ist die Frage, ob, und wenn ja, in welcher Form Washington mitentscheiden soll. Anders gefragt: Kann es Situationen geben, in denen die NATO nicht handeln will und die EU trotzdem gegen den Willen der USA handelt? Auch wäre es nötig, dass die USA partnerschaftsfähig bleiben und anerkennen, dass sie Verbündete bei der Lösung der sicherheitspolitischen Herausforderungen brauchen. Zwar wird in den jüngsten Strategiedokumenten der USA wie der ‹National Security Strategy› vom März 2006 und dem ‹Quadrennial Defense Review Report› vom Februar 2006 die Bedeutung von Partnerschaften hervorgehoben, eine solche Entwicklung ist gleichwohl nicht selbstverständlich. Insofern ist einer Studie zur neuen strategischen Ausrichtung der US-Verteidigungspolitik tendenziell zuzustimmen: Auch wenn sich die USA nicht von der Zusammenarbeit in der NATO abwenden, so die dortige Argumentation, werden sie zukünftig wahrscheinlich zumindest bei Kampfoperationen «einen demonstrierten politischen Willen und nachweisbar vorhandene militärische Fähigkeiten zur Bedingung ihrer Kooperationsbereitschaft [machen]. Da sie beides nicht von allen europäischen Alliierten erwarten, wird sich auch künftig die transatlantische Zusammenarbeit auf Koalitionen der Willigen und Fähigen beschränken, anstatt durch die NATO gekennzeichnet zu sein» (Assmann 2006).

– Im zweiten Modell würde es mittel- bis langfristig zu einem Bruch in den transatlantischen Beziehungen kommen. Die NATO würde langsam erodieren oder gar konfliktträchtig zerfallen. Die sicherheitspolitischen Grundannahmen und Bedrohungsanalysen würden sich mittelfristig weiter auseinanderentwickeln, EU und USA längerfristig strategische Rivalen werden. Die relative Stabilität einer Weltordnung unter dem Vorzeichen amerikanischer Dominanz würde ersetzt durch einen konfliktträchtigen Wettbewerb um die Vorherrschaft zwischen den weltpolitischen Polen. Im Moment ist die EU zwar noch nicht in der Lage, eine solche Rolle als politischer Rivale zu spielen; wenn sie aber eines Tages fähig wäre, ihr ökonomisches Gewicht in politisch-strategische Macht umzusetzen, könnte dieses Szenario schneller Realität werden, als transatlantische Europäer (bzw. europäische Transatlantiker) befürchten und europäische Autonomisten erhoffen.

Beide Modelle sind denkbar, wenngleich mit einer gewissen Wahrscheinlichkeit das erste Modell realistischer als das zweite ist. Denn es mag zwar einige Staaten – insbesondere das zu gaullistischen Reflexen neigende Frankreich – geben, die eine Emanzipation der EU auf Kosten des transatlantischen Bündnisses anstreben. Mehrheitsfähig wäre eine solche Politik aber in der EU nicht.

Der Rollenfindungsprozess der NATO in dem neuen sicherheitspolitischen Umfeld ist zwar weit vorangeschritten, aber alles andere als abgeschlossen. Die weitere Entwicklung der NATO hängt dabei wesentlich von der Ausbildung der Interessenlage ihrer Mitglieder ab, insbesondere der Haltung der USA. Vermutlich werden sich in verschiedenen Krisen – die sicher kommen werden – verschiedene Koalitionen bilden und sich die Rolle und Bedeutung der NATO nach deren Brauchbarkeit bei der Koalitionsbildung wie auch der Verfügbarkeit ihrer Ressourcen bemessen. Die Allianz wird somit einen Standort im vierfachen Spannungsfeld zwischen einem ‹kollektiven Verteidigungsbündnis›, einem ‹Clearing House für globale Interventionseinsätze›, einem ‹Werkzeugkasten für amerikanische Ad-hoc-Koalitionen› sowie einem ‹System kollektiver Sicherheit› finden müssen.

Die Fliehkräfte und unterschiedlichen Sichtweisen zwischen den Mitgliedstaaten sind dabei heute enorm. Ähnlich wie zu Zeiten des Harmel-Berichts im Jahr 1967 stünde spätestens anlässlich des 60-

jährigen Bestehens der Allianz im April 2009 eine Richtungsdebatte auf der Tagesordnung, die die Mitgliedstaaten bisher allerdings nicht führen möchten. Zwar haben die 26 Mitglieder im November 2006 auf ihrem Gipfeltreffen in Riga die ‹Comprehensive Political Guidance› verabschiedet, die die Richtung für die Transformation der NATO vorgeben soll. Diese bezieht sich aber – was bei einem Militärbündnis auch nicht überraschen sollte – vorwiegend auf die Frage der militärischen Fähigkeiten. Eine Neufassung des strategischen Konzepts aus dem Jahr 1999 steht hingegen aus. Wichtige strategische Richtungsentscheidungen wie etwa die Frage nach der Rolle der Europäer im Bündnis, den politischen Rahmenbedingungen von Militäreinsätzen, dem Umgang mit Terrorismus und Massenvernichtungswaffen stellen sich aber heute anders dar als noch vor zehn Jahren. So gibt es durchaus Stimmen, die in Anlehnung an die Erfahrungen bei der Erarbeitung des Harmel-Berichts im Dezember 1967 eine neue Richtungsbestimmung für sinnvoll erachten. Was wir heute brauchen, so etwa Hans-Dietrich Genscher (2006), sei ein ‹Harmel-Bericht II›. Das hieße zuallererst: Die NATO müsse wieder zum Ort der Entscheidungen der transatlantischen Partner werden. Auch in Zukunft könne Sicherheit ohne angemessene militärische Fähigkeit nicht garantiert werden, aber für globale Stabilität sei mehr erforderlich. Kritiker halten dem allerdings entgegen, dass die NATO längst eine multifunktionale Sicherheitsorganisation sei, die auf eine Vielzahl unterschiedlicher Probleme Antworten gebe und ein solches Dokument wenig Konkretes bieten könne. Welchen Beitrag die NATO zu diesem von Genscher geforderten Ansatz leisten kann, diese Frage dürfte die politischen Debatten im Bündnis gleichwohl in den kommenden Jahren bestimmen.

Auch wenn die Konturen der künftigen NATO allenfalls in Umrissen erkennbar sind: Die Erfahrungen aus sechs Jahrzehnten Nordatlantischer Vertragsorganisation sprechen dafür, dass die Allianz trotz aller Schwierigkeiten eine gute Chance hat, auch in den kommenden Jahrzehnten relevant zu bleiben, und ihr das Schicksal einer Reihe von Bündnissen und politischen Organisationen erspart bleibt: der Abstieg in die Bedeutungslosigkeit.

X: Anhang

X.1: Literaturverzeichnis

Die Literaturlage zu allgemeinen und speziellen Aspekten der transatlantischen Sicherheitsbeziehungen und der Nordatlantikorganisation ist unüberschaubar geworden. An dieser Stelle sollen zunächst einige umfassende Studien (Monographien und in einzelnen Fällen Sammelbände) besonders erwähnt werden, die einerseits für die Arbeit an diesem Buch besonders hilfreich waren, sich andererseits dadurch auszeichnen, dass sie nicht allzu sehr von Tagesaktualität geprägt sind, sondern über den Tag hinaus wertvoll bleiben. Ein Großteil der wissenschaftlichen und politischen Debatten findet in Fachzeitschriften und Berichten von Forschungsinstituten und «think-tanks» statt, eine Auswahl dieser Beiträge würde aber den Rahmen sprengen – die ausführlichen bibliographischen Angaben der verwendeten Literatur sowie Informationsmöglichkeiten im Internet finden sich im Literaturverzeichnis.

Als umfassende Überblickswerke zur Entwicklung der NATO sind vor allem das dreibändige Werk von Schmidt (2001) sowie die Studien von Park (1986) und Kaplan (2004) zu nennen. Die in unregelmäßigen Abständen von der NATO neu aufgelegte Monographie «NATO-Handbuch» (NATO's Public Diplomacy Divison 2006) gibt wertvolle Einblicke in die jeweiligen Strukturen und offiziellen NATO-Positionen und spiegelt in den verschiedenen Ausgaben gut das Selbstverständnis der Allianz wider. Zur Gründungsphase der NATO in den 1940er Jahren liegen einige Werke vor, darunter als wissenschaftliche Titel Ireland (1981), Baylis (1993) und besonders Kaplan (2007) sowie als Berichte beteiligter Politiker, Diplomaten und Journalisten Reid (1977), Cock (1989), Henderson (1963) und De Staercke (1985). Die beste Geschichte des Warschauer Paktes, mit der auch Einsichten über die NATO verbunden sind, liefert Umbach (2005). Für die Entwicklung der Allianz in den 1950er und 1960er Jahren sind Knorr (1959), Osgood (1963), Steel (1964), Calleo (1970), Kugler (1991), Haftendorn (1992), Haftendorn (1994), Heinemann (1998), Maier/Wiggershaus (1993), Harder (2000), Greiner/Maier/Rebhan (2003), Nuenlist/Locher (2006) und Wenger/Nuenlist/Locher (2007) hilfreich. Der erste Generalsekretär hat aus seiner Sicht eine Bilanz der ersten Jahre vorgelegt (Ismay 1954), während Cleveland (1970) die Sicht der US-Administration auf die 1960er Jahre beschreibt. Für die 1970er und 1980er Jahre sind als wissenschaftliche Titel zu nennen: Kaiser (1973), Serfaty (1979), Woyke (1977), Schwartz (1983) und Levine (1988). Die besten aktuellen und knappen Einführungen in die NATO sind Medcalf (2005) und Lindley-French (2007). Als umfassendere Darstellungen zur Rolle der NATO nach dem Ost-West-Konflikt eignen sich Chernoff (1995), Williams/Jones (2001), Theiler (2003), Masala (2003), Rynning (2005), Hendrickson (2006) und Riecke (2007). Die Veränderungen hinsichtlich des Themas Erweiterung beleuchten Pradetto (1997), Goldgeier (1999), Asmus (2002) und Pradetto (2004). Kritisch mit der Rolle der NATO setzen sich – wenngleich mit sehr unterschiedlichen Argumenten – Carpenter (1992), Cremer (1999), Reinecke (2000) und Rupp (2006) auseinander. Die Rolle der Allianz bei wichtigen Konflikten analysieren für den Fall Kosovo Daalder/O'Hanlon (2000) bzw. Thomas (2006) und für den Fall Irak Gordon (2004), Pond (2004 a) und Kagan (2004). Auf militärische Aspekte der NATO-Transformation geht insbesondere Hamilton (2004) ein. Dem Thema Beziehungen der NATO zur Europäischen Union widmen sich Sloan (2003), Varwick (2005), Burwell (2006) und Oswald (2006).

Albright, Madeleine K. (1998): The Right Balance will Secure NATO's Future, in: Financial Times vom 7. 12. 1998.

Altenburg, Günter (2002): Der Abgesang auf die NATO ist verfrüht, in: Internationale Politik (6), S. 51–56.

Altfeld, Michael F. (1984): The Decision to Ally: A Theory and Test, in: World Politics Quarterly (4), S. 523–543.

Annan, Kofi (2003): Rede des VN-Generalsekretärs vor der 58. Generalversammlung der VN am 23. 9. 2003, in: Internationale Politik (11), S. 116–118.

Asmus, Ronald (2002): Opening NATO's Door, New York.

Asmus, Ronald (2005): Rethinking EU: Why Washington Needs to Support European Integration, in: Survival (3), S. 93–102.

Asmus, Ronald/Holbrooke, Richard (2006): Re-Reinventing NATO, Washington (Riga Paper of the German Marshall Fund of the United States).

Assmann, Jennifer (2006): Die neue strategische Ausrichtung der US-Verteidigungspolitik. Konsequenzen für die transatlantische Kooperation, Kiel (Kieler Analysen zur Sicherheitspolitik No. 17).

Bardaji, Rafael (2006): NATO: An Alliance for Freedom, Madrid.

Baylis, John (1993): The Diplomacy of Pragmatism: Britain and the Formation of NATO, 1942–1949, Kent.

Bericht über die künftigen Aufgaben der Allianz (‹Harmel Bericht›) vom 14. Dezember 1967, in: NATO Informationsabteilung (Hrsg.) 1967: NATO. Tatsachen und Dokumente, Brüssel, S. 375–379.

Bertram, Christoph (2006): Abschied vom Krieg, in: NATO-Review (1), ohne Seitenangaben.

Bertram, Christoph (2006 a): NATO's only Future: The West Abroad, Washington (Riga Paper of the German Marshall Fund of the United States).

Bieskorn, Norbert/Herdegen, Matthias (2005): Auf der Suche nach ethisch-rechtlichen Kriterien für vorbeugende Militäreinsätze, Bonn (Atlantische Positionen 1).

Binnendijk, Hans/Kugler, Richard (2002): Transforming European Forces, in: Survival (3), S. 117–132.

Binnendijk, Hans/Kugler, Richard (2004): Needed: A NATO Stabilization and Reconstruction Force, Washington (Defense Horizons 45).

Bozo, Frederic (1991): France et l'OTAN: de la guerre froide au nouvel européen, Paris.

von Bredow, Wilfried (1994): Turbulente Welt-Ordnung. Internationale Politik am Ende des Ost-West-Konflikts, Stuttgart/Berlin/Köln.

Brenner, Michael (ed.) (1998): NATO and Collective Security, Houndmills.

Bücherl, Wolfgang (2003): Eine Allianz für Amerika? Die NATO nach Prag, in: Internationale Politik (3), S. 55–59.

Bundesverfassungsgericht (1994): Urteil des Zweiten Senats vom 12. 7. 1994, 2 BvE 90/286 (Beteiligung deutscher Streitkräfte an Aktionen der VN, der NATO und der WEU).

Bundesverfassungsgericht (2001): Urteil des Zweiten Senats vom 22. 11. 2001, 2 BvE 6/99 (Zustimmung zu den Beschlüssen über das neue Strategische Konzept der NATO).

Bundesverfassungsgericht (2007): Urteil des Zweiten Senats vom 3. 7. 2007, 2 BvE 2/07 (Zulässigkeit einer deutschen Beteiligung an dem erweiterten ISAF-Mandat).

Burwell, Frances G. u. a. (2006): Transatlantic Transformation: Building a NATO-EU Security Architecture, Washington.

Bush, George W. (2001): Remarks by the President of the United States, Warsaw 15. 6. 2001 (www.whitehouse.gov/news/releases/2001/06/20010615-1.html, abgerufen am 1. 8. 2007).

Calleo, David (1970): The Atlantic Fantasy: The US, NATO and Europe, Baltimore.

Carpenter, Ted G. (1992): A Search for Enemies. American Alliances after the Cold War, Washington.

Central Intelligence Agency (2007): The World Factbook, Washington.

Chernoff, Fred (1995): After Bipolarity. The Vanishing Threat, Theories of Cooperation, and the Future of the Atlantic Alliance, Ann Arbor.

Clark, Wesley (2001): Waging Modern War, New York.

Cleveland, Harlan (1970): NATO: The Transatlantic Bargain, New York.

Cock, Don (1989): Forging the Alliance: NATO, 1945–1949, New York.

Cremer, Uli (1998): Neue NATO – neue Kriege? Zivile Alternativen zur Bundeswehr, Hamburg.

Czempiel, Ernst-Otto (1994): Die Reform der UNO. Möglichkeiten und Missverständnisse, München.

Daalder, Ivo H./O'Hanlon, Michael E. (2000): Winning Ugly. NATO's War to Save Kosovo, Washington.

Daalder, Ivo/Goldgeier, James (2006): Global NATO, in: Foreign Affairs (5), S. 105–113.

De Hoop Scheffer, Jaap (2004): Rede des NATO-Generalsekretärs am 7.10. 2004 in Berlin (www.nato.int/docu/speech/2004/s041007a.htm, abgerufen am 1.3.2006).

De Hoop Scheffer, Jaap (2004a): Der NATO-Gipfel von Istanbul, in: Internationale Politik (6) 2004), S. 13–17.

De Hoop Scheffer, Jaap (2005): Rede des NATO-Generalsekretärs am 12.5. 2005 in Berlin (www.nato.int/docu/speech/2005/s050512a.htm, abgerufen 1.2.2006).

De Hoop Scheffer, Jaap (2006): Rede des NATO-Generalsekretärs am 4.2.2006 in München (www.securityconference.de, abgerufen am 1.8.2007).

De Hoop Scheffer, Jaap (2006a): Interview mit der FAZ vom 3.2.2006.

De Staercke, André (1985): NATO's Anxious Birth: The Prophetic Vision of the 1940s, London.

De Witte, Pol/Rademacher, Fritz (2005): Partnerschaft oder Rivalität? Ein Blick aus der Praxis, in: Varwick (2005), S. 271–292.

Deiseroth, Dieter (2000): Die NATO – Ein System «kollektiver Verteidigung» oder «kollektiver Sicherheit»? Kritische Bemerkungen zur Rechtsprechung des Bundesverfassungsgerichts, in: Die Friedens-Warte (2), S. 101–128.

Dembinski, Matthias (2006): Die Transformation der NATO. Amerikanische Vorstellungen und Risiken für Europa, Frankfurt/M. (HSFK-Report 11/ 2006).

Denison, Andrew (1992): Die Haltung der USA gegenüber dem «Euro-Korps»: Akzeptanz oder Ablehnung? Bonn.

EU Institute for Security Studies (ed.) (2004): European Defence: A Proposal for a White Paper, Paris.

Europäische Sicherheitsstrategie (2003): Ein sichereres Europa in einer besseren Welt, Brüssel.

Fischer, Joschka (2003): Europa und die Zukunft der transatlantischen Beziehungen, Rede an der Princeton University am 19.11.2003 (www.auswaertiges-amt.de/www/de/ausgabe_archiv?archiv_id=5088, abgerufen am 1.3.2006).

Fitschen, Patrick (2007): Die Transformation der US-Streitkräfte. Die Neuausrichtung der Streitkräfte der Vereinigten Staaten zwischen 2001 und 2006, Frankfurt/M.

Forster, Anthony und William Wallace (2002): What is NATO for?, in: Survival (4), S. 107–122.

Frei, Daniel (1977): Grundfragen der Weltpolitik, Stuttgart u.a.

Frühling, Stefan/Sinjen, Svenja (2007): Raketenabwehr, NATO und die Verteidigung Europas, Berlin (Analysen und Argumente der Konrad-Adenauer-Stiftung 40).

Fücks, Ralf (2006): Israel in die NATO, in: Internationale Politik (6), S. 34–36.

Gareis, Sven Bernhard (2006): Multinationalität als europäische Herausforderung, in: Gareis, Sven Bernhard/Klein, Paul (Hrsg.): Handbuch Militär und Sozialwissenschaft, Wiesbaden, S. 360–373.

Gareis, Sven Bernhard/Varwick, Johannes (⁴2006): Die Vereinten Nationen. Aufgaben, Instrumente und Reformen, Opladen.

Gasteyger, Curt 2000: Europas neue Kriege, in: FAZ vom 30. 5. 2000, S. 14.

Genscher, Hans-Dietrich (2006): Die NATO sind wir alle, in: Der Tagesspiegel vom 21. 11. 2006.

Goldgeier, James M. (1999): Not Whether but When. The U. S. Decision to Enlarge NATO, Washington.

Gordon, Philip et al. (2004): Allies at War. America, Europe, and the Crisis Over Iraq, Washington.

Gordon, Philip H. (ed.) (1997): NATO's Transformation, Lanham u. a.

Grams, Christoph (2007): Die NATO als Motor der Fähigkeits- und Technologieentwicklung?, in: Riecke (2007), S. 51–66.

Greiner, Christian/Maier, Klaus A./Rebhan, Heinz (Hrsg.) (2003): Die NATO als Militärallianz 1949–1959, München.

Habermas, Jürgen (1999): Bestialität und Humanität. Ein Krieg an der Grenze zwischen Recht und Moral, in: Die Zeit vom 29. 4. 1999.

Haftendorn, Helga (1992): Entstehung und Bedeutung des Harmel-Berichts der NATO von 1967, in: Vierteljahreshefte für Zeitgeschichte (1), S. 169–221.

Haftendorn, Helga (1994): Kernwaffen und die Glaubwürdigkeit der Allianz. Die NATO-Krise von 1966/67, Baden-Baden.

Haftendorn, Helga (1997): Sicherheitsinstitutionen in den internationalen Beziehungen, eine Einführung, in: Haftendorn/Keck (1997), S. 11–33.

Haftendorn, Helga (1999): Der Wandel des Atlantischen Bündnisses nach dem Ende des Kalten Krieges, in: Medick-Krakau, Monika (Hrsg.): Außenpolitischer Wandel in theoretischer und vergleichender Perspektive: Die USA und die Bundesrepublik Deutschland, Baden-Baden, S. 257–284.

Haftendorn, Helga (2005): Das Atlantische Bündnis in der Anpassungskrise, Berlin (SWP Studie 5).

Haftendorn, Helga/Keck, Otto (Hrsg.) (1997): Kooperation jenseits von Hegemonie und Bedrohung: Sicherheitsinstitutionen in den internationalen Beziehungen, Baden-Baden.

Haglund, David (ed.) (1996): Will NATO go East? The Debate over Enlarging the Atlantic Alliance, London.

Hamilton, Daniel (ed.) (2004): Transatlantic Transformations: Equipping NATO for the 21st Century, Washington.

Harder, Hans-Joachim (Hrsg.) (2000): Von Truman bis Harmel. Die Bundesrepublik Deutschland im Spannungsfeld von NATO und europäischer Integration, München.

Heinemann, Winfried (1998): Vom Zusammenwachsen des Bündnisses. Die Funktionsweise der NATO in ausgewählten Krisenfällen 1951–1956, München.

Heise, Volker/Schmidt, Peter (2005): NATO und EU: Auf dem Weg zu einer strategischen Partnerschaft?, in: Jäger, Thomas/Höse, Alexander/Oppermann, Kai (Hrsg.): Transatlantische Beziehungen. Sicherheit, Wirtschaft, Öffentlichkeit, Wiesbaden, S. 65–84.

Hendersen, Nicholas (1963): The Birth of NATO, Boulder.

Hendrickson, Ryan C. (2006): Diplomacy and War at NATO: The Secretary General and Military Action after the Cold War, Missouri.

Herz, John H. (1961): Weltpolitik im Atomzeitalter, Stuttgart.

Heuser, Beatrice (1997): NATO, Britain, France and the FRG. Nuclear Strategies and Forces for Europe 1949–2000, Houndmills.

Hinsch, Wilfried/Janssen, Dieter (2006): Menschenrechte militärisch schützen. Ein Plädoyer für humanitäre Interventionen, München.

Hippler, Jochen (2006): «Counterinsurgency» – Neue Einsatzformen für die NATO?, in: Aus Politik und Zeitgeschichte (43), S. 24–30.

Holsti, Kalevi J. (⁶1992): International Politics. A framework for Analysis, Englewood Cliffs.

Hyde-Price, Adrian (2000): Germany and European Order. Enlarging NATO and the EU, Manchester.

Ireland, Timothy P. (1981): Creating the Entangling Alliance. The Origins of the North Atlantic Treaty Organization, Westport.

Ismay, Lord (1954): NATO: The First Five Years, Paris.

Kagan, Robert (2004): Of Paradise and Power: America and Europe in the New World Order, New York.

Kaim, Markus (2006): Pragmatismus und Grand Strategy. Die NATO-Debatte in den Vereinigten Staaten, Berlin (SWP Studie 31).

Kaiser, Karl (1973): Europe and the United States: The Future of the Relationship, Washington.

Kaiser, Karl (1997): Perspektiven, neue Aufgaben der Westeuropäischen Union, in: Antretter, Robert (Hrsg.): Sicherheit in Europa. Die Westeuropäische Union, Bonn, S. 15–20.

Kaiser, Karl (2003): Zeitenwende. Dominanz und Interdependenz nach dem Irak-Krieg. In: Internationale Politik (5) 2003, S. 1–8.

Kamp, Karl-Heinz (2006): NATO-Gipfel 2006. Das Bündnis auf Themensuche, Berlin (KAS-Papier 156/2006).

Kamp, Karl-Heinz (2007): Die NATO und die nukleare Abschreckung, in: Riecke (2007), S. 93–106.

Kaplan, Lawrence S. (2004): NATO Divided, NATO United. The Evolution of an Alliance, Westport.

Kaplan, Lawrence S. (2007): 1948. The Birth of the Transatlantic Alliance, Lanham.

Karádi, Matthias (1994): Die Reform der Atlantischen Allianz. Bündnispolitik als Beitrag zur kooperativen Sicherheit in Europa?, Münster.

Keck, Otto (1997): Sicherheitsinstitutionen und der Wandel des internationalen Systems, in: Haftendorn/Keck (1997), S. 253–270.

Kegley, Charles W./Raymond, Gregory A. (1990): When Trust Breaks Down: Alliance Norms and World Politics, Columbia.

Kehoe, Nicholas (1998): Die Aufrechterhaltung der Vitalität des Bündnisses, in: NATO-Brief (2), S. 10–13.

Kirchner, Emil/Sperling, James (eds.) (1992): The Federal Republic and NATO: 40 Years After, New York.

Klare, Michael T./Thomas, Daniel C. (1994): World Security – Challenges for a New Century, New York.

Knorr, Klaus (ed.) (1959): NATO and American Security, Princeton.

Kokeyev, Mikhail (2007): Russia-NATO Relations: Between the Past and the Future, in: Russia in Global Affairs (2), S. 93–98.

Krause, Joachim (2000): Kosovo. Humanitäre Intervention und kooperative Sicherheit in Europa, Opladen.

Krause, Joachim (2005): Multilateralismus in der Sicherheitspolitik – europäische und amerikanische Sichtweisen, in: Varwick (2005), S. 219–238.

Kugler, Richard (1991): The Great Strategy Debate: NATO's Evolution in the 1960s, Santa Monica.

Kühnhardt, Ludger (1996): Die NATO im Prozess der inneren und äußeren Veränderung, in: Aus Politik und Zeitgeschichte (5), S. 12–20.

Kupferschmidt, Frank/Kaim, Markus (2006): Die NATO vor dem Gipfel, Berlin (SWP aktuell 56).

Lansford, Tom (2002): All for One: Terrorism, NATO and the United States, Aldershot.

Lavrov, Sergey (2007): Rede des russischen Außenministers am 26. 4. 2007 (www.nato-russia.council.info/htm/EN/statements26apr07_3.shtml, abgerufen am 1. 8. 2007).

Law, David/Rühle, Michael (1992): Die NATO und das «out-of-area»-Problem, in: Europa Archiv (15/16), S. 439–444.

Layritz, Stephan (1992): Der NATO-Doppelbeschluss: westliche Sicherheitspolitik im Spannungsfeld von Innen-, Bündnis- und Außenpolitik, Frankfurt.

Levine, Robert A. (1988): NATO, the Subjective Alliance: The Debate over the Future, Santa Monica.

Lieb, Julia/Maurer, Andreas (2007): Europas Rolle in der Welt stärken. Optionen für ein kohärenteres Außenhandeln der Europäischen Union, Berlin (SWP Studie 15).

Lindley-French, Julian (2007): The North Atlantic Treaty Organization. The Enduring Alliance, London.

Lindstrom, Gustav (2005): EU-US Burdensharing. Who does what?, Paris (Chaillot Paper 82).

Liska, George (1962): Nations in Alliance: The Limits of Interdependence, Baltimore.

List, Martin (1999): Baustelle Europa. Einführung in die Analyse europäischer Kooperation und Integration, Opladen.

Lugar, Richard (1993): Ausführungen bei dem ‹Open Forum des U.S. State Departments›, 2.8. 1993, Washington.

Lundestad, Geir (2005): The United States and Western Europe since 1945: from Empire by Invitation to Transatlantic Drift, Oxford.

Maier, Klaus A./Wiggershaus, Norbert (Hrsg.) (1993): Das Nordatlantische Bündnis 1949–1956, München.

Masala, Carlo (2003): Den Blick nach Süden. Die NATO im Mittelmeerraum, Baden-Baden.

Mayer, Peter (1999): War der Krieg der NATO gegen Jugoslawien moralisch gerechtfertigt?, in: Zeitschrift für Internationale Beziehungen (2), S. 287–321.

Mearsheimer, John (1990): Correspondence: Back to the future, Part II, in: International Security (3), S. 194–199.

Medcalf, Jennifer (2005): NATO. A Beginner's Guide, Oxford.

Meier-Walser, Reinhard C. (2004): Die Transformation der NATO, München (Analysen der Hanns-Seidel-Stiftung 34).

Meier-Walser, Reinhard C. (2005): Die Entwicklung der NATO 1990–2004, in: Varwick (2005), S. 25–44.

Menk, Thomas M. (1992): Gewalt für den Frieden. Die Idee der kollektiven Sicherheit und die Pathognomie des Krieges im 20. Jahrhundert, Berlin.

NATO (2003): NATO Civil-Military Co-operation (CIMIC) Doctrine AJP-9, Brussels.

NATO's Public Diplomacy Divison (2006): NATO Handbook, Brussels.

NATO Defence Policy and Planning Divisions (2006): NATO-Russia Compendium of Financial and Economic Data Relating to Defence, Brussels.

NATO (2007): NATO International Military Staff. Bi-Strategic Commands Discussion Paper on the Development of the NATO'S Effects Based Approach to Operations, Mons/Norfolk.

Nolte, Georg (1994): Die «neuen Aufgaben» von NATO und WEU: völker- und verfassungsrechtliche Aspekte, in: Zeitschrift für ausländisches und öffentliches Recht und Völkerrecht (1), S. 95–123.

Nolte, Georg (1999): Kosovo und Konstitutionalisierung: Zur humanitären Intervention der NATO-Staaten, in: Zeitschrift für ausländisches öffentliches Recht und Völkerrecht (4), S. 941–959.

Nuenlist, Christian/Locher, Anna (eds.) (2006): Transatlantic Relations at Stake: Aspects of NATO 1956–1972, Zürich.

Olshausen, Klaus (2005): Kooperation oder Wettbewerb? Die strategische Partnerschaft von NATO und EU, in: Meier-Walser, Reinhard C. (Hrsg.): Deutsche Sicherheitspolitik. Rückblick, Bilanz und Perspektiven, München, S. 19–28.

Olshausen, Klaus (2007): Wo bleibt die Zusammenarbeit zwischen NATO und EU? Elf Jahre Berlin Plus – Sackgasse statt Zweibahnstraße?, in: Europäische Sicherheit (3) 2007, S. 48–51.

Osgood, Robert E. (1963): The Entangling Alliance, Chicago.

Osgood, Robert E. (1968): Alliances and American Foreign Policy, Baltimore.

Oswald, Franz (2006): Europe and the United States. The Emerging Security Partnership, Westport.

Park, William (1986): Defending the West: A History of NATO, Boulder.

Pedlow, Gregory W. (1997), in collaboration with NATO International Staff Central Archives (eds.): NATO Strategy Documents 1949–1969, Brussels.

Pond, Susan (2004): Überblick über das Instrumentarium der PfP, in: NATO-Review (1) 2004.

Pond, Elizabeth (2004 a): Friendly Fire. The Near-Death of the Transatlantic Alliance, Pittsburgh.

Pradetto, August (Hrsg.) (1997): Ostmitteleuropa, Russland und die Osterweiterung der NATO. Perzeptionen und Strategien im Spannungsfeld nationaler und europäischer Sicherheit, Opladen.

Pradetto, August (Hrsg.) (2004): Die zweite Runde der NATO-Osterweiterung. Zwischen postbipolarem Institutionalismus und offensivem Realismus, Frankfurt/M.

Preuß, Ulrich K. (1999): Zwischen Legalität und Gerechtigkeit. Der Kosovo-Krieg, das Völkerrecht und die Moral, in: Blätter für deutsche und internationale Politik (9), S. 816–825.

Putin, Wladimir (2000): Interview mit der Welt am Sonntag vom 11. Juni 2000.

Putin, Wladimir (2007): Rede des russischen Präsidenten am 10. 2. 2007 in München (www.securityconference.de, abgerufen am 1. 8. 2007).

Rau, Markus (2002): NATO's new strategic concept and the German Federal Government's authority in the sphere of foreign affairs, in: German yearbook of international law, Berlin, S. 544–575.

Reid, Escott (1977): Time of Fear and Hope: The Making of the North Atlantic Treaty, Toronto.

Reinecke, Stefan (Hrsg.) (2000): Die neue NATO, Hamburg.

Richter, Frank (2007): NATO und EU. Eine strategische Partnerschaft mit Zukunft?, Speyer.

Riecke, Henning (2007): Die Transformation der NATO. Die Zukunft der euroatlantischen Sicherheitskooperation, Baden-Baden.

Riecke, Henning (2007 a): Transformation ohne Konsens? Eine Einführung, in: Riecke (2007), S. 9–18.

Risse, Thomas (2003): Die neue Weltordnung: US-amerikanische Hypermacht – europäische Ohnmacht?, in: WeltTrends, Sommer, S. 110–119.

Risse-Kappen, Thomas (1994): The long-term Future of European Security: Perpetual Anarchy or Community of Democracies?, in: Carlsnaes, Walter/ Smith Steve (eds.): European Foreign Policy. The EC and Changing Perspectives in Europe, London, S. 45–60.

Royal United Services Institute for Defence and Security Studies (RUSI) (2005): Reforming NATO Force Generation. Progress, Problems and Outstanding Challenges, London.

Ruge, Friedrich (1971): Bündnisse in Vergangenheit und Gegenwart, Frankfurt/M.

Rühl, Lothar (1995): Kollektive Sicherheit und Allianzen, in: Kaiser, Karl/ Schwarz, Hans-Peter (Hrsg.): Die neue Weltpolitik, Baden-Baden, S. 426– 436.

Rühl, Lothar (1999): Ein halbes Jahrhundert Nordatlantische Allianz, in: Aus Politik und Zeitgeschichte (11), S. 3–8.

Rühle, Michael (2006): Entwicklungslinien des Atlantischen Bündnisses, in: Aus Politik und Zeitgeschichte (43), S. 3–10.

Rühle, Michael (2006a): Transformation in der Allianz: Wo bleibt die Politik?, in: Borchert, Heiko (Hrsg.): Zu neuen Ufern. Politische Führungskunst in einer vernetzten Welt, Baden-Baden, S. 25–37.

Rupp, Richard (2006): NATO after 9/11: An Alliance in Continuing Decline, New York.

Rynning, Sten (2005): NATO Renewed. The Power and Purpose of Transatlantic Cooperation, New York.

Sandler, Todd/Hartley, Keith (1999): The Political Economy of NATO, Cambridge.

Schmalz, Uwe (2005): Die Entwicklung der Europäischen Sicherheits- und Verteidigungspolitik 1990–2004, in: Varwick (2005), S. 45–59.

Schmidt, Gustav (ed.) (2001): A History of NATO: The First Fifty Years, 3 Bände, London.

Schröder, Gerhard (2001): Rede des Bundeskanzlers im Deutschen Bundestag, Plenarprotokoll 14/198 vom 8. 11. 2001.

Schröder, Gerhard (2005): Rede des Bundeskanzlers am 12. 2. 2005 in München (www.nato.int/germany/reden/2005/s050212a.html, abgerufen am 1. 8. 2007).

Schubert, Klaus von (Hrsg.) (1980): Sicherheitspolitik der Bundesrepublik Deutschland, Dokumentation 1945–1977, Köln.

Schuwirth, Rainer (2005): Internationale Einsätze – Herausforderungen für die Zukunft, in: Europäische Sicherheit (7), S. 15–18.

Schwabe, Klaus (1993): Bündnispolitik und Integration 1949–1956, in: Maier/ Wiggershaus (1993), S. 71–87.

Schwartz, David N. (1983): NATO's Nuclear Dilemmas, Washington.

Serfaty, Simon (1979): Fading Partnership: America and Europe after 30 Years, New York.

Simma, Bruno (2000): Die NATO, die UN und militärische Gewaltanwendung: Rechtliche Aspekte, in: Merkel, Reinhard (Hrsg.): Der Kosovo-Krieg und das Völkerrecht, Frankfurt/M., S. 9–49.

Sinjen, Svenja/Varwick, Johannes (2005): NATO und EU im «Broader Middle East». Möglichkeiten und Grenzen einer transatlantischen Strategie, in: Hans-Georg Ehrhart/Margret Johannsen (Hrsg.): Herausforderung Mittelost: Übernimmt sich der Westen?, Baden-Baden, S. 95–114.

Sloan, Stanley R. (2003): NATO, the European Union, and the Atlantic Community, Lanham.

Snyder, Glenn H. (1990): Alliance Theory: A Neorealist first Cut, in: Journal of International Affairs (1), S. 103–125.

Snyder, Glenn H. (1991): Alliances, balance and stability, in: International Organization (1), S. 121–142.

Snyder, Glenn H. (1997): Alliance Politics, Ithaca.

Steel, Ronald (1964): The End of the Alliance. America and the Future of Europe, New York.

Struck, Peter (2001): Rede des Verteidigungsministers im Deutschen Bundestag, Plenarprotokoll 14/202 vom 16. 11. 2001.

Struck, Peter (2002): Interview mit der Berliner Zeitung vom 21. 11. 2002, S. 6.

Struck, Peter (2005): Rede des Verteidigungsministers am 11. 5. 2005 in Berlin (www.dgap.org/print/1634.html, abgerufen am 13. 5. 2005).

Talbott, Strobe (1999): Das neue Europa und die neue NATO, in: Stichworte zur Sicherheitspolitik (2), S. 52–57.

The National Security Strategy of the United States of America (2002), Washington.

The National Security Strategy of the United States of America (2006), Washington.

Theiler, Olaf (1997): Der Wandel der NATO nach dem Ende des Ost-West-Konflikts, in: Haftendorn/Keck (1997), S. 101–136.

Theiler, Olaf (2003): Die NATO im Umbruch. Bündnisreform im Spannungsfeld konkurrierender Nationalinteressen, Baden-Baden.

Thomas, Robert (2006): Kosovo, Serbia and the West: NATO's Balkan War, London.

Thoß, Bruno (2006): NATO-Strategie und nationale Verteidigungsplanung. Planung und Aufbau der Bundeswehr unter den Bedingungen einer massiven atomaren Vergeltungsstrategie 1952–1960, München.

Tuschhoff, Christian (2002): Deutschland, Kernwaffen und die NATO 1949–1967. Zum Zusammenhalt und friedlichem Wandel von Bündnissen, Baden-Baden.

Umbach, Frank (2005): Das rote Bündnis. Entwicklung und Zerfall des Warschauer Paktes 1955–1991, Berlin.

Van Beveren, René (1993): Military Cooperation: What structure for the future?, Paris.

Varwick, Johannes (1998): Sicherheit und Integration in Europa. Zur Renaissance der Westeuropäischen Union, Opladen.

Varwick, Johannes/Woyke, Wichard (1999): NATO 2000, Opladen.

Varwick, Johannes/Woyke, Wichard (2000): Die Zukunft der NATO. Transatlantische Sicherheit im Wandel, Opladen.

Varwick, Johannes (2003): Die Nordatlantikorganisation und der ‹War on Terrorism›, in: Österreichische Militärische Zeitschrift (5), S. 617–621.

Varwick, Johannes (⁴2004): Die Europäische Union: Politisches System und Außenbeziehungen, in: Manfred Knapp/Gerd Krell: Einführung in die internationale Politik. Studienbuch, München/Wien, S. 201–249.

Varwick, Johannes (Hrsg.) (2005): Die Beziehungen zwischen NATO und EU. Partnerschaft, Konkurrenz, Rivalität?, Opladen.

Varwick, Johannes (2005 a): Der Reformbericht ‹Eine sicherere Welt› – Erkenntnisse und Konsequenzen, in: Die Friedens-Warte (3/4), S. 227–243.

Varwick, Johannes (2007): Auf dem Weg zur «Euroarmee», in: Internationale Politik (1) 2007, S. 46–51.

Varwick, Johannes (2007 a): Nordatlantische Allianz, in: Siegmar Schmidt/Gunther Hellmann/Reinhard Wolf (Hrsg.): Handbuch zur deutschen Außenpolitik, Wiesbaden, S. 763–778.

Varwick, Johannes/Koops, Joachim (2007): Exporting Stability or Importing Instability? The European Union at the Crossroads, in: Varwick, Johannes/Lang, Kai-Olaf (eds.): European Neighbourhood Policy. Challenges for the EU-Policy Towards the New Neigbours, Opladen/Farmington Hills, S. 141–158.

Wallander, Celeste (2000): Institutional Assets and Adaptability: NATO after the Cold War, in: International Organization (4), S. 705–735.

Wallander, Celeste A./Keohane, Robert O. (1999): Risk, Threat, and Security Institutions, in: Haftendorn, Helga/Keohane, Robert O./Wallander, Celeste A.: Imperfect Unions: Security Institutions over Time and Space, London, S. 21–47.

Walt, Stephen M. (1987): The Origins of Alliances, New York.

Waltz, Kenneth N. (1993): The Emerging Structure of International Politics, in: International Security (2), S. 44–79.

Wenger, Andreas/Nuenlist, Christian/Locher, Anna (eds.) (2007): Transforming NATO in the Cold War, London.

Wiggershaus, Norbert/Heinemann, Winfried (Hrsg.) (2000): Nationale Außen- und Bündnispolitik der NATO-Mitgliedstaaten, München.

Williams, Geoffrey L./Jones, Barkley J. (2001): NATO and the Transatlantic Alliance in the 21st Century, Houndmills.

Wittmann, Klaus (1999): Gewandeltes Selbstverständnis und erweitertes Aufgabenspektrum. Der Weg zum neuen Strategischen Konzept der NATO, in: Europäische Sicherheit (8), S. 12–19.

Wolf, Reinhard (1992): Opfer des eigenen Erfolges? Perspektiven der NATO nach dem Kalten Krieg, in: Aus Politik und Zeitgeschichte (13), S. 3–16.

Wolfers, Arnold (1968): Alliances, in: Sills, David L. (ed.): International Encyclopaedia of the Social Sciences, New York.

Wörner, Manfred (1993): A new NATO for a new Era, Rede des NATO-Generalsekretärs am 6. 10. 1993 in Washington (www.nato.int/docu/speech/1993/s931006 a.htm, abgerufen am 1. 8. 2007).

Woyke, Wichard (1977): Die NATO in den siebziger Jahren, Opladen.

Wyllie, James H. (1998): NATO's Bleak Future, in: Parameters, Journal of the US Army War College (4), S. 113–123.

Yost, David (1998): NATO Transformed. The Alliance's New Roles in International Security, Washington.

Zürn, Michael (1998): Regieren jenseits des Nationalstaates, Frankfurt/M.

X.2: Informationsmöglichkeiten im Internet

Umfassende Recherchemöglichkeiten im Internet bieten die Bibliothek der NATO (www.nato.int/structur/library/library-e.htm), die insbesondere einen Zugriff auf NATO-Dokumente ermöglicht, und die Datenbasis Internationale Beziehungen und Länderkunde (www.ubka.uni-karlsruhe.de/kvk/iblk). Darüber hinaus sind folgende Seiten für NATO-Themen besonders zu empfehlen: Deutsche Atlantische Gesellschaft (www.deutscheatlantischegesellschaft.de); Carnegie Endowment for International Peace (www.carnegieendowment.org); Center for Strategic and International Studies, www.csis.org/index.php; Center for Transatlantic Relations, Johns Hopkins University (www.transatlantic.sais-jhu.edu/index.htm); Council on Foreign Relations (www.cfr.org); Heritage Foundation (www.heritage.org); Institute for National Strategic Studies, National Defence University (www.ndu.edu/inss/insshp.html); International Institute for Strategic Studies (www.iiss.org); International relations and Security Network (www.isn.ethz.ch); International Security Information Service, Europe (www.isis-europe.org); NATO Defence College (www.ndc.nato.int); NATO Parliamentary Assembly (www.nato-pa.int); NATO Review (www.nato.int/docu/review.htm); NATO (www.nato.int); Royal United Service Institute for Defence and Security Studies (www.rusi.org); Security and Defence Agenda (www.securitydefenceagenda.org); The Atlantic Council of the United States (www.acus.org); The Brookings Institution (www.brookings.edu/default.htm); The German Marshall Fund of the United States (www.gmfus.org/template/index.cfm); The Royal Institute for International Relations (www.egmontinstitute.be); US Congressional Research Service (www.opencrs.com).

X.3: Chronologie zur Entwicklung der NATO

17. 3. 1948   Unterzeichnung des Brüsseler Vertrags über wirtschaftliche, soziale und kulturelle Zusammenarbeit und kollektive Selbstverteidigung (Westunion) von den Außenministern Belgiens, Frankreichs, Großbritanniens, Luxemburgs und den Niederlanden.

11. 6. 1948   Der US-Senat verabschiedet die ‹Vandenberg-Resolution›, mit der die Grundlage für zukünftige Zusammenschlüsse der USA mit regionalen Sicherheitseinrichtungen geschaffen wird.

10. 12. 1948   Beginn der Verhandlungen über den Nordatlantikvertrag zwischen den Vertretern der Brüsseler Vertragsstaaten, Kanadas und der USA.

4. 4. 1949   Unterzeichnung des Nordatlantikvertrags von Belgien, Dänemark, Frankreich, Großbritannien, Island, Italien, Kanada, Luxemburg, den Niederlanden, Norwegen, Portugal und den USA.

24. 8. 1949   Inkrafttreten des Nordatlantikvertrags.

26. 5. 1950   Beginn des dreijährigen Korea-Krieges. Die NATO stellt eine Streitmacht mit zentralem Kommando auf.

24. 10. 1950   Der französische Ministerpräsident Pleven schlägt den Plan zur Schaffung einer im Rahmen der NATO aufzubauenden einheitlichen Streitmacht in Europa unter Einschluss deutscher Kontingente vor.

20. 12. 1950   Die Brüsseler Vertragsstaaten beschließen die Eingliederung der militärischen Organisation der Westunion in die NATO.

2. 4. 1951   Der Alliierte Kommandobereich Europa nimmt seine Arbeit auf, und das Hauptquartier der Alliierten Mächte in Europa (SHAPE) wird eingerichtet.

18. 2. 1952   Beitritt Griechenlands und der Türkei zur NATO.

20. 2. 1952   Die NATO erhält eine ständige Organisation mit Sitz in Paris.

12. 3. 1952   Lord Ismay wird erster Generalsekretär der NATO.

10. 4. 1952   Das Hauptquartier des Obersten Alliierten Befehlshabers Atlantik (SACLANT) nimmt seine Arbeit auf.

21. 3. 1953   Die NATO übernimmt unter dem Titel MC 14/2 die von den USA entwickelte Strategie der ‹massiven Vergeltung›.

30. 8. 1954   Scheitern der Europäischen Verteidigungsgemeinschaft (EVG) in der französischen Nationalversammlung.

23. 10. 1954   Unterzeichnung der Pariser Verträge. Die Bundesrepublik Deutschland wird zum NATO-Beitritt eingeladen; Deutschland und Italien treten der neugegründeten Westeuropäischen Union (WEU, modifizierter Brüsseler Vertrag) bei.

6. 5. 1955   Bundesrepublik Deutschland wird Mitglied der NATO.

14.5.1955	Gründung des Warschauer Pakts durch die UdSSR, Albanien, Bulgarien, die DDR, Polen, Rumänien, die Tschechoslowakei und Ungarn.
11.3.1959	Frankreich entzieht seine Flotte der NATO-Unterstellung.
12.10.1960	Die NATO gibt Pläne zur Aufstellung einer multilateralen Atomstreitmacht bekannt.
17.2.1966	Gründung der nuklearen Planungsgruppe der NATO.
10.3.1966	Frankreich erklärt, sich aus der militärischen Integration der NATO zurückzuziehen.
31.3.1967	Eröffnung des neuen NATO-Hauptquartiers SHAPE in Mons/Belgien.
12.12.1967	Nordatlantikrat verabschiedet den ‹Harmel-Bericht› über die zukünftigen Aufgaben der Allianz; Einführung der ‹Flexible Response›-Strategie.
26.5.1972	Unterzeichnung des Abkommens über Begrenzung der strategischen Waffen (SALT).
1.8.1975	Unterzeichnung der KSZE-Schlussakte von Helsinki von 35 Staaten.
12.12.1979	NATO-Doppelbeschluss über die Nachrüstung taktischer Nuklearwaffen sowie das gleichzeitige Angebot von Rüstungskontrollmaßnahmen, mit denen die Stationierung überflüssig werden sollte.
30.5.1982	Beitritt Spaniens zur NATO.
26.10.1984	Die WEU-Staaten kündigen in Rom an, ihre Zusammenarbeit zu intensivieren.
17.2.1987	Beginn der Wiener Mandatsgespräche zwischen den Mitgliedstaaten der NATO und des Warschauer Pakts über Verhandlungen zur konventionellen Abrüstung vom Atlantik bis zum Ural.
27.10.1987	Auf der WEU-Ministerratstagung in Den Haag wird die ‹Plattform Europäischer Sicherheitsinteressen› als Grundlage einer gemeinsamen Sicherheitspolitik angenommen.
19.12.1989	Der sowjetische Außenminister Schewardnadse besucht als erster Vertreter des Ostblocks das NATO-Hauptquartier.
6.6.1990	Allianz beschließt in der ‹Londoner Erklärung› die Zusammenarbeit mit den Staaten Mittel- und Osteuropas.
3.10.1990	Deutsche Wiedervereinigung. Das Gebiet der NATO wird um das Territorium der ehemaligen DDR erweitert.
19.11.1990	Abschluss des KSE-Vertrags, der drastische Abrüstungsmaßnahmen vorsieht.
21.11.1990	Unterzeichnung der KSZE-Charta von Paris, in der der Ost-West-Konflikt offiziell für beendet erklärt wird.
1.7.1991	Offizielle Auflösung des Warschauer Pakts.

8.11.1991	Erklärung von Rom und Annahme des neuen strategischen Konzepts.
20.12.1991	Konstituierende Sitzung des Nordatlantischen Kooperationsrats.
7.2.1992	Unterzeichnung des Maastrichter Vertrages zur Gründung der Europäischen Union; Festschreibung einer Gemeinsamen Außen- und Sicherheitspolitik.
4.7.1992	Die NATO erklärt in Oslo die Bereitschaft, die Vereinten Nationen bei peacekeeping-Einsätzen zu unterstützen.
19.7.1992	Beginn der ‹Operation Deny Flight›.
12.4.1993	Unterzeichnung der Petersberger Erklärung der WEU; die Mitgliedstaaten erklären, Streitkräfte für WEU-Operationen zur Verfügung zu stellen.
11.1.1994	Einladung zum Programm ‹Partnerschaft für den Frieden›.
30.8.1995	NATO-Kampfflugzeuge bombardieren serbische Stellungen in Bosnien-Herzegowina.
20.12.1995	Die NATO übernimmt das Kommando der IFOR in Bosnien-Herzegowina.
3.6.1996	Die NATO beschließt in Berlin den Aufbau einer konkreten Europäischen Sicherheits- und Verteidigungsidentität und das CJTF-Konzept sowie die Reform der Kommandostrukturen.
27.5.1997	Unterzeichnung der Grundakte zwischen Russland und der NATO.
30.5.1997	Der Euro-Atlantische Partnerschaftsrat löst den Nordatlantischen Kooperationsrat ab.
2.10.1997	Unterzeichnung des Amsterdamer EU-Vertrages; Stärkung der Europäischen Sicherheits- und Verteidigungsidentität.
8.7.1997	Erklärung von Madrid zur Euro-Atlantischen Sicherheit und Zusammenarbeit.
12.3.1999	Beitritt von Polen, Ungarn und Tschechien zur NATO.
24.3.1999	Beginn des größten Militäreinsatzes in der Geschichte der NATO in Jugoslawien (‹Operation Allied Force›).
4.4.1999	50-jähriges Bestehen der NATO.
24.4.1999	Verabschiedung des neuen strategischen Konzepts auf dem Jubiläumsgipfel zum 50-jährigen Bestehen der NATO in Washington.
4.6.1999	Der EU-Gipfel in Köln beschließt die Verschmelzung von WEU und EU bis Ende 2001 und ernennt Javier Solana zum ersten Hohen Vertreter für die GASP.
10.6.1999	Der VN-Sicherheitsrat beschließt mit Resolution 1244 die Stationierung der KFOR unter Führung der NATO. Nach vollständigem Rückzug der jugoslawischen Sicherheitskräfte aus dem Kosovo erklärt die NATO die endgültige Einstellung der Luftangriffe.

189

11.12.1999	Auf dem EU-Gipfel in Helsinki wird der Aufbau einer europäischen Krisenreaktionsstreitkraft (50000 bis 60000 Soldaten) bis 2003 beschlossen.
19.9.2000	Erstes Treffen von NATO und EU auf Botschafterebene.
20.2.2000	Einweihung des NATO-Informationsbüros in Moskau.
12.9.2001	Ausrufung des Bündnisfalls gemäß Artikel 5 NATO-Vertrag als Reaktion auf die Terroranschläge in den USA.
2.10.2001	Beginn der Operation ‹Active Endeavour› im Mittelmeer.
28.5.2002	Gipfeltreffen in Rom beschließt Gründung eines neuen NATO-Russland-Rats.
22.11.2002	Gipfeltreffen in Prag beschließt Gründung der NATO Response Force; Bulgarien, Estland, Lettland, Litauen, Rumänien, Slowakei und Slowenien werden zu Beitrittsgesprächen eingeladen.
6.2.2003	Die Türkei beantragt, dass die NATO mit Planungen zum Schutz türkischen Territoriums im Falle eines irakischen Angriffs beginnt. Frankreich, Deutschland und Belgien blockieren die Anfrage .
17.3.2003	Unterzeichnung der Berlin-Plus-Vereinbarung zur Zusammenarbeit zwischen NATO und EU.
31.3.2003	Übergabe der NATO-Operation ‹Allied Harmony› in Mazedonien an die EU.
13.6.2003	Einrichtung des ‹Allied Command Transformation› in Norfolk und des ‹Allied Command Operations› in Mons.
6.10.2003	NATO beschließt Ausweitung der ISAF-Operation.
11.8.2003	NATO übernimmt Führung der ISAF-Operation in Afghanistan.
29.3.2004	Bulgarien, Estland, Lettland, Litauen, Rumänien, Slowakei und Slowenien treten der NATO bei.
2.12.2004	Übergabe der SFOR-Mission in Bosnien-Herzegowina an die EU.
9.6.2005	NATO bietet der Afrikanischen Union Unterstützung bei der Mission in Darfur an.
8.9.2005	NATO leistet Hilfsflüge in die von Wirbelstürmen zerstörten Gebiete im Süden der USA.
14.10.2005	NATO leistet humanitäre Unterstützung im Erdbebengebiet Pakistans.
6.7.2006	Treffen des NATO-Rats mit den Mittelmeerdialog-Staaten in Rabat.
31.7.2006	Ausweitung der ISAF-Operation.
5.10.2006	Ausweitung der ISAF-Operation auf das gesamte Staatsgebiet Afghanistans abgeschlossen.
1.11.2006	NRF erreicht vorläufige Einsatzfähigkeit.
29.11.2006	NATO beschließt in Riga die ‹Comprehensive Political Guidance›, die die politische Richtungsvorgabe für die Transformation der NATO darstellen soll.

26. 6. 2007   5-jähriges Bestehen des NATO-Russland-Rats.

Frühjahr 2009   Gipfeltreffen geplant in Berlin anlässlich des 60-jährigen Bestehens der NATO.

Quelle: eigene Zusammenstellung

Abkürzungsverzeichnis

ACO	Alliiertes Streitkräftekommando Operationen
ACT	Alliiertes Streitkräftekommando Transformation
AKSE	Adaptierter KSE-Vertrag
ARRC	Alliierter Schneller Eingreifverband
Art.	Artikel
AWACS	Flugzeuggestütztes Radarsystem der NATO
CIMIC	Zivil-militärische Beziehungen
CJTF	Alliierte Streitkräftekommandos/Combined Joint Task Forces
DCI	Initiative zur Verbesserung der Verteidigungsanstrengungen
DSACEUR	Stellvertretender Oberster Alliierter Befehlshaber Europa
EAPR	Euroatlantischer Partnerschaftsrat
EBAO	Effektbasierter Ansatz für Operationen
EDA	Europäische Verteidigungsagentur
EG	Europäische Gemeinschaften
EPZ	Europäische Politische Zusammenarbeit
ESVP	Europäische Sicherheits- und Verteidigungspolitik (der EU)
ESVU	Europäische Sicherheits- und Verteidigungsunion
EU	Europäische Union
EVG	Europäische Verteidigungsgemeinschaft
F	Frankreich
G7	Gruppe der Sieben
GASP	Gemeinsame Außen- und Sicherheitspolitik (der EU)
GB	Großbritannien
GUS	Gemeinschaft Unabhängiger Staaten
HLG	Hochrangige Gruppe
ICI	Istanbuler Kooperationsinitiative
IEPG	Unabhängige Europäische Programmgruppe
IFOR	Implementierungstruppe in Bosnien Herzegowina
IMS	Internationaler Militärstab
INGO	Nichtregierungsorganisation
ISAF	Internationale Stabilisierungstruppe in Afghanistan
KFOR	Kosovo Truppe
KOMINFORM	Kommunistisches Informationsbüro
KPDSU	Kommunistische Partei der Sowjetunion
KSE	Konventionelle Streitkräfte in Europa
KSZE	Konferenz für Sicherheit und Zusammenarbeit in Europa
MAP	Aktionsplan für die Mitgliedschaft
MD	Mittelmeerdialog

MOE	Mittelosteuropäische Staaten
NAKR	NATO Kooperationsrat
NATO	Nordatlantische Vertragsorganisation
NGO	Regierungsorganisation
NPG	Nukleare Planungsgruppe
NRF	NATO Response Force
NSIP	NATO Sicherheits- und Investitionsprogramm
OECD	Organisation für wirtschaftliche Zusammenarbeit und Entwicklung
OEF	Operation Enduring Freedom
OPLAN	Operationsplan
OSZE	Organisation für Sicherheit und Zusammenarbeit in Europa
PCC	Prague Capabilities Commitment
PFP	Partnerschaft für den Frieden
rd.	rund
RGW	Rat für gegenseitige Wirtschaftshilfe
SACEUR	Oberster Alliierter Befehlshaber Europa
SED	Sozialistische Einheitspartei Deutschlands
SFOR	Stabilisierungstruppe in Bosnien-Herzegowina
VN	Vereinte Nationen
WEU	Westeuropäische Union
Ziff.	Ziffer

Sach- und Personenregister

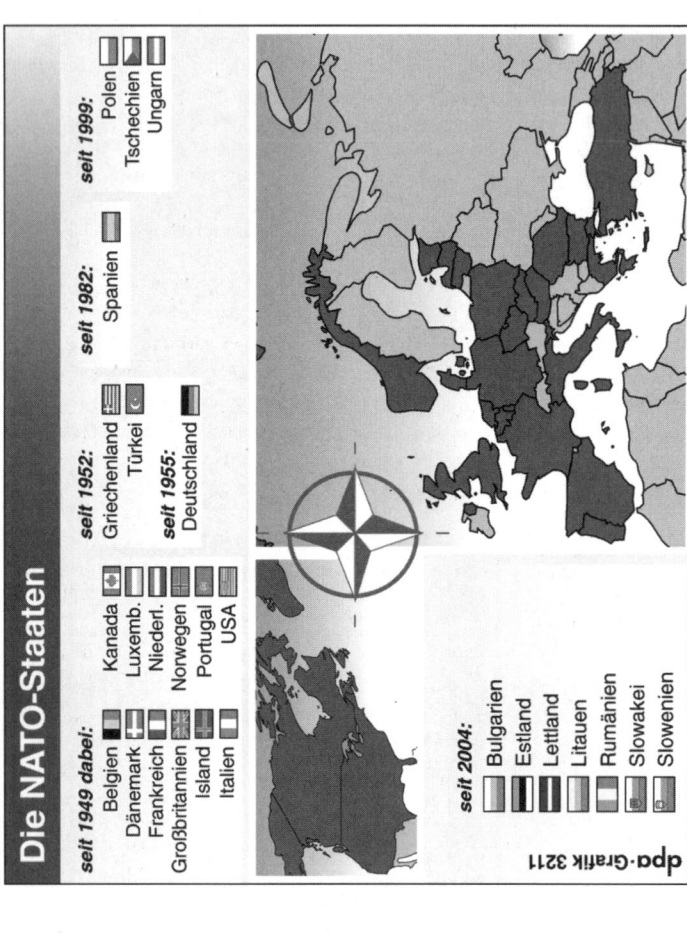

Die NATO-Staaten

seit 1949 dabei:

Belgien
Dänemark
Frankreich
Großbritannien
Island
Italien
Kanada
Luxemb.
Niederl.
Norwegen
Portugal
USA

seit 1952:

Griechenland
Türkei

seit 1955:

Deutschland

seit 1982:

Spanien

seit 1999:

Polen
Tschechien
Ungarn

seit 2004:

Bulgarien
Estland
Lettland
Litauen
Rumänien
Slowakei
Slowenien

dpa-Grafik 3211

Aus dem Verlagsprogramm

Politik, Zeitgeschehen

Paul Kennedy
Parlament der Menschheit
Die Vereinten Nationen und der Weg zur Weltregierung
Aus dem Amerikanischen von Klaus Kochmann
2007. 400 Seiten. Gebunden

Bernd Stöver
Der Kalte Krieg
Geschichte eines radikalen Zeitalters 1947–1991
2007. 528 Seiten mit 40 Abbildungen und 6 Karten. Gebunden

Klaus von Beyme
Föderalismus und regionales Bewusstsein
Ein internationaler Vergleich
2007. 267 Seiten. Paperback
Beck'sche Reihe Band 1732

Winfried Hinsch/Dieter Janssen
Menschenrechte militärisch schützen
Ein Plädoyer für humanitäre Interventionen
2006. 304 Seiten mit 4 Karten. Paperback
Beck'sche Reihe Band 1681

Paul Collier
Die unterste Milliarde
Aus dem Englischen von Rita Seuß und Martin Richter
2008. Etwa 256 Seiten. Gebunden

Gene Sharp
Von der Diktatur zur Demokratie
Ein Leitfaden für die Befreiung
Mit einem Nachwort von Claus Leggewie
2008. Etwa 128 Seiten. Paperback
Beck'sche Reihe Band 1837

Verlag C. H. Beck München

Politik, Moderne Gesellschaft

Kwame Anthony Appiah
Der Kosmopolit
Philosophie des Weltbürgertums
Aus dem Englischen von Michael Bischoff
2007. 222 Seiten. Gebunden

Benjamin R. Barber
Consumed!
Aus dem Englischen von Friedrich Griese
2008. 395 Seiten. Gebunden

Hans G. Kippenberg
Gewalt als Gottesdienst
Religionskriege im Zeitalter der Globalisierung
2008. 272 Seiten mit 2 Karten. Broschiert

Florian Coulmas
Die Gesellschaft Japans
Arbeit, Familie und demografische Krise
2007. 252 Seiten mit 40 Abbildungen und 14 Tabellen. Paperback
Beck'sche Reihe Band 1770

Emil Hübner
Das politische System der USA
Eine Einführung
6., durchgesehene und aktualisierte Auflage. 2007.
208 Seiten mit 1 Karte und
8 Tabellen. Paperback
Beck'sche Reihe Band 395

Margareta Mommsen/Angelika Nußberger
Das System Putin
Gelenkte Demokratie und politische Justiz in Rußland
2., aktualisierte und erweiterte Auflage. 2007.
224 Seiten mit 11 Abbildungen. Paperback
Beck'sche Reihe Band 1763

Verlag C. H. Beck München

C. H. Beck Wissen